Vorzeitige Entlassung aus dem Jugendstrafvollzug

Europäische Hochschulschriften
Publications Universitaires Européennes
European University Studies

Reihe II
Rechtswissenschaft

Série II Series II
Droit
Law

Bd./Vol. 4521

PETER LANG
Frankfurt am Main · Berlin · Bern · Bruxelles · New York · Oxford · Wien

Julia Carolin Röthel

Vorzeitige Entlassung aus dem Jugendstrafvollzug

Die Auswirkungen des Gesetzes zur Bekämpfung von Sexualdelikten und anderen gefährlichen Straftaten

PETER LANG
Europäischer Verlag der Wissenschaften

Bibliografische Information der Deutschen Nationalbibliothek
Die Deutsche Nationalbibliothek verzeichnet diese Publikation in der Deutschen Nationalbibliografie; detaillierte bibliografische Daten sind im Internet über <http://www.d-nb.de> abrufbar.

Zugl.: Kiel, Univ., Diss., 2006

D 8
ISSN 0531-7312
ISBN-10: 3-631-56210-1
ISBN-13: 978-3-631-56210-9

www.peterlang.de

Meiner lieben Mutter Karla Röthel

Danksagung

Die vorliegende Arbeit wurde im Mai 2006 von der Christian-Albrechts-Universität zu Kiel unter dem Titel „Vorzeitige Entlassung aus dem Jugendstrafvollzug, Die Auswirkungen des Gesetzes zur Bekämpfung von Sexualdelikten und anderen gefährlichen Straftaten“ als Dissertation angenommen. Erstgutachter war Herr Professor Dr. *Heribert Ostendorf*, Zweitgutachterin Frau Professorin Dr. *Monika Frommel*. Die mündliche Prüfung fand am 09.Oktober 2006 statt.

Sehr herzlich danken möchte ich meinem Doktorvater, Herrn Professor Dr. *Heribert Ostendorf*, für die Anregung zur Erstellung dieser Arbeit und die stets freundliche und hilfreiche Unterstützung bei der Anfertigung der Arbeit.

Dank schulde ich auch Frau Professorin Dr. *Monika Frommel* für die Erstellung des Zweitgutachtens.

Dank gebührt weiter allen Mitarbeiterinnen und Mitarbeitern der JVA Adelsheim, der JA Hameln und der JA Hahnöfersand, ohne deren Mithilfe die empirische Untersuchung nicht hätte realisiert werden können, sowie den Justizministerien der Länder Baden-Württemberg, Niedersachsen und Hamburg für die Erteilung der Erlaubnis zur Durchführung der Aktenanalyse.

Darüber hinaus möchte ich mich bei all denjenigen bedanken, die mich in der Zeit der Dissertation vorangetragen haben, vor allem bei Herrn Mark Spengler für die unermüdliche Unterstützung und Hilfeleistung.

Hamburg, im November 2006 Carolin Röthel

Inhaltsverzeichnis

Verzeichnis der Abbildungen und Tabellen 14

1. TEIL: EINLEITUNG 17
A. Gegenstand und Zielsetzung der Arbeit 17
B. Kriminalpolitische Bedeutung der Strafrestaussetzung 19

2. TEIL: DIE VORZEITIGE ENTLASSUNG AUS DEM JUGEND-STRAFVOLLZUG 27
A. Geschichtliche Entwicklung 27
B. Rechtliche Ausgestaltung der Entscheidung nach § 88 JGG 28
I. Anwendungsbereich 28
II. Voraussetzungen 28
1. Teilverbüßung 28
2. Günstige Sozial- bzw. Legalprognose 29
3. Ermessensentscheidung 31
III. Zuständigkeit und Verfahren 36
1. Zuständigkeit 36
2. Verfahren 37
a. Einleitung 37
b. Anhörung 37
IV. Entscheidung 39
1. Zeitpunkt 39
2. Art der Entscheidung 39
a. Positive Entscheidung 39
b. Negative Entscheidung 40
V. Rechtsmittel 40

3. TEIL: DAS GESETZ ZUR BEKÄMPFUNG VON SEXUALDELIKTEN UND ANDEREN GEFÄHRLICHEN STRAFTATEN 41
A. Allgemeines 41
B. Kriminalpolitischer Kontext: Kriminalitätsbekämpfung als Ziel der Gesetzgebung 41
C. Entstehungsgeschichte des Gesetzes 46
I. Der gesellschaftspolitische Hintergrund 46
II. Die Entwicklung des Gesetzes im Einzelnen 49
D. Inhalt des Gesetzes 51
I. Sicherungsverwahrung für rückfällige Sexual- und Gewaltstraftäter 51
II. Verlegung von Sexualstraftätern in sozialtherapeutische Anstalten 53

III. Therapieweisung bei der Strafaussetzung oder Strafrestaussetzung. 54
IV. Ausweitung und Intensivierung der Führungsaufsicht 55
V. Aussetzung des Strafrestes zur Bewährung und (obligatorische) Begutachtung vor der bedingten Entlassung – Analyse der (vor allem das Jugendstrafrecht betreffenden) Änderungen 56
1. Die Aussetzung des Strafrestes zur Bewährung 56
a. Gegenüberstellung der alten und neuen Rechtslage 56
aa. Alte Rechtslage 56
(1) § 57 Abs. 1 StGB a.F. 56
(2) § 88 Abs. 1 JGG a.F. 57
(3) § 67 d Abs. 2 StGB a.F. 57
bb. Neue Rechtslage 57
(1) § 57 Abs. 1 StGB n.F. 57
(2) § 88 Abs. 1 JGG n.F. 58
(3) § 67 d Abs. 2 StGB n.F. 58
b. Verschärfung oder Klarstellung der prognostischen Voraussetzungen einer Strafrestaussetzung nach § 57 StGB? 58
aa. Wortlaut des Gesetzes 59
bb. Wille des Gesetzgebers 59
cc. Zustimmende Literatur 60
(1) Hammerschlag/Schwarz 60
(2) Schneider 61
(3) Schüler-Springorum 61
(4) Rotthaus 62
(5) Dessecker 63
(6) Volckart 63
(7) Cornel 63
dd. Kritische Literaturstimmen 64
(1) Schöch 64
(2) Boetticher 65
(3) Feuerhelm 65
ee. Analyse der vom Rechtsausschuss zitierten Quellen 65
(1) Obergerichtliche Entscheidungen 66
(aa) OLG Düsseldorf, Beschluss vom 05.04.1973 66
(bb) OLG Düsseldorf, Beschluss vom 09.07.1991 67
(cc) OLG Hamm, Beschluss vom 12.02.1988 67
(dd) KG Berlin, Beschluss vom 30.04.1970 68
(ee) KG Berlin, Beschluss vom 25.05.1973 68
(ff) KG Berlin, Beschluss vom 02.04.1986 69
(gg) OLG Karlsruhe, Beschluss vom 13.09.1982 69

(hh) OLG Karlsruhe, Beschluss vom 11.05.1992 69
(ii) OLG Koblenz, Beschluss vom 09.01.1981 70
(jj) OLG Köln, Beschluss vom 29.05.1970 70
(kk) OLG Köln, Beschluss vom 16.10.1970 71
(ll) OLG Schleswig, Beschluss vom 28.09.1989 71
(2) Schrifttum 71
(aa) Tröndle 71
(bb) Schönke/ Schröder 72
(cc) Systematischer Kommentar 72
(dd) Lackner 73
(ee) Terhorst 73
(ff) Eisenberg 73
(3) Zwischenergebnis 74
ff. Analyse der Änderungen im Einzelnen 74
(1) Das „Sicherheitsinteresse der Allgemeinheit" 74
(2) Wegfall der Erprobungsklausel 79
(3) Das bei einem Rückfall bedrohte Rechtsgut 83
gg. Zwischenergebnis der Analyse für § 57 StGB 84
hh. Systematische Analyse: Schutz der Allgemeinheit in § 2 Satz 2 StVollzG 84
ii. Teleologische Interpretation 88
jj. Entscheidungen nach Inkrafttreten des Gesetzes zur Bekämpfung von Sexualdelikten und anderen gefährlichen Straftaten 90
c. Übertragbarkeit der Ergebnisse auf das Jugendstrafrecht? 93
aa. Wille des Gesetzgebers 93
bb. Sinn der Neuformulierung 94
cc. Ergebnis 95
2. (Obligatorische) Begutachtung vor der bedingten Entlassung 98
a. Gegenüberstellung der alten und neuen Rechtslage 98
aa. Alte Rechtslage 98
bb. Neue Rechtslage 98
b. Wille des Gesetzgebers 99
c. Konsequenzen 100
d. Begutachtungspflicht auch im Jugendstrafrecht? 103
e. Ergebnis 106

4. TEIL: DIE EMPIRISCHE UNTERSUCHUNG 107
A. Fragestellung der empirischen Untersuchung 107
B. Methodische Grundfragen und Datenbasis 108

I. Methoden der Datenerhebung 108
1. Befragung 108
2. Aktenanalyse 109
II. Datengrundlage 110
1. Gefangenenpersonalakten 110
2. Variablenkatalog/ Fragebogen 111
III. Untersuchungsgrundlage 111
1. Begriff der Entlassung 111
2. Untersuchungszeitraum 113
3. Auswahl hinsichtlich der Schwere der Verurteilung 113
C. Untersuchte Anstalten 115
I. JVA Adelsheim 115
II. JA Hameln 115
III. JA Hahnöfersand 116
D. Datenauswertung 117
I. JVA Adelsheim 117
1. Struktur der Entlassungen aus der JVA Adelsheim 117
a. Untersuchungszeitraum 1996 117
b. Untersuchungszeitraum 1999/2000 118
c. Vergleich der Untersuchungszeiträume 119
2. Zeitpunkt der vorzeitigen Entlassungen gemäß § 88 JGG 119
a. Untersuchungszeitraum 1996 121
b. Untersuchungszeitraum 1999/2000 121
c. Vergleich der Untersuchungszeiträume 122
II. JA Hameln 123
1. Struktur der Entlassungen aus der JA Hameln 123
a. Untersuchungszeitraum 1996 123
b. Untersuchungszeitraum 1999/2000 124
c. Vergleich der Untersuchungszeiträume 125
2. Zeitpunkt der vorzeitigen Entlassungen gemäß § 88 JGG 126
a. Untersuchungszeitraum 1996 126
b. Untersuchungszeitraum 1999/2000 127
c. Vergleich der Untersuchungszeiträume 128
III. JA Hahnöfersand 129
1. Struktur der Entlassungen aus der JA Hahnöfersand 129
a. Untersuchungszeitraum 1996 129
b. Untersuchungszeitraum 1999/2000 130
c. Vergleich der Untersuchungszeiträume 131
2. Zeitpunkt der vorzeitigen Entlassungen gemäß § 88 JGG 132
a. Untersuchungszeitraum 1996 132

b. Untersuchungszeitraum 1999/2000 ... 133
c. Vergleich der Untersuchungszeiträume ... 133
IV. Ergebnis der Analyse der Entlassungsstruktur und des Entlassungszeitpunktes ... 135
V. Erklärungsversuche der geänderten Entlassungspraxis ... 136
1. Gruppe der Vollverbüßungen ... 136
a. JVA Adelsheim ... 136
aa. Untersuchungszeitraum 1996 ... 137
bb. Untersuchungszeitraum 1999/2000 ... 137
cc. Vergleich der Untersuchungszeiträume ... 138
b. JA Hameln ... 139
aa. Untersuchungszeitraum 1996 ... 139
bb. Untersuchungszeitraum 1999/2000 ... 140
cc. Vergleich der Untersuchungszeiträume ... 142
c. JA Hahnöfersand ... 142
aa. Untersuchungszeitraum 1996 ... 142
bb. Untersuchungszeitraum 1999/2000 ... 142
cc. Vergleich der Untersuchungszeiträume ... 143
2. Gruppe der vorzeitigen Entlassungen ... 143
a. JVA Adelsheim ... 143
aa. Untersuchungszeitraum 1996 ... 143
bb. Untersuchungszeitraum 1999/2000 ... 146
b. JA Hameln ... 148
aa. Untersuchungszeitraum 1996 ... 148
bb. Untersuchungszeitraum 1999/2000 ... 151
c. JA Hahnöfersand ... 153
aa. Untersuchungszeitraum 1996 ... 153
bb. Untersuchungszeitraum 1999/2000 ... 156

5. TEIL: SCHLUSSBETRACHTUNG ... 159

Literaturverzeichnis ... 161

Verzeichnis der Abbildungen und Tabellen

Abb. 1: Entwicklung der Sanktionsarten von 1960 bis 2003 ... 21
Abb. 2: Entwicklung der Gefangenenzahlen jeweils am 01.03 des Jahres ... 25
Abb. 3: Die Entwicklung der vollendeten Sexualmorde in Deutschland von 1990 bis 2003 ... 48
Abb. 4: Die Entwicklung der vollendeten Sexualmorde in Deutschland von 1971 bis 1980 ... 48
Abb.5: Vergleich der Entlassungen aus der JVA Adelsheim 1996 und 1999/2000 ... 119
Abb. 6: Zeitpunkt der vorzeitigen Entlassungen gemäß § 88 JGG aus der JVA Adelsheim 1996 ... 121
Abb. 7: Zeitpunkt der vorzeitigen Entlassungen gemäß § 88 JGG aus der JVA Adelsheim 1999/2000 ... 122
Abb. 8: Vergleich der vorzeitigen Entlassungszeitpunkte gemäß § 88 JGG aus der JVA Adelsheim 1996 und 1999/2000 ... 123
Abb. 9: Vergleich der Entlassungen aus der JA Hameln 1996 und 1999/2000 ... 126
Abb. 10: Zeitpunkt der vorzeitigen Entlassungen gemäß § 88 JGG aus der JA Hameln 1996 ... 127
Abb. 11: Zeitpunkt der vorzeitigen Entlassungen gemäß § 88 JGG aus der JA Hameln1999/2000 ... 127
Abb. 12: Vergleich der vorzeitigen Entlassungszeitpunkte gemäß § 88 JGG aus der JA Hameln 1996 und 1999/2000 ... 128
Abb. 13: Vergleich der Entlassungen aus der JA Hahnöfersand 1996 und 1999/2000 ... 131
Abb. 14: Zeitpunkt der vorzeitigen Entlassungen gemäß § 88 JGG aus der JA Hahnöfersand 1996 ... 132
Abb. 15: Zeitpunkt der vorzeitigen Entlassungen gemäß § 88 JGG aus der JA Hahnöfersand 1999/2000 ... 133
Abb. 16: Vergleich der vorzeitigen Entlassungszeitpunkte gemäß § 88 JGG aus der JA Hahnöfersand 1996 und 1999/2000 ... 135
Abb. 17: Gründe für eine Vollverbüßung in der JVA Adelsheim 1999/2000 ... 137
Abb. 18: Vollverbüßung aufgrund ungünstiger Sozial- bzw. Legalprognose in der JVA Adelsheim 1999/2000 ... 138
Abb. 19: Gründe für eine Vollverbüßung in der JA Hameln 1996 ... 139
Abb. 20: Vollverbüßung aufgrund ungünstiger Sozial- bzw. Legalprognose in der JA Hameln 1996 ... 140
Abb. 21: Gründe für eine Vollverbüßung in der JA Hameln 1999/2000 ... 141

Abb. 22: Vollverbüßung aufgrund ungünstiger Sozial- bzw. Legalprognose in der JA Hameln 1999/2000 ... 141
Abb. 23: Informationsgehalt der Stellungnahmen der JVA Adelsheim 1996 vor einer vorzeitigen Entlassung ... 144
Abb. 24: Informationsgehalt der Entscheidung des Vollstreckungsleiters der JVA Adelsheim 1996 ... 145
Abb. 25: Informationsgehalt der Stellungnahmen der JVA Adelsheim 1999/2000 vor einer vorzeitigen Entlassung ... 146
Abb. 26: Informationsgehalt der Entscheidung des Vollstreckungsleiters der JVA Adelsheim 1999/2000 ... 148
Abb. 27: Informationsgehalt der Stellungnahmen der JA Hameln 1996 vor einer vorzeitigen Entlassung ... 149
Abb. 28: Informationsgehalt der Entscheidung des Vollstreckungsleiters der JA Hameln 1996 ... 150
Abb. 29: Informationsgehalt der Stellungnahmen der JA Hameln 1999/2000 vor einer vorzeitigen Entlassung ... 151
Abb. 30: Informationsgehalt der Entscheidung des Vollstreckungsleiters der JA Hameln 1999/2000 ... 152
Abb. 31: Informationsgehalt der Stellungnahmen der JA Hahnöfersand 1996 vor einer vorzeitigen Entlassung ... 154
Abb. 32: Informationsgehalt der Entscheidung des Vollstreckungsleiters der JA Hahnöfersand 1996 ... 155
Abb. 33: Informationsgehalt der Stellungnahmen der JA Hahnöfersand 1999/2000 vor einer vorzeitigen Entlassung ... 156
Abb. 34: Informationsgehalt der Entscheidung des Vollstreckungsleiters der JA Hahnöfersand 1999/2000 ... 157

Tab. 1: Die Entlassungen des Jahres 1996 aus der JVA Adelsheim ... 117
Tab. 2: Die Entlassungen des Jahres 1999/2000 aus der JVA Adelsheim ... 118
Tab. 3: Die Entlassungen des Jahres 1996 aus der JA Hameln ... 124
Tab. 4: Die Entlassungen des Jahres 1999/2000 aus der JA Hameln ... 125
Tab. 5: Die Entlassungen des Jahres 1996 aus der JA Hahnöfersand ... 130
Tab. 6: Die Entlassungen des Jahres 1999/2000 aus der JA Hahnöfersand ... 130

1. Teil: Einleitung

A. Gegenstand und Zielsetzung der Arbeit

Im Gegensatz zu der (anfänglichen) Strafaussetzung zur Bewährung, bei der das Gericht zwar eine Freiheits- bzw. Jugendstrafe (§ 56 StGB; § 21 JGG) verhängt, ihre Vollstreckung jedoch zur Bewährung aussetzt und somit dem Verurteilten die Verbüßung der Strafe im Falle der Bewährung in vollem Umfang erspart bleibt, ermöglicht das Institut der (nachträglichen) Strafrestaussetzung es dem Gericht, nach Verbüßung eines Teils der Strafe den noch verbleibenden Rest zur Bewährung auszusetzen.

Damit stellt die bedingte Entlassung ebenso wie das Rechtsinstitut der Strafaussetzung zur Bewährung im Rahmen des Rechtsfolgensystems des geltenden Strafrechts einen Verzicht auf die Vollstreckung einer an sich verwirkten Haftstrafe dar.[1]

Das deutsche Strafrecht kennt im Wesentlichen folgende Zeitpunkte, zu denen bei Vorliegen der sonstigen gesetzlichen Voraussetzungen der Rest einer zum Teil vollstreckten Strafe zur Bewährung ausgesetzt werden kann:
Nach Verbüßung von

- 15 Jahren (bei lebenslang verhängter Freiheitsstrafe), § 57 a StGB,
- zwei Dritteln der Strafe, § 57 Abs. 1 StGB,
- der Hälfte der Strafe, § 57 Abs. 2 StGB,
- einem Drittel der Strafe (im Jugendstrafrecht), § 88 JGG.

Die vorliegende Arbeit befasst sich mit der vorzeitigen Entlassung aus dem Jugendstrafvollzug.

Gemäß § 88 JGG kann die Vollstreckung des Restes einer Jugendstrafe nach Verbüßung eines Teils der Strafe zur Bewährung ausgesetzt werden. § 89 JGG, der die Strafaussetzung zur Bewährung für die unbestimmte Jugendstrafe regelte, wurde im Zuge der Streichung dieser Sanktionsmöglichkeit durch das 1. JGGÄndG vom 30. August 1990[2] mit Wirkung zum 01. Januar 1996 aufgehoben.

Eine dem § 88 JGG entsprechende Regelung für die Reststrafenaussetzung im Erwachsenenstrafrecht findet sich in § 57 StGB.

---

[1] Vgl. Pauly, S. 9.
[2] BGBl. I 1990, S. 1857.

Beide Vorschriften haben aufgrund des „Gesetzes zur Bekämpfung von Sexualdelikten und anderen gefährlichen Straftaten“ vom 26. Januar 1998[3] Änderungen hinsichtlich ihrer Voraussetzungen für eine vorzeitige Entlassung erfahren und damit in der Rechtslehre und in der Rechtspraxis vielfache Anwendungsdiskussionen ausgelöst.[4]

Während vor der Neufassung des § 88 JGG eine Entlassung auf Bewährung aus dem Jugendstrafvollzug möglich war, *„wenn verantwortet werden kann zu erproben, ob er* (der Verurteilte) *außerhalb des Jugendstrafvollzugs einen rechtschaffenen Lebenswandel führen wird“*, setzt die Vorschrift in ihrer heutigen Fassung voraus, dass *„dies* (die Reststrafenaussetzung zur Bewährung) *im Hinblick auf die Entwicklung des Jugendlichen, auch unter Berücksichtigung des Sicherheitsinteresses der Allgemeinheit, verantwortet werden kann.“*

Diese Neuformulierung der Voraussetzungen der Bewährungsentlassung gemäß § 88 JGG (bzw. gemäß § 57 Abs. 1 Nr. 2 StGB) wirft die Frage auf, ob diese die Anforderungen erhöht hat[5] oder lediglich eine Umformulierung darstellt.[6] Darüber hinaus ist umstritten, ob die Einschaltung eines Gutachters vor der Entscheidung über den Antrag auf Entlassung zur Bewährung aus dem Jugendstrafvollzug bei einer zeitigen Jugendstrafe von mehr als zwei Jahren wegen einer Straftat nach den §§ 174-176, 179, 180, 182, 224 Abs. 1, 224 Abs. 2 oder 323a StGB, soweit die im Rausch begangene Tat ein Verbrechen oder eine der vorgenannten rechtswidrigen Taten ist, und wenn nicht auszuschließen ist, dass Gründe der öffentlichen Sicherheit einer vorzeitigen Entlassung des Verurteilten entgegenstehen (vgl. § 454 Abs. 2 StPO), zwingend erforderlich ist.[7]

Die Arbeit gliedert sich in fünf Teile. Im ersten Teil, der Einleitung, wird neben der Darstellung der Grundlagen der Strafrestaussetzung zur Bewährung vor allem ihre kriminalpolitische Bedeutung aufgezeigt. Im zweiten Teil steht neben der geschichtlichen Entwicklung des Instituts der Strafrestaussetzung im Jugendstrafrecht die genauere Darstellung der rechtlichen Ausgestaltung der

---

[3] BGBl. I 1998, S. 160.

[4] Ostendorf, NJW 2000, 1090 (1090).

[5] Vgl. Schöch, NJW 1998, 1257 (1258); OLG Koblenz, StV 1998, 667; OLG Koblenz, NStZ 1998, 591; OLG Düsseldorf, NStZ 1999, 478 (478 f.); MüKo-StGB/Groß, § 57 Rn. 16.

[6] Vgl. Schüler-Springorum, StV 1998, 669 (669); Hammerschlag/Schwarz, NStZ 1998, 321 (323); OLG Stuttgart, StV 1998, 668; OLG Bamberg, NJW 1998, 3508 (3509); OLG Frankfurt, NStZ-RR 1999, 346 (346f.); in diesem Sinne auch BVerfG, NStZ 1998, 373 (374) m. Anm. Wolf, NStZ 1998, 590f.

[7] So Erdmann-Degenhardt, SchlHA 1999, 293 (296); ablehnend Ostendorf, NJW 2000, 1090 (1091f.); Dessecker, StV 1999, 678 (682).

Entscheidung nach § 88 JGG im Vordergrund. Der dritte Teil setzt sich mit dem Gesetz zur Bekämpfung von Sexualdelikten und anderen gefährlichen Straftaten und dessen Auswirkungen auf die vorzeitige Entlassung aus dem Jugendstrafvollzug auseinander. Dafür ist es erforderlich, zunächst die Entstehungsgeschichte des Gesetzes mit seinem kriminalpolitischen Kontext sowie dessen inhaltlichen Änderungen genauer darzustellen. Im Schwerpunkt dieses Teils wird auf die Reaktionen in Literatur und Praxis im Zusammenhang mit den aufgezeigten Änderungen eingegangen, wobei nur die Auswirkungen auf die Strafrestaussetzung im Jugendstrafrecht im Rahmen dieser Arbeit von Bedeutung sein sollen.

Die daraus resultierenden Ergebnisse werden im vierten Teil anhand einer Aktenanalyse mit der tatsächlichen Rechtspraxis verglichen. Dazu werden in drei Jugendstrafanstalten in der Bundesrepublik die Gefangenenpersonalakten der Jahre 1996 und 1999/2000 mit Hilfe eines standardisierten Fragebogens ausgewertet und auf divergierende Entlassungsentscheidungen aufgrund des Gesetzes zur Bekämpfung von Sexualdelikten und anderen gefährlichen Straftaten untersucht. Zielsetzung der Aktenanalyse ist es, die Frage nach der Veränderung der jugendgerichtlichen Entlassungspraxis nach dem 26. Januar 1998 zu beantworten. Der fünfte Teil enthält die Schlussbetrachtung.

Zunächst soll jedoch die kriminalpolitische Bedeutung der Strafrestaussetzung vermittelt werden.

B. Kriminalpolitische Bedeutung der Strafrestaussetzung

Die Zielsetzung der vorzeitigen Entlassung zur Bewährung hat viele Formulierungen erfahren. Einig ist man sich zwar darin, dass es sich nicht um eine Gnadenentscheidung[8] und ebenso wenig um eine Korrektur einer Strafe in dem Sinne handelt, dass diese sich nachträglich als unrichtig erwiesen hat.[9] Darüber hinaus liegen der Ratio der Strafrestaussetzung aber unterschiedliche Erwägungen zugrunde:

Zum einen wird – angelehnt an ein traditionelles Vergünstigungsdenken[10] - angeführt, dem Verurteilten solle die Möglichkeit gegeben werden, sich den Erlass des Strafrestes zu verdienen,[11] wobei ein Verdienen durch entsprechen-

---

[8] Vgl. MüKo-StGB/Groß, § 57 Rn. 3.

[9] Vgl. Herchen, S. 20 m.w.N. in Fn. 17.

[10] Kaiser/Kerner/Schöch § 3 Rn. 28f; MüKo-StGB/Groß, § 57 Rn. 2.

[11] LK-Gribbohm (11. Aufl.), § 57 Rn. 1; Schönke/Schröder/Stree (26. Aufl.), § 57 Rn. 1; KG, NStZ 1983, 334 (335).

des (straftatenfreies und zu einem Widerruf nicht veranlassendes) Verhalten in Betracht kommen soll.[12]

Zum Teil wird die vorzeitige Entlassung als eine Modifikation der Strafvollstreckung verstanden; danach handelt es sich um einen Akt der Strafvollstreckung selbst.[13]

Andere Stimmen sehen kriminalpolitische Zielsetzungen im Vordergrund.[14] Demnach ist das Institut der bedingten Aussetzung auf die Verwirklichung mehrerer Ziele gerichtet, deren Erreichung aus der Sicht des Gesetzes wichtiger erscheint als die Vollstreckung der vollen Strafe.[15] So diene die Strafrestaussetzung der Verhinderung von Vollzugsschäden[16] sowie der Erleichterung und kontinuierlichen Gestaltung des Übergangs in die Freiheit, insbesondere in den Fällen, in denen der Verurteilte der Hilfe bedarf und er nicht ohne die Stützung, Hilfe und Beratung entlassen werden kann.[17] Schließlich soll der Verurteilte, sozusagen als Motivationshilfe, - unterstützt von flankierenden Hilfsmaßnahmen durch die Bewährungshilfe, aber unter dem Druck der Vollstreckung der ausgesetzten Reststrafe – dazu gebracht werden, künftig in Freiheit straffrei zu leben.[18]

Warum aber sollen Delinquenten, die von einem Gericht rechtskräftig zur Verbüßung einer Haftstrafe verurteilt worden sind, das Gefängnis vorzeitig verlassen dürfen? Das erkennende Gericht legt in seinem Strafzumessungsausspruch doch eindeutig die genaue Strafzeit fest. Es spricht in seinem Urteilstenor eine klar bestimmte[19] Anzahl von Wochen, Monaten und Jahren des Freiheitsentzuges aus (vgl. § 39 StGB). Stellt eine solche, durch die Möglichkeit einer vorzeitigen Entlassung aus dem Strafvollzug bedingte Dynamisierung nicht eine Entwertung dieses Strafzumessungsanspruches dar?

---

[12] Vgl. die Nachweise bei Frisch, ZStW 102 (1990), 707 (716) in Fn. 21.

[13] Herchen, S. 20; Schlothauer, StV 1982, 61 (62).

[14] Tröndle/Fischer (50.A.), § 57 Rn. 1; Maatz, MDR 1985, 797 (797); Pauly, S. 9.

[15] Frisch, ZStW 102 (1990), 707 (715).

[16] Vgl. Böhm/Erhard, MschrKr 1984, 365 (373f.).

[17] Frisch, ZStW 102 (1990), 707 (717); Pauly, S. 9.

[18] SK-Horn (8. Aufl.), § 57 Rn. 2.

[19] Auch für das Jugendstrafrecht ist durch das 1.JGGÄndG seit dem 01. Dezember 1990 die Möglichkeit der Verhängung einer unbestimmten Jugendstrafe beseitigt worden (früher § 19 JGG).

Abb. 1: Entwicklung der Sanktionsarten von 1960 bis 2003

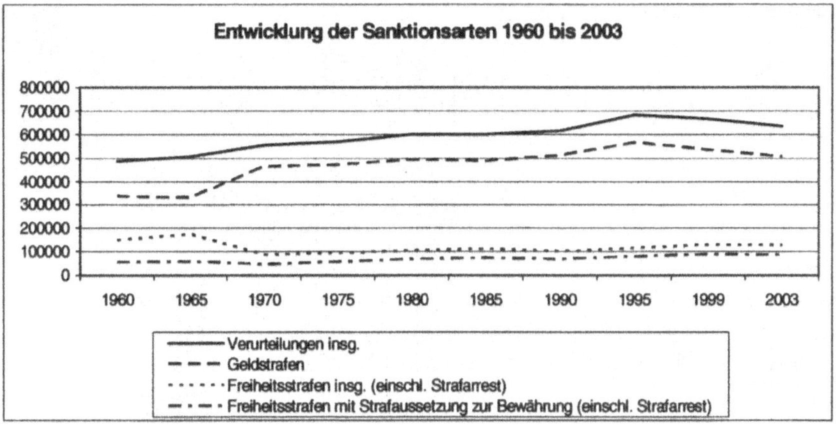

Die kriminalrechtliche Praxis hat in den letzten Jahrzehnten erhebliche Rücknahmen der Sanktionsstrenge oder –intensität erfahren.[20] Zwar nahm auch schon in den 1960er Jahren die Geldstrafe mit 60-70% den größten Anteil der kriminalrechtlichen Hauptstrafen ein. An die zweite Stelle traten mit 19-23% die vollstreckten Freiheitsstrafen, während die zur Bewährung ausgesetzten Freiheitsstrafen nicht über 12% hinaus gelangten.[21]

Wirft man aber einen Blick auf die Strafverfolgungsstatistik von 2003,[22] ist ein gewandeltes Bild der Sanktionierung zu erkennen:

Die Geldstrafe steht weiterhin an der Spitze der verhängten Strafen; sie konnte ihren Prozentsatz auf 80% ausbauen. Dagegen zeichnet sich bei der Verhängung von Freiheitsstrafen ein ständiger Rückgang ab. 2003 wurde, bezogen auf alle gerichtlichen Urteile (mit Hauptstrafe nach allgemeinem Strafrecht), nur noch in 20% der Fälle eine Freiheitsstrafe verhängt.

Betrachtet man diese Verurteilungen näher, so wird deutlich, dass - gemessen an allen Verurteilungen - die (anfängliche) Strafaussetzung zur Bewährung mit 14% den größten Teil ausmacht. Diese ambulante Sanktion konnte ihre Quote an den verhängten Freiheitsstrafen von 35,5% (1968) auf 69% (2003) steigern. 2003 wurden lediglich 6% der Straftäter zu einer unbedingten Freiheitsstrafe verurteilt.

[20] Walter/Geiter/Fischer, NStZ 1990,16 (17).

[21] Vgl. Kaiser, § 92 Rn. 4.

[22] Statistisches Bundesamt, Fachserie 10, Reihe 3, Strafverfolgung, 2003, S. 140.

Im Grundsatz lässt sich also feststellen, dass stationäre Sanktionen weitgehend durch solche ambulanter Art ersetzt worden sind.[23]

Nach einem Blick auf diese Entwicklung stellt sich die Frage, warum man der ohnehin immer kleiner werdenden Zahl von zu einer vollstreckbaren Freiheitsstrafe Verurteilten die Möglichkeit geben soll, trotz einer im Urteil festgesetzten Strafzumessung schon vor der Vollverbüßung der Strafe entlassen zu werden. Wird aufgrund der jetzigen Rechtspraxis der mit der Sanktionsdrohung und Sanktionspraxis verbundenen Abschreckung potentieller Rechtsbrecher (negative oder spezielle Generalprävention)[24], wie auch der Stärkung des Vertrauens der Bevölkerung in die Bestands- und Durchsetzungskraft der Rechtsordnung (positive oder integrative Generalprävention)[25] Genüge getan?

Aus diesen Erwägungen heraus werden die Bedenken geäußert, dass durch die vorzeitige Entlassung aus dem Strafvollzug eine Erschütterung der Rechtstreue der Bevölkerung drohe und das Sicherheitsempfinden der Allgemeinheit verletzt werde, mithin eine Einbuße an generalpräventiven Wirkungen zu befürchten sei.[26]

Allerdings bestehen erhebliche Zweifel an der Annahme, dass die Härte einer Maßnahme deren generalpräventive Wirksamkeit überhaupt beeinflusst. Man geht allgemein davon aus, dass in einem sehr breiten Mittelbereich die Sanktionsformen präventiv gleich tauglich oder gleich untauglich sind.[27] Diese Erkenntnis führte zu einem in der Kriminologie nahezu unangefochtenen Konzept der Minimierung und Reduzierung der Freiheitsstrafe.[28] Weiterhin bilden weder die gesetzlichen Strafrahmen noch die richterlichen Strafhöhenbemessungen eine nennenswerte Größe im Hinblick auf die Befolgung von Gesetzen durch die Bevölkerung.[29] Schließlich darf bei der Aussetzung eines Strafrestes zur Bewährung nicht außer Acht gelassen werden, dass der vorzeitig aus der Haft Entlassene einen Teil seiner Strafe verbüßt hat, so dass nicht von einer Verharmlosung oder Bagatellisierung gesprochen werden kann. Die Bevölkerung sieht im Übrigen Strafschärfungen nur in sehr geringem Maß als notwendiges Mittel der Kriminalitätsbekämpfung an.[30] Die Erwartungen der Menschen sind meist weniger auf die Zufügung eines Übels als vielmehr auf die Wieder-

---

[23] Kaiser, § 90 Rn. 7 mwN.in Fn. 16.
[24] Kaiser, § 31 Rn. 32.
[25] Nachweise bei Kaiser, § 31 Rn. 32.
[26] Vgl. Nachweise bei Walter/Geiter/Fischer, NStZ 1990, 16 (17) in Fn. 13.
[27] Kaiser, Wörterbuch, S. 117.
[28] Walter, Rn. 40ff.
[29] Walter/Geiter/Fischer, NStZ 1990, 16 (17).
[30] Schöch in: Jescheck-FS, S. 1094.

herstellung der Zustände vor dem Rechtsbruch gerichtet.[31] Unter generalpräventiven Gesichtspunkten verdient ferner Beachtung, dass die Vorzeitigkeit der Entlassung meist gar nicht bekannt ist, mithin auch keinen Einfluss auf die Abschreckung potentieller Rechtsbrecher oder das Vertrauen der Bevölkerung in die Rechtsordnung ausüben kann.

Nach alledem ist durch die vorzeitige Entlassung eines Inhaftierten aus dem Strafvollzug keine Verringerung der Rechtstreue der Bevölkerung zu befürchten. Die Generalprävention nimmt also durch das Institut der Strafrestaussetzung keinen Schaden. Darüber hinaus ist man sich weitgehend darüber einig, dass Gesichtspunkte der Generalprävention oder des Schuldausgleichs irrelevant sind.[32] Nach der Ratio des Gesetzes wäre es demnach unzulässig, die Aussetzung des Restes der Strafe deswegen zu verweigern, weil die Allgemeinheit dies als zu weiche Behandlung des Täters empfände, in ihrer Rechtstreue irritiert würde oder weil die Aussicht, nach Verbüßung eines Teils der Strafe freigelassen zu werden, potentielle Täter zur Straftatenbegehung ermuntern könnte.[33]

Weiter wird gegen die Vorzeitigkeit einer Entlassung aus dem Strafvollzug die Beeinträchtigung der Autorität des verurteilenden Richterspruches ins Feld geführt. Die Strafrestaussetzung könne vom Verurteilten als Korrektur der aufwändig dargelegten Strafzumessung aufgefasst werden; die Strafvollstreckungskammer mit ihren geringeren Erkenntnismöglichkeiten dürfe die ursprüngliche festgesetzte Strafe nicht entwerten.[34]

Solche Bedenken verkennen das zeitliche und prozesshafte Element der Freiheitsstrafe.[35] Der Akt der Verurteilung zu einer Tatschuld vergeltenden Strafe erlaubt es, in einem späteren Stadium verstärkt individualpräventive Gesichtspunkte zu berücksichtigen (s.o.).

Vorrangiges Ziel des Vollzuges ist die Resozialisierung des Gefangenen (vgl. §§ 2, 3, 154 StVollzG);[36] sie stellt die maßgebliche Gestaltungs- und Arbeitsperspektive für die Vollzugspraxis dar.[37] Diese klare Ausrichtung der Voll-

---

[31] Smaus, S. 97.

[32] BVerfG, NJW 1994, 378; SK-Horn (8. Aufl.), § 57 Rn. 11; Lackner/Kühl (25. Aufl.), § 57 Rn. 8; Schönke/Schröder/Stree (26. Aufl.), § 57 Rn. 15: LK-Gribbohm (11. Aufl.), § 57 Rn. 17; vgl. aber den Widerspruch bei Tröndle/Fischer (52. Aufl.), § 57 Rn. 12 und 15.

[33] Frisch, ZStW 102 (1990), 707 (721f.).

[34] In diese Richtung weisen Bedenken von Tröndle/Fischer (50.A.), § 57 Rn. 1.

[35] Walter/Geiter/Fischer, NStZ 1990, 16 (18).

[36] BVerfGE 35, 202 (239); 40, 276 (284).

[37] Walter, Rn. 52.

zugsgestaltung schließt aber eine gleichzeitige Verfolgung von Gesichtspunkten der Tatschuldvergeltung und der Generalprävention aus.[38] Das primäre Vollzugsziel der Resozialisierung folgt aus Art. 2 Abs. 1 in Verbindung mit Art. 1 Abs. 1 GG und aus dem Sozialstaatsprinzip, die den Staat verpflichten, den Menschen weder zum Strafobjekt herabzuwürdigen noch ihn als hoffnungslosen Fall abzuschreiben.[39] Vielmehr sollen dem Gefangenen Fähigkeit und Wille zu verantwortlicher Lebensführung vermittelt werden.[40] Der Inhaftierte hat folglich einen verfassungsrechtlich verbürgten Anspruch auf Resozialisierung.[41] Unter dem Begriff der Resozialisierung kann die Summe der Bemühungen verstanden werden, den Gefangenen zu befähigen, künftig in sozialer Verantwortung ein Leben ohne Straftaten zu führen (vgl. § 2 StVollzG). Zur Resozialisierung zählt aber neben der Vermeidung von Haftschäden durch die Gewährung von Lockerungen und anderen Außenkontakten als Ausgestaltung des in § 3 Abs. 2 StVollzG normierten sog. Gegensteuerungsgrundsatzes,[42] wonach schädlichen Folgen des Freiheitsentzuges entgegenzuwirken ist, vor allem die Vermeidung besonders schädlicher langer Vollzugszeiten, die die Verbindung zum Leben nach draußen zunichte machen können.[43]

Neben der Strafrestaussetzung gewähren § 56 StGB und § 21 JGG die Möglichkeit der anfänglichen Strafaussetzung zur Bewährung. Bei diesem Rechtsinstitut kann unter den dort genannten Voraussetzungen die Strafe zur Bewährung ausgesetzt, also von ihrer Vollstreckung abgesehen werden (s.o.).

Die Strafaussetzung zur Bewährung hat in dem sich ändernden Sanktionensystem der letzten Jahrzehnte[44] entscheidend an Bedeutung gewonnen: 1968 betrug die Aussetzungsquote etwa 35%, unmittelbar nach der Strafrechtsreform erhöhte sie sich im Jahr 1970 auf 53%. 2003 schließlich betrug der Anteil der Strafaussetzungen an den verhängten Freiheitsstrafen 69%.[45]

Der erfolgreiche und zunehmende Gebrauch des Instituts der Strafaussetzung zur Bewährung hat deutlich gemacht, dass bereits das Androhen von Haft seinen beabsichtigten Zweck weitgehend erfüllt.[46]

---

[38] Laubenthal, Rn. 159; Calliess/Müller-Dietz, § 2 Rn. 1.
[39] Walter, Rn. 52.
[40] BVerfGE 33, 1 (7f.); 35, 202 (235).
[41] BVerfGE 45, 187 (239).
[42] Calliess/Müller-Dietz, § 3 Rn. 1.
[43] Walter/Geiter/Fischer, NStZ 1990, 16 (18).
[44] Vgl. Kaiser, § 93 Rn. 24.
[45] Statistisches Bundesamt, Fachserie 10, Reihe 3, Strafverfolgung, 2003, S. 140.
[46] Geiter in: Walter, S. 107.

Gemäß dem in unserer Verfassung garantierten Verhältnismäßigkeitsprinzip[47] kommt der Freiheitsstrafe ein ultima-ratio-Charakter zu.[48] Somit erscheint es konsequent, auch nach teilweiser Haftverbüßung erneut auf das Androhen des Entzuges der Freiheit durch Verbüßung der Reststrafe zu setzen.

Zudem ist man in empirischen Sanktionsforschungen zu dem Ergebnis gelangt, dass sich das Legalverhalten von Probanden, deren Freiheitsstrafe oder Strafrest zur Bewährung ausgesetzt worden war, gegenüber Vollverbüßern eher günstiger, keinesfalls schlechter darstellt.[49]

Damit hat sich die bedingte Entlassung von Strafgefangenen zu einem wichtigen Instrument des Sanktionenrechts entwickelt, zu deren Akzeptanz wesentlich der Gedanke beitrug, dass die Strafrestaussetzung einen begleiteten und überwachten Übergang vom Gefängnis in die Freiheit ermöglicht.[50]

Nach alldem kann festgehalten werden, dass dem Institut der Strafrestaussetzung eine „kriminalpolitische Schlüsselstellung“[51] zukommt.

Abb. 2: Entwicklung der Gefangenenzahlen jeweils am 01.03 des Jahres[52]

---

[47] BVerfGE 19, 348 (349).

[48] Vgl. Walter, Rn. 40ff: Freiheitsentzug als Ultima Ratio (I1c cc).

[49] Albrecht/Dünkel/Spieß, MschrKr 1981, 310 (317) mwN.; Baumann/Maetze/Mey, MschrKr 1983, 133-148.

[50] Feuerhelm in: Böhm-FS, S. 463 (465).

[51] Walter/Geiter/Fischer, NStZ 1989, 405 (409).

[52] Statistisches Bundesamt, Fachserie 10, Reihe 4.1, Strafvollzug, 2004, S. 6.

Daneben sprechen aber auch weitere Gründe für die Notwendigkeit und den Sinn einer vorzeitigen Entlassung aus dem Strafvollzug.

Obwohl seit der Reform des Sanktionenrechts Ende der 1960er Jahre die kriminalpolitischen Bemühungen um eine Zurückdrängung freiheitsentziehender Sanktionen zugunsten solcher ambulanter Art fortgeschritten sind, kann das eigentliche Reformanliegen einer erheblichen Leerung der Gefängnisse[53] trotz deutlicher Anfangserfolge kaum als verwirklicht gelten; die Anzahl der Inhaftierten entwickelte sich nicht kontinuierlich rückläufig[54] (vgl. Abb. 2). Vielmehr ist die Entwicklung der Gefangenenzahlen in der Bundesrepublik während der letzten 20 Jahre durch eine wellenförmige Bewegung gekennzeichnet. Der Tiefststand der Gefängnispopulation war 1975 zu verzeichnen; bis Mitte der 1980er Jahre erfolgte ein deutlicher Anstieg, um dann wellenförmig bis zum Jahr 1991 wieder abzunehmen. Seit 1992 ist in Gesamtdeutschland ein kontinuierlicher Anstieg der Strafgefangenenzahlen zu verzeichnen.

Somit wäre die vorzeitige Entlassung aus dem Strafvollzug ein brauchbares Mittel, um die Gefängnisse zu entlasten und die mit einer Überbelegung einhergehenden Probleme zu entschärfen.

Abschließend lässt sich also feststellen, dass die Strafrestaussetzung zur Bewährung einen wichtigen Teil der auf Resozialisierung ausgerichteten Gesamtbehandlung des Verurteilten darstellt; sie dient also nicht nur der Entlastung der Strafvollzugsanstalten, sondern trägt der kriminalpolitischen Erwägung Rechnung, die Chancen einer erfolgreichen Resozialisierung des Verurteilten verstärkt zu nutzen.[55]

Eine vorzeitige Entlassung aus dem Strafvollzug erscheint demnach als durchaus sinnvoll, und ein vermehrter Gebrauch dieses Institutes ist unter den aufgezeigten Gesichtspunkten zu begrüßen.

---

[53] BT-Dr. V/4094, S. 11; BT-Dr.V/4095, S. 19.

[54] Laubenthal, Rn. 57.

[55] Tröndle/Fischer (50.Aufl.), § 57 Rn. 1.

2. Teil: Die vorzeitige Entlassung aus dem Jugendstrafvollzug

A. Geschichtliche Entwicklung

Während die Möglichkeit, den Strafrest nach Teilverbüßung des im Urteil festgesetzten Strafmaßes auszusetzen, im Erwachsenenstrafrecht in einzelnen deutschen Ländern bereits seit 1862 als Maßnahme des Gnadenrechts existierte,[56] ermöglichte im Jugendstrafrecht erst die Einführung der unbestimmten Jugendstrafe formell die Entlassung auf Probe (vgl. § 2 der Verordnung über die unbestimmte Verurteilung Jugendlicher vom 10.09.1941[57]).[58] Allerdings wurde schon aus § 11 des Jugendgerichtsgesetzes von 1923[59] eine nachträgliche Aussetzung des Strafrestes hergeleitet. Gemäß § 11 JGG 1923 konnte die Vollstreckung nachträglich ausgesetzt werden, wenn nach Erlass des Urteils Umstände bekannt geworden sind, die die Aussetzung angezeigt erscheinen lassen. Hierbei waren sowohl Tatsachen gemeint, die zur Zeit des Urteilserlasses bereits vorlagen, als auch Umstände, die erst nach einer Teilverbüßung eingetreten sind.[60] Das Jugendgerichtsgesetz von 1943[61] beseitigte zwar die anfängliche Strafaussetzung zur Bewährung, dehnte jedoch gleichzeitig die Möglichkeit einer bedingten Entlassung auf die unbestimmte Jugendstrafe aus. Der Kern der heutigen Regelung[62] findet sich bereits in §§ 58, 59 JGG 1943, und zwar in der Form der „Strafaussetzung auf Probe" (§ 58) und in Form der „Entlassung auf Probe" (§ 59). Bei der „Strafaussetzung auf Probe" konnte der Vollstreckungsleiter nach Verbüßung von einem Drittel die Strafe aussetzen, sofern der Strafzweck erreicht war. Die „Entlassung auf Probe" war bei einer Verurteilung von unbestimmter Dauer möglich. Sie konnte nach der im Urteil festgesetzten Mindeststrafzeit ausgesprochen werden.

Seit dem Jugendgerichtsgesetz von 1953[63] ist die Strafrestaussetzung zur Bewährung in § 88 JGG geregelt. Während nach dem JGG 1953 eine eindeutig positive Prognose für das zukünftige Verhalten des Inhaftierten gestellt werden musste,[64] genügte seit dem ersten StrRG vom 25. Juni 1969[65] eine Risikoprog-

[56] Damian in: Kerner, S. 56.
[57] RGBl. I, S. 567.
[58] Ostendorf (6. Aufl.), Grdl. z. §§ 88-89a Rn. 2.
[59] RGBl. I, S. 135.
[60] Damian in: Kerner, S. 80.
[61] RGBl. I, S. 635.
[62] So Ostendorf (6. Aufl.), Grdl. z. §§ 88-89a Rn. 2.
[63] BGBl. I, S. 751.
[64] Von Moers, S. 10.
[65] BGBl. I, S. 645.

nose. Mit dem EGStGB vom 02. März 1974[66] wurden die Voraussetzungen für eine vorzeitige Entlassung zur Bewährung vor Verbüßung von sechs Monaten reduziert. Durch das 1. JGGÄndG vom 30. August 1990[67] wurde § 89 JGG infolge der Streichung der unbestimmten Jugendstrafe aufgehoben. Schließlich führte das Gesetz zur Bekämpfung von Sexualdelikten und anderen gefährlichen Straftaten vom 30. Januar 1998[68] zu einer Umformulierung der sog. „Erprobungsklausel".

B. Rechtliche Ausgestaltung der Entscheidung nach § 88 JGG

I. Anwendungsbereich

§ 88 JGG kommt bei vollstreckbaren Jugendstrafen gegenüber Jugendlichen und – wenn die Voraussetzungen des § 105 Abs. 1 JGG bejaht worden sind – Heranwachsenden zur Anwendung, unabhängig davon, ob sie von einem Jugend- oder Erwachsenengericht ausgesprochen wurden (§ 110 Abs. 1 JGG). Dies gilt auch, wenn die Vollstreckung gemäß den §§ 92 Abs. 2 Satz 3, 85 Abs. 6 JGG abgegeben wird oder die Jugendstrafe gemäß § 92 Abs. 2 Satz 1 und 2 JGG in einer Erwachsenenstrafanstalt vollzogen wird.[69]

II. Voraussetzungen

1. Teilverbüßung

Gemäß § 88 Abs. 1 JGG ist für die Aussetzung des Restes der Jugendstrafe eine Teilverbüßung erforderlich, wobei die Berechnung der Vollstreckungszeit nach den allgemeinen Grundsätzen erfolgt.[70]

Nach § 88 Abs. 2 Satz 1 JGG soll der Verurteilte in der Regel mindestens sechs Monate im Vollzug verbracht haben, da davon ausgegangen wird, dass eine erzieherische Einwirkung in kürzerer Zeit nicht möglich ist (§ 18 Abs. 1 JGG).[71] Nur „besonders wichtige Gründe" – die aber seit der Fassung von § 88 Abs. 2 Satz 1 JGG durch Art. 24 Nr. 37 c EGStGB vom 02. März 1974[72] nicht mehr nur „ausnahmsweise" in Betracht kommen können – erlauben es, diese Sechsmonatsgrenze zu unterschreiten. Besonders wichtige Gründe sind zum

---

[66] BGBl. I, S. 469.
[67] BGBl. I, S. 1857.
[68] BGBl. I, S. 160.
[69] OLG Hamm, Beschl. v. 28.10.1999, NStZ-RR 2000, 92 (93) m.w.N.
[70] Brunner/Dölling (11. Aufl.), § 88 Rn. 2; Diemer/Schoreit/Sonnen (4. Aufl.), § 88 Rn. 6; Eisenberg (10. Aufl.), § 88 Rn. 3; Ostendorf (6. Aufl.), § 88 Rn. 2.
[71] Eisenberg (10. Aufl.), § 88 Rn. 5; Brunner/Dölling (11. Aufl.), § 88 Rn. 2a.
[72] BGBl 1974 I, S. 469.

Beispiel: so schnell nicht wiederkehrende Chancen, den Verurteilten in ein günstiges soziales Umfeld zu entlassen, gravierende Belastungen durch den Vollzug, besondere schicksalhafte Beeinträchtigungen, auffällige positive Entwicklungen und Veränderungen u.a.[73]

Bei einer Jugendstrafe von mehr als einem Jahr muss der Verurteilte gemäß § 88 Abs. 2 Satz 2 JGG mindestens ein Drittel der Strafe verbüßt haben, ehe die Vollstreckung des Restes zur Bewährung ausgesetzt werden darf. Diese Grenze darf auch aus wichtigen Gründen nicht unterschritten werden.[74] Bei einer Jugendstrafe von zwei Jahren müssen also acht Monate verbüßt sein, bei einer Jugendstrafe von 18 Monaten sechs Monate und bei einer Jugendstrafe von 15 Monaten fünf Monate, wobei hier die Aussetzung der Vollstreckung des Restes der Jugendstrafe einen besonders wichtigen Grund im Sinne von § 88 Abs. 2 Satz 1 JGG voraussetzt.[75]

2. Günstige Sozial- bzw. Legalprognose

Bis zum 30. Januar 1998 setzte die Aussetzung des Strafrestes zur Bewährung neben der Teilverbüßung voraus, dass verantwortet werden konnte zu erproben, ob der Verurteilte außerhalb des Jugendstrafvollzuges einen rechtschaffenen Lebenswandel führen würde (vgl. § 88 Abs. 1 JGG a.F.).

Obwohl das Gesetz von einem „rechtschaffenen Lebenswandel" sprach, war die Gefahr einer Straftatwiederholung – wie im Erwachsenenstrafrecht in § 57 Abs. 1 Nr. 2 StGB a.F. – als maßgebendes Kriterium anerkannt.[76] Aus diesem Grund ist auch die Formulierung der Voraussetzung als „günstige Legalprognose"[77] als präziser anzusehen.

Für die Prognosestellung galten nach allgemeiner Auffassung die Grundsätze für die Aussetzung der Jugendstrafe zur Bewährung gemäß § 21 JGG entsprechend.[78] Die Legalprognose war demnach unter Berücksichtigung aller relevanten Informationen, die etwas über die voraussichtliche Entwicklung eines jugendlichen Straftäters in Freiheit aussagen konnten, zu ermitteln.[79] Angesichts der offenen Formulierung des Gesetzes war nicht ganz unstreitig, wel-

---

[73] Siehe Nachweise bei Diemer/Schoreit/Sonnen (4. Aufl.), § 88 Rn. 8; Eisenberg (10. Aufl.), § 88 Rn. 5.

[74] Brunner/Dölling (11. Aufl.), § 88 Rn. 2; Eisenberg (10. Aufl.), § 88 Rn. 6; Diemer/Schoreit/Sonnen (4. Aufl.), § 88 Rn. 9.

[75] Vgl. Diemer/Schoreit/Sonnen (4. Aufl.), § 88 Rn. 9.

[76] Ostendorf (4.Aufl.), § 88 Rn. 5; Diemer/Schoreit/Sonnen (2.Aufl.), § 88 Rn. 14.

[77] Für Ostendorf stellt der Begriff der Sozialprognose eine Umformulierung des Gesetzestextes dar; vgl. (4.Aufl.), § 88 Rn. 5.

[78] Eisenberg (8.Aufl.), § 88 Rn. 8; Ostendorf (4.Aufl.), § 88 Rn. 5.

[79] Dessecker, StV 1999, 678 (681).

che Aspekte berücksichtigt werden durften.[80] Eine ausführliche Auseinandersetzung in Literatur und Rechtsprechung mit dieser Fragestellung fehlt leider.[81] Die Formulierung „erproben" sollte dabei der Erkenntnis gerecht werden, dass eine sichere Vorhersage nicht möglich war.[82] Aus diesem Grund sollte es vor allem auf den Grad der Wahrscheinlichkeit einer erneuten Straftatbegehung ankommen.[83] Eine solche Wahrscheinlichkeitsaussage war aber immer mit Unsicherheiten behaftet und damit immer eine „Risikoprognose".[84]

Seit dem 31. Januar 1998 setzt das Jugendgerichtsgesetz für eine vorzeitige Entlassung aus dem Jugendstrafvollzug voraus, dass der Verurteilte einen Teil der Strafe verbüßt hat und eine Aussetzung des Restes der Jugendstrafe zur Bewährung im Hinblick auf die Entwicklung des Jugendlichen (bzw. Heranwachsenden, vgl. § 110 Abs. 1 JGG), auch unter Berücksichtigung des Sicherheitsinteresses der Allgemeinheit, verantwortet werden kann (§ 88 Abs. 1 JGG n.F.). Diese aufgrund des Gesetzes zur Bekämpfung von Sexualdelikten und anderen gefährlichen Straftaten[85] erfolgte Umformulierung entspricht damit wörtlich den Aussetzungsvoraussetzungen bei entsprechenden Entscheidungen im allgemeinen Strafrecht: Auch hier wurde im Zuge der Regelungen des Gesetzes zur Bekämpfung von Sexualdelikten und anderen gefährlichen Straftaten die bisherige Erprobungsklausel durch das Erfordernis der Verantwortbarkeit der Strafrestaussetzungen – gerade im Hinblick auf das Sicherheitsinteresse der Allgemeinheit – ersetzt (vgl. § 57 Abs. 1 Satz 1 Nr. 2 StGB a.F. und n.F.). Diese Formulierung hat in Literatur und Praxis erhebliche Anwendungsdiskussionen ausgelöst, die aufgrund der gleichlautenden Vorschrift im Jugendstrafrecht auch hier von erheblicher Bedeutung sind.

Wie oben bereits dargelegt, untersucht die vorliegende Arbeit im Schwerpunkt die Auswirkungen des Gesetzes zur Bekämpfung von Sexualdelikten und anderen gefährlichen Straftaten auf die Strafrestaussetzung im Jugendstrafrecht. Deshalb soll an dieser Stelle die Frage nach den möglichen Veränderungen der Aussetzungskriterien, ebenso wie die Frage nach einer eventuellen Einschaltung eines Gutachters vor der Entscheidung über den Antrag auf Entlassung zur Bewährung aus dem Jugendstrafvollzug (vgl. § 454 Abs. 2 StPO), zurückgestellt werden und einheitlich in einem späteren Kapitel, das sich ausschließlich

[80] Böhm, S. 216; Eisenberg (8.Aufl.), § 88 Rn. 9.
[81] Dessecker, StV 1999, 678 (681).
[82] Brunner/Dölling (10.Aufl.), § 88 Rn. 1.
[83] Diemer/Schoreit/Sonnen (2.Aufl.), § 88 Rn. 14.
[84] Ostendorf (4.Aufl.), § 88 Rn. 6.
[85] BGBl. I 1998, S. 160.

den Inhalten des Gesetzes zur Bekämpfung von Sexualdelikten und anderen gefährlichen Straftaten widmet, erörtert werden.[86]

3. Ermessensentscheidung

Die Entscheidung über die Aussetzung der Vollstreckung des Restes einer Jugendstrafe steht im pflichtgemäßen Ermessen des Jugendrichters (vgl. § 88 Abs. 1 Satz 1 JGG: „Der Vollstreckungsleiter kann...“.).[87] Im Unterschied zu vergleichbaren Entscheidungen im allgemeinen Strafrecht (vgl. § 57 StGB) setzt sie aber keine Einwilligung voraus; der Jugendliche hat somit kein Recht auf eine vollständige Vollstreckung seiner Jugendstrafe.[88]

Teilweise wird erwogen, bei einer gemäß § 17 JGG wegen „Schwere der Schuld“ verhängten Jugendstrafe – unter Hervorkehrung und Hintanstellung des Alters des Verurteilten zur Tatzeit[89] - das Ermessen in Anlehnung an die Grundsätze des § 57 StGB auszuüben.[90] Folglich soll eine Aussetzung der Vollstreckung auch bei günstiger Sozialprognose vor Verbüßung von zwei Dritteln der Jugendstrafe nur dann in Betracht kommen, wenn besondere Umstände in der Tat und in der Persönlichkeit des Verurteilten vorliegen oder die Aussetzung aus besonders wichtigen Gründen geboten erscheint.[91]

Begründet wird dies zum einen mit der Auffassung der Bevölkerung, dass bei einem besonders schweren Delikt und einer entsprechend hohen Strafe diese wenigstens zum größten Teil verbüßt werden sollte[92], und zum anderen mit dem Gesichtspunkt der Sühne.[93] Wenn auch bei der Verhängung der Jugendstrafe der Erziehungsgedanke in der Regel im Vordergrund stehe, so seien in ihr daneben auch alle Elemente des allgemeinen Strafrechts, wie zum Beispiel Sühne und Abschreckung, enthalten.[94]

Nach einer Untersuchung nicht veröffentlichter Entscheidungen von Sonnen[95] entsprach es bereits in den 1970er und 1980er Jahren in Berlin (West) der gängigen Gerichtspraxis – unter Bezugnahme auf die Entscheidung des Landgerichts Bonn – nur bei einer Jugendstrafe wegen schädlicher Neigungen eine

---

[86] Vgl. S. 41ff.

[87] Ohle in: Walter, S. 122; Claasen in: Gerken/Schumann, S. 127; Böhm, NJW 1977, 2198 (2199); BGH GA 1958, 305.

[88] Eisenberg (10. Aufl.), § 88 Rn. 9.

[89] Eisenberg (10. Aufl.), § 88 Rn. 9b.

[90] LG Berlin NStZ 1999, 102 (103).

[91] LG Bonn NJW 1977, 2226 (2227); StV 1984, 255 (255 f.).

[92] LG Bonn NJW 1977, 2226 (2227); StV 1984, 255 (256).

[93] LG Berlin NStZ 1999, 102 (103).

[94] Vgl. BGHSt 18, 207 .

[95] Sonnen in: Pongratz-FS, S. 289 (303).

Strafrestaussetzung nach Verbüßung von einem Drittel (vgl. § 88 Abs. 2 JGG) bis zu zwei Dritteln in Betracht zu ziehen. Im Übrigen wurde bei einer Verurteilung wegen Schwere der Schuld nach Deliktsgruppen unterschieden, mit der Konsequenz, bei Verurteilungen wegen Raubes den Strafrest nach Vollstreckung von zwei Dritteln, wegen Mordes sogar erst nach drei Vierteln der Strafe auszusetzen.

Eine Anbindung des pflichtgemäßen Ermessens des Vollstreckungsleiters an die Grundsätze des § 57 StGB begegnet jedoch in vielerlei Hinsicht Bedenken.[96]

Zunächst verstoßen die genannten Entscheidungen der Landgerichte Bonn und Berlin gegen den Wortlaut des § 88 JGG.[97] Dem Landgericht Bonn ist zwar zuzugeben, dass der Wortlaut des § 88 Abs. 1 JGG nicht erkennen lässt, „unter welchen Voraussetzungen der Richter trotz günstiger Sozialprognose von der Aussetzung der Vollstreckung der Jugendstrafe absehen, wann er von der Möglichkeit der Aussetzung Gebrauch machen soll.“[98] Eben diese Entscheidung über die Strafrestaussetzung soll der Vollstreckungsleiter aber in sein Ermessen stellen, welches er pflichtgemäß und fehlerfrei auszuüben hat. Das Ermessen ist, bis auf das Erfordernis einer Mindestvollstreckungszeit in § 88 Abs. 2 JGG (s.o.), nicht durch besondere Begrenzungen eingeschränkt.[99] Die entsprechenden besonderen Voraussetzungen des § 57 StGB wurden nicht in § 88 Abs. 2 JGG übernommen.[100] Vorgegebene Richtlinien in diesem Bereich würden das Ermessen des Jugendrichters einengen und damit dem klaren Wortlaut des Gesetzes („Der Vollstreckungsleiter **kann**...“) widersprechen.[101]

Nach Ansicht des Landgerichts Bonn beschränkt sich der Erziehungsgedanke nur auf die wegen schädlicher Neigungen verhängte Jugendstrafe, für den Fall der Jugendstrafe wegen Schwere der Schuld sage das Jugendgerichtsgesetz insoweit nichts aus.[102]

Auch in diesem Punkt ist jedoch der Auffassung des Gerichts entgegenzutreten: Dem Wortlaut des § 88 JGG lässt sich weder eine Unterscheidung zwischen Jugendstrafe wegen schädlicher Neigungen und Jugendstrafe wegen

---

[96] Siehe grundlegend hierzu: von Moers, Die vorzeitige Entlassung aus dem Jugendstrafvollzug.

[97] Dies wird vom LG Bonn offen zugegeben. „Entgegen dem Wortlaut des § 88 Abs. 2 JGG...“, StV 1984, 255 (255).

[98] NJW 1977, 2226 (2227); StV 1984, 255 (256).

[99] Schönberger, NStZ 1999, 103 (103); Tondorf, StV 1984, 255 (257); Böhm, NJW 1977, 2198 (2199); Mrozynski, JR 1983, 133 (134).

[100] Eisenberg (10. Aufl.), § 88 Rn. 9b.

[101] von Moers, S. 31.

[102] NJW 1977, 2226 (2227).

Schwere der Schuld noch eine Differenzierung nach einzelnen Deliktsgruppen entnehmen.[103] Darüber hinaus unterscheiden sowohl § 18 JGG, der die Bemessung der Jugendstrafe, als auch § 91 JGG, der das Vollzugsziel regelt, nicht zwischen den beiden unterschiedlichen Voraussetzungen der Jugendstrafe.[104] Der Erziehungsgedanke gilt in jedem Fall.[105]

Eine Ermessensanbindung an § 57 StGB stellt zudem eine Umgehung der klaren Regelung des § 88 JGG dar.[106] Das gesamte Jugendstrafrecht steht unter dem Primat der Erziehung;[107] es ist gekennzeichnet von der Dominanz des Erziehungsprinzips.[108] Das Jugendstrafrecht ist ein Sonderstrafrecht für junge Täter. Es enthält die Summe derjenigen materiellrechtlichen und verfahrensrechtlichen Sondervorschriften, welche die rechtliche Reaktion auf die Straftaten solcher Täter mit Rücksicht auf die Besonderheiten jenes Entwicklungsstadiums abweichend von dem des allgemeinen Strafrechts regeln.[109] Gemäß § 2 JGG gelten die allgemeinen Vorschriften nur, soweit im Jugendgerichtsgesetz nichts anderes bestimmt ist. Ziel der Vorschrift ist insoweit die Klarstellung und zugleich die Sicherung des Vorranges der Sondervorschriften für Jugendliche und Heranwachsende.[110] Einer Anwendung des § 57 StGB für die Strafrestaussetzung zur Bewährung im Jugendstrafrecht stünde demnach nichts entgegen, wenn das „Sonderstrafrecht für junge Täter"[111] keine Regelung für eine Bewährungsaussetzung getroffen hätte. In § 88 JGG enthält das Jugendgerichtsgesetz jedoch Aussagen über die Aussetzung des Strafrests zur Bewährung. Zwar sind detaillierte Regelungen über den Zeitpunkt der Aussetzung, wie sie sich aus § 57 StGB ergeben, nicht in § 88 Abs. 2 JGG übernommen worden. Der Gesetzgeber hat § 88 JGG jedoch bewusst offen ausgestaltet, damit die Aufgabe des Jugendrichters, bei günstiger Sozialprognose etwa vertretbare Belange des Vergeltungsgedankens mit den Erfordernissen der Erziehung

---

[103] Schönberger, NStZ 1999, 103 (103); Brunner/Dölling (11. Aufl.), § 88 Rn. 1; von Moers, S. 4 und 31 f.; Böhm, NJW 1977, 2198 (2199).

[104] Mrozynski, JR 1983, 133 (135).

[105] BGHSt 15, 224; 16, 261; BGH NJW 1975, 1666; BGH StV 1981, 130 und 1982, 121, 173, 473.

[106] Tondorf, StV 1984, 255 (257).

[107] Brunner/Dölling (11. Aufl.), Einf. II Rn. 4; Der BGH erkennt in ständiger Rechtsprechung die Erziehung als die „Basis aller Regelungen des Jugendstrafrechts" an; z.B. BGHSt 36, 37.

[108] Von Moers, S. 32.

[109] Schaffstein/Beulke, S. 1.

[110] Diemer/Schoreit/Sonnen (4. Aufl.), § 2 Rn. 1.

[111] Schaffstein/Beulke, S. 1.

zu einem Ausgleich zu bringen, nicht durch eine generelle Orientierung an der starren Regelung des § 57 StGB behindert werden.[112]

Im Jugendstrafrecht sind im Unterschied zum Erwachsenenstrafrecht die freiheitsentziehenden Sanktionen zugunsten ambulanter Maßnahmen zurückgedrängt, womit gleichzeitig formale Grenzen zugunsten einer Individualbeurteilung aufgegeben werden.[113] § 88 JGG bedeutet insoweit eine beabsichtigte Privilegierung gegenüber dem allgemeinen Strafrecht.[114] Bei der klaren und eindeutigen Regelung der Aussetzung der Restjugendstrafe verbietet somit § 2 JGG eine direkte Anwendung der diesbezüglichen Bestimmung des Strafgesetzbuches.[115]

Die zitierten Entscheidungen vermissen in § 88 JGG für den Fall der Verurteilung eines Jugendlichen wegen Schwere der Schuld eine einschränkende Regelung, die der in § 57 StGB enthaltenen Regel für eine – nach Ansicht der Gerichte – wertungsmäßig gleich zu erachtende Fallgruppe entspricht.

Die Ausfüllung dieser von den Landgerichten Bonn und Berlin gesehenen Lücke erfolgt durch Übertragung der geforderten Einschränkung der Strafrestaussetzung auf § 88 JGG. Hierbei handelt es sich um eine Gesetzesanalogie, bei der die für einen Tatbestand gegebene Regel auf einen anderen, ihm „ähnlichen“, das heißt wertungsmäßig gleich zu erachtenden übertragen wird.[116] (Im Gegensatz dazu entnimmt die Rechtsanalogie einen sich aus mehreren Tatbeständen ergebenden allgemeinen Rechtsgedanken und überträgt diesen auf den nicht geregelten Fall.[117])

Es stellt sich aber die Frage, ob die Voraussetzungen für eine Gesetzesanalogie vorliegen. Die Befugnis zur Rechtsfortbildung steht den Gerichten zu, wenn das Gesetz lückenhaft ist.[118] Eine Gesetzeslücke ist eine planwidrige Unvollständigkeit des Gesetzes.[119]

Wie bereits dargestellt, handelt es sich bei der Strafrestaussetzung gemäß § 88 JGG um eine Ermessensentscheidung des Jugendrichters. Im Jugendstrafrecht gebührt dem Erziehungsgedanken gegenüber dem Sühne- und Vergeltungsprinzip der Vorrang.[120] Vertretbare Belange des Vergeltungsgedankens, insbesondere in Fällen schwerer Schuld, sind bereits bei Verhängung und Be-

---

[112] Eisenberg (10. Aufl.), § 88 Rn. 9.
[113] Ostendorf (6. Aufl.), § 88 Rn. 3.
[114] Diemer/Schoreit/Sonnen (4. Aufl.), § 88 Rn. 12.
[115] Böhm, NJW 1977, 2198 (2199).
[116] Larenz, S. 271.
[117] Baumann/Weber/Mitsch, § 13 II 2a, S. 159; Maurach/Gössel/Zipf, Bd. I § 10 II B1, Rn. 15.
[118] Larenz, S. 271.
[119] Schönke/Schröder/Eser (26. Aufl.), § 1 Rn. 35.
[120] Tondorf, StV 1984, 255 (257).

messung der Jugendstrafe hinreichend berücksichtigt worden.[121] Aspekte von Generalprävention, Schuldausgleich, Vergeltung und Sühne haben ihren Standort bei der Sanktionsdrohung sowie der Sanktionsverhängung und sind damit für die Ebene des Sanktionsvollzuges „verbraucht“.[122] Unter Beachtung des mit der Jugendstrafe verbundenen Hauptzwecks, der Erziehung, ist dem nachrangig zu berücksichtigenden Vergeltungsgedanken in der Strafvollstreckung in vollem Umfang Genüge getan, wenn ein Drittel der Strafe verbüßt ist. Nach dieser Verbüßung ergibt sich für den Richter, der über die Strafrestaussetzung zu entscheiden hat, ein ausreichendes Bild der Täterpersönlichkeit.[123] Mithin soll § 88 Abs. 2 JGG dem Vollstreckungsleiter gerade die Möglichkeit geben, durch vorzeitige Aussetzung des Strafrestes dem Erziehungsprinzip Rechnung zu tragen.

Die Entscheidungen der Landgerichte messen insoweit den Gesichtspunkten von Schuldausgleich, Vergeltung und Sühne einen Stellenwert bei, der den jugendstrafrechtlichen Besonderheiten nicht gerecht wird.[124]

Eine analoge Anwendung des § 57 StGB läuft darüber hinaus dem Gesetzesziel des § 88 JGG zuwider. Ziel der Bestimmung ist es nämlich, die Flexibilität im Jugendstrafverfahren zugunsten der Individualprävention und zur Vermeidung einer Überreaktion zu erhöhen.[125] Der Gesichtspunkt der positiven Generalprävention darf nicht zum Nachteil für die Individualprävention führen.[126] Wenn aber aus individualpräventiven Gründen kein Freiheitsentzug mehr erforderlich ist, so muss jede weitere Inhaftierung zu Schädigungen im Sinne von Hospitalisierung und Deprivation führen.[127]

Folglich lässt sowohl der Regelungsplan des § 88 JGG als auch der Bedeutungszusammenhang des Gesetzes eine Übertragung des Rechtsgedankens aus § 57 StGB auf § 88 JGG nicht zu. Für eine analoge Anwendung des § 57 StGB besteht demnach kein Raum.[128]

Schließlich liegt daneben ein Verstoß gegen höherrangiges Recht vor. Eine entsprechende Anwendung des § 57 StGB hat – wie vom LG Bonn ausdrücklich gewollt – zur Folge, dass bei Jugendstrafen wegen Schwere der Schuld eine vorzeitige Entlassung aus dem Strafvollzug regelmäßig erst nach Verbüßung von zwei Dritteln der Strafe erfolgt. Dies verstößt aber gegen das aus

---

[121] Von Moers, S. 73; Eisenberg, ZRP 1985, 41 (47); Mrozynski, JR 1983, 133 (135).
[122] Sonnen in: Pongratz-FS, S. 289 (304).
[123] Tondorf, StV 1984, 255 (257).
[124] Diemer/Schoreit/Sonnen (4. Aufl.), § 88 Rn. 12.
[125] Ostendorf (6. Aufl.), Grdl. Zu §§ 88 f. Rn. 3.
[126] Ostendorf (6. Aufl.), § 88 Rn. 7.
[127] Tondorf, StV 1984, 255 (257); Böhm, NJW 1977, 2198 (2200).
[128] Vgl. auch Böhm, NJW 1977, 2198 (2199).

§§ 1, 2 StGB, Art. 103 GG hergeleitete Verbot der Analogie zu Ungunsten des Täters.[129]

Aus den vorgenannten Gründen kann weder eine direkte Anwendung des § 57 StGB auf die Strafrestaussetzung im Jugendstrafrecht noch eine analoge Anwendung der Vorschrift für zulässig erachtet werden.

Die Rechtsprechung der Landgerichte Bonn und Berlin erweist sich demnach als verfehlt.

Inwieweit das Gesetz zur Bekämpfung von Sexualdelikten und anderen gefährlichen Straftaten eine Ermessensbeschränkung des Vollstreckungsleiters darstellt, soll – ebenso wie die geänderten Prognosevoraussetzungen (s.o.) – an dieser Stelle zurückgestellt werden und einheitlich bei einer genaueren Analyse der Änderungen der Strafrestaussetzung zur Bewährung durch das Gesetz zur Bekämpfung von Sexualdelikten und anderen gefährlichen Straftaten behandelt werden.

III. Zuständigkeit und Verfahren

1. Zuständigkeit

Nach § 88 Abs. 1 JGG trifft der Vollstreckungsleiter die Entscheidung über die Aussetzung des Strafrestes zur Bewährung, wobei sich die Zuständigkeit nach den §§ 82 bis 85 JGG richtet.[130] Vor der Aufnahme des Jugendlichen oder Heranwachsenden in eine Jugendstrafanstalt ist der Jugendrichter gemäß § 84 Abs. 1 und 2 JGG, nach Aufnahme der Jugendrichter als Vollstreckungsleiter gemäß § 85 Abs. 2 JGG zuständig (vgl. § 88 Abs. 4 Satz 2 JGG). Dieser bleibt auch zuständig, wenn die Jugendstrafe nach den Vorschriften des Erwachsenenstrafvollzuges vollstreckt wird, unabhängig davon, dass der Verurteilte zwischenzeitlich nach Erwachsenenstrafrecht zu teilweise bereits vollstreckten Freiheitsstrafen verurteilt worden ist.[131]

Die Entscheidungen des Vollstreckungsleiters sind jugendrichterliche Entscheidungen (§ 83 Abs. 1 JGG).

Nach der Entlassung des Verurteilten aus dem Vollzug kann der Vollstreckungsleiter die Vollstreckung nach § 85 Abs. 5 JGG an einen anderen Jugendrichter abgeben.[132]

---

[129] Von Moers, S. 88; Tondorf, StV 1984, 255 (257).

[130] Ostendorf (6. Aufl.), § 88 Rn. 9.

[131] OLG Hamm, JMBl. NRW 1982, 138 (138).

[132] Diemer/Schoreit/Sonnen (4. Aufl.), § 88 Rn. 24.

2. Verfahren

a. Einleitung

Die Einleitung des Verfahrens findet entweder auf Antrag des Verurteilten bzw. seiner Erziehungsberechtigten oder gesetzlichen Vertreter oder aber von Amts wegen statt.[133] Erfolgt die Verfahrenseinleitung von Amts wegen, ist die Zustimmung des Verurteilten einzuholen; er hat jedoch – im Gegensatz zum Erwachsenenstrafrecht (vgl. § 57 Abs. 1 Nr. 3 StGB) – keinen Anspruch auf Verbüßung der Jugendstrafe.[134] Einer Chance auf zukünftige Straffreiheit ist jedoch bei Entscheidungen gegen den Willen des Verurteilten die Aussicht auf Erfolg abzusprechen, da sie die Bewährungschancen erheblich verringern.[135]

b. Anhörung

Gemäß § 88 Abs. 4 Satz 1 JGG entscheidet der Vollstreckungsleiter nach Anhörung des Staatsanwaltes und des Vollzugsleiters. Dies geschieht in der Regel in einer schriftlichen Stellungnahme.[136]

Die Anhörung des Vollzugsleiters ist von besonderer Bedeutung, weil er nach Rücksprache mit dem Gruppenleiter und den zuständigen Beamten die aktuellsten Informationen über Entwicklung und Verhalten des Verurteilten im Vollzug und über erforderliche Unterstützungen in der Entlassungsphase hat.[137]

Die Anhörung des Jugendstaatsanwaltes soll wesentlich dazu dienen, in Abwägung der für oder gegen eine Entlassung sprechenden Umstände diejenigen Gesichtspunkte zum Vortrag bringen zu lassen, die im Hinblick auf die Allgemeininteressen bestehen. Diese Anhörung erfolgt üblicherweise nach Abschluss der Ermittlungen und stützt sich im Wesentlichen auf das Aktenstudium.[138]

Weiterhin ist gemäß § 88 Abs. 4 Satz 2 JGG der Verurteilte mündlich vom Vollstreckungsleiter zu hören. Diese Vorschrift will verhindern, dass der Verurteilte zum Objekt der Aussetzungsentscheidung wird; er soll vielmehr in seiner Subjektrolle ernst genommen werden.[139] Die Anhörung dient dazu, sich persön-

---

[133] Regelmäßig wird das Verfahren auf Antrag des Verurteilten eingeleitet; vgl. Claasen in: Gerken/Schumann, S. 132: 79% zu 21%.

[134] Ostendorf (6. Aufl.), § 88 Rn. 10.

[135] Brunner/Dölling (11. Aufl.), § 88 Rn. 6a; Diemer/Schoreit/Sonnen (4. Aufl.), § 88 Rn. 25.

[136] Ostendorf (6. Aufl.), § 88 Rn. 11; Eisenberg (10. Aufl.), § 88 Rn. 14.

[137] Diemer/Schoreit/Sonnen (4. Aufl.), § 88 Rn. 19; ebenso Eisenberg (10. Aufl.), § 88 Rn. 13; Ostendorf (6. Aufl.), § 88 Rn. 11.

[138] Eisenberg (10. Aufl.), § 88 Rn. 14.

[139] Diemer/Schoreit/Sonnen (4. Aufl.), § 88 Rn. 20.

lich und unmittelbar die wesentlichen Gründe erläutern zu lassen, die nach Auffassung des Verurteilten für seine Entlassung sprechen; insbesondere ist dem Verurteilten die Gelegenheit zu geben, zu den Ausführungen der gemäß § 88 Abs. 4 Satz 1 JGG gehörten Personen Stellung zu nehmen.[140] Die genaue Art und Weise der Anhörung des Jugendlichen bzw. Heranwachsenden ist gesetzlich nicht vorgeschrieben. Die Formen reichen von einem Gespräch unter vier Augen[141] bis zu einer mündlichen Verhandlung in Anwesenheit aller Beteiligten.[142]

Gemäß §§ 83 Abs. 3 Satz 2, 67 Abs. 1 JGG stehen den Erziehungsberechtigten und gesetzlichen Vertretern die gleichen Anhörungsrechte wie dem Verurteilten zu. Sie müssen aber nicht mündlich gehört werden.[143]

Gemäß § 33 Abs. 3 StPO in Verbindung mit § 2 JGG, verfassungsrechtlich untermauert durch Art. 103 Abs. 1 GG, sind dem Verurteilten sowie seinen Erziehungsberechtigten oder gesetzlichen Vertretern die Tatsachen, die gegen eine Aussetzung des Restes der Jugendstrafe sprechen, und negative Stellungnahmen durch den Staatsanwalt oder den Vollzugsleiter zu unterbreiten und mit ihm zu erörtern.[144]

Gemäß § 83 Abs. 3 Satz 2 JGG, der auf die allgemeinen Beistandsregeln der §§ 67 bis 69 JGG für das Jugendstrafverfahren verweist, darf der Jugendliche bzw. Heranwachsende (vgl. § 110 Abs. 1 JGG) einen Verteidiger oder Beistand seiner Wahl einschalten. Diesem steht ein Anwesenheitsrecht zu, wobei die §§ 168c Abs. 4, 224 Abs. 2 StPO entsprechend anwendbar sind.[145] § 83 Abs. 3 Satz 2 JGG verweist aber auch auf die Regelung über die notwendige Verteidigung in § 68 JGG. Allerdings herrscht Unklarheit über das Ausmaß der „sinngemäßen" Anwendung der Vorschriften über die Pflichtverteidigung.[146] Zumindest für Fälle nicht unerheblicher Reststrafe wird die Notwendigkeit einer Pflichtverteidigung diskutiert. Die Vorstellungen reichen dabei von sechs Monaten Reststrafe bei Jugendlichen bzw. einem Jahr Reststrafe bei Heranwachsenden[147] bis zu einer völligen Unabhängigkeit von der Höhe.[148] Weitergehend sehen die von einer Arbeitsgruppe der DVJJ erarbeiteten „Kölner Richtlinien"

---

[140] Eisenberg (10. Aufl.), § 88 Rn. 15.
[141] Brunner/Dölling (11. Aufl.), § 88 Rn. 6a.
[142] Ostendorf (6. Aufl.), § 88 Rn. 11.
[143] Diemer/Schoreit/Sonnen (4. Aufl.), § 88 Rn. 21; Brunner/Dölling (11. Aufl.), § 88 Rn. 6a; Eisenberg (10. Aufl.), § 88 Rn. 5; Ostendorf (6. Aufl.), § 88 Rn. 11.
[144] Vgl. OLG Hamm, MDR 1960, 424; BVerfG, NJW 1964, 293.
[145] Ostendorf (6. Aufl.), § 88 Rn. 11.
[146] Vgl. Beulke, S. 192.
[147] Beulke, S. 192 f.
[148] Hartmann-Hilter, StV 1988, 312 (316).

vor, dass ein Antrag auf Reststrafenaussetzung nur abgelehnt werden kann, wenn ein Verteidiger mitgewirkt hat.[149]

IV. Entscheidung

1. Zeitpunkt

Aufgrund der besonders hohen Rückfallwahrscheinlichkeit unmittelbar nach der Entlassung aus dem Strafvollzug[150] verlangt der Gesetzgeber eine so frühzeitige Entscheidung des Vollstreckungsleiters, dass die erforderlichen Maßnahmen zur Vorbereitung des Verurteilten auf sein Leben nach der Entlassung durchgeführt werden können (§ 88 Abs. 3 Satz 1 JGG; seit 1. JGGÄndG).

Nach § 88 Abs. 3 Satz 2 JGG kann der Vollstreckungsleiter bis zur tatsächlichen Entlassung seine positive Entscheidung wieder aufheben. Voraussetzungen sind neu eingetretene oder erst jetzt bekannt gewordene Tatsachen, die die positive Sozialprognose, auch unter Berücksichtigung des Sicherheitsinteresses der Allgemeinheit (eingeführt durch das Gesetz zur Bekämpfung von Sexualdelikten und anderen gefährlichen Straftaten), widerlegen. Allerdings darf dem Inhaftierten, der auf die positive Entscheidung des Vollstreckungsleiters vertraut, nicht das Gefühl gegeben werden, zum „Spielball der Justiz"[151] zu werden, weshalb von einer Korrektur der vorbereitenden Entscheidungen nur sehr zurückhaltend Gebrauch gemacht werden sollte.[152]

2. Art der Entscheidung

a. Positive Entscheidung

Trifft der Vollstreckungsleiter eine positive Entscheidung, ordnet er also die Aussetzung der Reststrafe zur Bewährung an, so gelten gemäß § 88 Abs. 4 JGG die §§ 22 Abs. 1 und Abs. 2 Satz 1 und 2 sowie 23 bis 26a JGG sinngemäß, mit der Maßgabe, dass an die Stelle des erkennenden Richters der Vollstreckungsleiter tritt. Er bestimmt die Dauer der Bewährungszeit, die zwei Jahre nicht unterschreiten und drei Jahre nicht überschreiten darf (§ 22 Abs. 1 Satz 1 JGG), nachträglich aber verkürzt oder bis auf vier Jahre verlängert werden kann (§ 22 Abs. 3 Satz 2 JGG). Darüber hinaus können die Bewährungsmöglichkeiten der §§ 23 bis 26a JGG zur Anwendung kommen. Nach der Neuregelung durch das 1. JGGÄndG ist auch für die Reststrafenbewährung ein Bewährungshelfer nicht

---

149 DVJJ, NJW 1989, 1024 (1026).

150 Vgl. Brunner/Dölling (11. Aufl.), § 88 Rn. 7a; Diemer/Schoreit/Sonnen (4. Aufl.), § 88 Rn. 17.

151 Ostendorf (6. Aufl.), § 88 Rn. 13.

152 Diemer/Schoreit/Sonnen (4. Aufl.), § 88 Rn. 18.

zwingend vorgeschrieben; seine Bestellung erscheint aber in der Regel zur Hilfestellung gerade dieses gefährdeten Personenkreises geboten.[153]

Schließlich gelten die Verfahrensvorschriften der §§ 58, 59 Abs. 2 bis 4 und 60 JGG entsprechend.

b. Negative Entscheidung

Wird der Antrag des Inhaftierten, den Strafrest zur Bewährung auszusetzen, abgelehnt, kann der Vollstreckungsleiter gemäß § 88 Abs. 5 JGG Sperrfristen festsetzen, vor deren Ablauf ein (erneuter) Antrag des Verurteilten, den Strafrest zur Bewährung auszusetzen, unzulässig ist.

(Vielfach wird von Sperrfristen im Anschluss an die Ablehnung eines Entlassungsantrages Gebrauch gemacht, ohne dass dies der einzige mögliche Anlass für eine Sperrfrist wäre.[154]) Ihre Dauer richtet sich nach der Höhe des Strafrestes und der Entlassungsreife.[155]

Allerdings soll die Festsetzung von Sperrfristen gemäß den erzieherischen Prinzipien der Flexibilität und Zukunftsorientierung die Ausnahme sein.[156]

V. Rechtsmittel

Sowohl die anordnende als auch die ablehnende Entscheidung über die Aussetzung des Restes der Jugendstrafe sind als richterliche Entscheidungen im Sinne von § 83 Abs. 1 JGG gemäß § 83 Abs. 3 JGG mit der sofortigen Beschwerde anfechtbar; im Übrigen wird gemäß § 88 Abs. 6 Satz 3 JGG auf die Anfechtungsregel des § 59 Abs. 2 bis 4 JGG verwiesen.

Mit § 88 Abs. 6 Satz 4 JGG wird klargestellt, dass die Beschwerde der Staatsanwaltschaft gegen eine positive Entscheidung des Vollstreckungsleiters aufschiebende Wirkung hat (vgl. § 454 Abs. 2 Satz 2 StPO). Durch diese Regelung soll verhindert werden, dass der Verurteilte zunächst vorzeitig entlassen wird und dann auf die Beschwerde der Staatsanwaltschaft hin wieder in den Strafvollzug kommt.[157]

---

[153] Ostendorf (6. Aufl.), Grdl. zu §§ 88, 89, 89 a Rn. 6; § 88 Rn. 14.
[154] Vgl. Hamm NStZ 1983, 265 (obiter dictum).
[155] Brunner/Dölling (11. Aufl.), § 88 Rn. 5.
[156] Eisenberg (10. Aufl.), § 88 Rn. 17.
[157] BT-Dr. 11/5829, S. 36.

3. Teil: Das Gesetz zur Bekämpfung von Sexualdelikten und anderen gefährlichen Straftaten

A. Allgemeines

Das Gesetz zur Bekämpfung von Sexualdelikten und anderen gefährlichen Straftaten wurde nach dem Beschluss des Bundestages vom 14. November 1997 und der Zustimmung des Bundesrates am 26. Januar 1998 ausgefertigt und am 30. Januar 1998 verkündet. Es trat überwiegend am 31. Januar 1998 in Kraft.[158]

Bevor näher auf die Entstehungsgeschichte und den Inhalt des Gesetzes eingegangen wird, soll zunächst versucht werden, den kriminalpolitischen Kontext des Gesetzes aufzuzeigen.

B. Kriminalpolitischer Kontext: Kriminalitätsbekämpfung als Ziel der Gesetzgebung

Das Gesetz zur Bekämpfung von Sexualdelikten und anderen gefährlichen Straftaten vom 26. Januar 1998 muss im Zusammenhang mit einer neueren gesetzgeberischen Tendenz gesehen werden, strafrechtliche Regelungen mit dem Ziel der „Kriminalitätsbekämpfung" zu schaffen.

Betrachtet man das Änderungsgesetz genauer, so fällt auf, dass die bezeichneten Kriminalitätsformen nur ungenau beschrieben und nicht näher bestimmt werden. Der Gesetzgeber lässt eine präzise Definition der „gefährlichen Straftat" vermissen, obwohl dieser Begriff den Gegenstandsbereich angeben soll, für den die Regelungen gelten.[159] Erst bei genauerer Betrachtung der Reichweite der einzelnen Neuregelungen lässt sich erkennen, wofür das „Etikett"[160] der „gefährlichen Straftat" steht.

Viele Gesetzesänderungen, wie z.B. die Neuregelung der Vorschriften über die Beseitigung des Strafmakels (§§ 97 Abs. 1 Satz 3, 100 Satz 2 JGG) oder den Eintritt der Maßregel der Führungsaufsicht kraft Gesetzes (§ 68f Abs. 1 Satz 1 StGB) oder durch gerichtliche Anordnung (§ 181b StGB), gelten für die meisten Sexualdelikte des 13. Abschnitts des Besonderen Teils des Strafgesetzbuches (§§ 174 bis 180, 182 StGB). Hier lässt sich ein Zusammenhang mit dem Gesetz zur Bekämpfung von **Sexualdelikten** herstellen.

---

[158] BGBl. I, S. 160 (163), Art. 8: Die registerrechtlichen Änderungen im BZRG und im JGG traten erst am 01. Juli 1998 in Kraft.

[159] Dessecker, StV 1999, 678 (679).

[160] Dessecker, StV 1999, 678 (679).

Des Weiteren verschärft die Neuregelung des § 66 StGB die Sicherungsverwahrung bei Sexualdelikten. Darüber hinaus gilt diese Vorschrift für alle Verbrechen, aber auch für Vergehen wie die gefährliche Körperverletzung (§ 224 StGB). Damit betreffen die Gesetzesänderungen nicht nur den Kreis der Sexualstraftäter.

Schließlich enthält das Änderungsgesetz Prognosevorschriften, die auf das gesamte künftige Legalverhalten einer verurteilten Person abstellen, indem sie die Anforderungen an die nachträgliche Aussetzung einer Strafe oder Maßregel zur Bewährung formulieren (vgl. §§ 57, 67d StGB, 88 JGG).[161]

Diese gesetzlichen Änderungen oder Neuformulierungen sind jedoch nicht dazu geeignet, eine klar umrissene Definition der „gefährlichen Straftat" zu liefern. Vielmehr macht das Gesetz deutlich, dass eine Eingrenzung und Spezifizierung der Delikte, denen die Neuregelungen begegnen sollen, gegenüber dem allgemeinen Ziel der Kriminalitätsbekämpfung in den Hintergrund tritt.

In diesem Zusammenhang fällt auch der Titel des Gesetzes – Das Gesetz zur **Bekämpfung** von Sexualdelikten und anderen gefährlichen Straftaten – ins Auge.

Der Begriff der „Bekämpfung", der die Anstrengungen des Gesetzgebers kennzeichnen soll, schnellstmöglich eine Lösung und Regelung des jeweiligen Problems zu finden, erfreut sich in den letzten Jahren steigender Beliebtheit.

Der Blick in die Literatur[162] hilft jedoch bei dem Versuch, eine rechtswissenschaftliche Definition des Begriffes zu erhalten, nicht weiter; weder „Kampf" noch „Bekämpfung" sind dort aufgeführt.

Als einer der soziologischen Grundbegriffe Max Webers soll eine soziale Beziehung insoweit Kampf heißen, als das Handeln an der Absicht der Durchsetzung des eigenen Willens gegen den Widerstand des oder der Partner orientiert sei. Das sei durchaus in friedlicher Form denkbar, wenn der Kampf als formal friedliche Bewerbung um eigene Verfügungsgewalt über Chancen geführt werde, die auch andere begehren, was Weber als „Konkurrenz" bezeichnet. Orientiere sich die Konkurrenz in Zielen und Mitteln an einer Ordnung, heiße sie „geregelte Konkurrenz".[163]

Nach der Definition des Deutschen Wörterbuches von Duden versteht man unter „kämpfen" die fortgesetzte Bemühung, unter Einsatz aller Kräfte und der verschiedensten Mittel, etwas Bestimmtes zu erreichen oder zu verhindern.[164]

---

[161] Dessecker, StV 1999, 678 (679).
[162] Vgl. z.B. Creifelds; Köbler.
[163] Weber, § 8, S. 20.
[164] Duden, S. 2042 u. 2043.

Man bekämpft Leidenschaften, Begierden oder Schmerz, aber auch Gegner und Feinde.[165]

Letztere sind im Zusammenhang mit dem hier näher dargestellten Gesetz entscheidend: Scheinbar wird der Straftäter, der ein Sexualdelikt oder eine andere (nicht näher definierte) gefährliche Straftat begeht, als Gegner und Feind angesehen, den es zu bekämpfen gilt.[166] Sieht man aber den Delinquenten nur als Gefahrenquelle an, gegen die ein möglichst optimaler Schutz gefunden werden soll, so führt dies zur Ausbildung eines „Feindstrafrechts".[167]

Begibt man sich im Bundesgesetzblatt auf die Suche nach dem Begriff der „Bekämpfung" in der Gesetzgebung der Bundesrepublik seit 1949, so stößt man das erste Mal 1953 auf das Gesetz zur Bekämpfung von Geschlechtskrankheiten vom 23. Juli 1953.[168] Bei weiterer Durchsicht der Gesetzblätter wird deutlich, dass zunächst nur Krankheiten oder Seuchen in der Landwirtschaft mit diesem Titel belegt wurden.[169] Die Schwarzarbeit war das erste soziale Problem, dem mit der Bekämpfung zu Leibe gerückt werden sollte.[170]

1976 wurde mit dem Ersten Gesetz zur Bekämpfung der Wirtschaftskriminalität[171] ein Bundesgesetz erlassen, das ausdrücklich den Anspruch erhebt, strafrechtlich relevante Verhaltensweisen zu bekämpfen. Es folgten – in zeitlich immer kürzeren Abständen - Gesetze zur Bekämpfung der Umweltkriminalität,[172] erneut der Wirtschaftskriminalität,[173] des Terrorismus,[174] der Produktpiraterie,[175] der Organisierten Kriminalität,[176] wieder der Umweltkriminalität,[177] der

---

[165] Grimm/Grimm, Sp. 1413.

[166] Walter, DRiZ 76 (1998), 354 (355).

[167] Siehe Nachweise bei Ostendorf, DRiZ 79 (2001), 364 (370) Fn. 28.

[168] BGBl. I, S. 700ff.

[169] Vgl. Gesetz zur Bekämpfung der Dasselfliege vom 28. April 1967, BGBl. I, S. 507ff.

[170] Gesetz zur Bekämpfung der Schwarzarbeit vom 30. März 1957, BGBl. I, S. 315ff.

[171] BGBl. I, S. 2034ff.

[172] Gesetz zur Bekämpfung der Umweltkriminalität vom 28. März 1980, BGBl. I, S. 373ff.

[173] Zweites Gesetz zur Bekämpfung der Wirtschaftskriminalität vom 15. Mai 1986, BGBl. I, S. 721ff.

[174] Gesetz zur Bekämpfung des Terrorismus vom 19. Dezember 1986, BGBl. I, S. 2566ff.

[175] Gesetz zur Stärkung des Schutzes des geistigen Eigentums und zur Bekämpfung der Produktpiraterie vom 07. März 1990, BGBl. I, S. 422ff.

[176] Gesetz zur Bekämpfung des illegalen Rauschgifthandels und anderer Erscheinungsformen der organisierten Kriminalität vom 15. Juli 1992, BGBl. I, S. 1302ff.

[177] Zweites Gesetz zur Bekämpfung der Umweltkriminalität vom 27. Juni 1994, BGBl. I, S. 1440ff.

Verbrechen im Allgemeinen,[178] der Korruption.[179] Es folgten das Gesetz zur Bekämpfung von Sexualdelikten und anderen gefährlichen Straftaten,[180] erneut ein Gesetz zur Bekämpfung der Organisierten Kriminalität vom 04. Mai 1998[181] und ein Gesetz zur Bekämpfung der Arbeitslosigkeit Schwerbehinderter vom 29. September 2000.[182] Aber auch die Bekämpfung gefährlicher Hunde wurde in Gesetzesform gegossen.[183]

Im Zusammenhang mit den Anschlägen auf das World Trade Center in New York und auf das Pentagon in Washington am 11. September 2001 stehen u.a. das Gesetz zur Finanzierung der Terrorbekämpfung vom 10. Dezember 2001,[184] das „Terrorismusgesetz"[185] sowie das Gesetz zur Umsetzung des Rahmenbeschlusses des Rates vom 13. Juni 2002 zur Terrorismusbekämpfung und Änderung anderer Gesetze vom 22. Dezember 2003.[186]

Bei näherer Betrachtung dieser Gesetze fällt auf, dass sich die sog. Universalrechtsgüter[187] zu einem Leitmotiv der Kriminalpolitik entwickelt haben.[188]

Diese neuere Gesetzgebung auf dem Gebiet des materiellen Strafrechts hat jedoch nicht nur Universalrechtsgüter (Wirtschaft, Umwelt, Steuern, Terrorismus, Drogen etc.) zum Schutzgegenstand, sondern diese Universalrechtsgüter sind zudem auch besonders vage und oberflächlich formuliert, sie lassen in punkto Verallgemeinerung keine Wünsche offen.[189] Es geht dabei um Kriminalisierungen im Vorfeld einer Rechtsgutsverletzung.[190]

Allen oben angeführten Gesetzen ist eine Entwicklung immanent, die geprägt ist von der Abkehr vom überkommenen Konzept des Rechtsgüterschutzes hin

---

[178] Gesetz zur Änderung des Strafgesetzbuches, der Strafprozeßordnung und anderer Gesetze (Verbrechensbekämpfungsgesetz) vom 28. Oktober 1994, BGBl. I, S. 3186ff.

[179] Gesetz zur Bekämpfung der Korruption vom 13. August 1997, BGBl. I, S. 2038ff.

[180] BGBl. I, 1998, S. 106ff.

[181] BGBl. I, S. 845ff.

[182] BGBl. I, S. 1394ff.

[183] Gesetz zur Bekämpfung von gefährlichen Hunden vom 12. April 2001, BGBl. I, S. 530ff.

[184] BGBl. I, S. 3436ff.

[185] Gesetz zur Bekämpfung des internationalen Terrorismus vom 09. Januar 2002, BGBl. I, S. 361ff.

[186] BGBl. I, S. 2836ff.

[187] Vgl. zur Unterscheidung von Individual- und Universalrechtsgütern etwa Jescheck, § 26 I 3 c.

[188] Hassemer, NStZ 1989, 553 (557).

[189] Hassemer, NStZ 1989, 553 (557).

[190] Jakobs, ZStW 97 (1985), 751 f.

zu präventiven Gefährlichkeitstatbeständen.[191] Sie dienen primär dem Schutz der Bevölkerung vor eben den dort genannten Gefahren, deren Bekämpfung sie sich zu Eigen gemacht haben.

Der Begriff des „präventiven Strafrechts" stellt in den letzten Jahren für die Politik, die nicht dem Untätigkeitsvorwurf unterliegen will, eine „terminologische Wunderwaffe"[192] dar. Er gilt als ein ideales politisches Beschwichtigungsmittel, als ein Ausweis scheinbar zupackender politischer Aktion.[193]

Der Gedanke, Verbrechen zu „bekämpfen" findet sich jedoch schon viel früher in Gesetzgebung und Literatur. Franz von Liszt (1851–1919) nimmt in seiner 1882 gehaltenen und als „Marburger Programm" bekannt gewordenen akademischen Antrittsrede[194] folgende Einteilung der verschiedenen Gruppen von Straftätern vor.[195]

Die erste Kategorie enthält die besserungsfähigen und besserungsbedürftigen Verbrecher, die nach Franz von Liszt der Besserung bedürfen. Die zweite Kategorie fasst die nicht besserungsbedürftigen Verbrecher zusammen, denen nach seiner Ansicht mit Abschreckung zu helfen ist. Die dritte Kategorie schließlich beinhaltet die nicht besserungsfähigen Verbrecher. Diese letzte Gruppe bezeichnet er als die Unverbesserlichen, die es unschädlich zu machen gilt und gegen die sich die Gesellschaft schützen muss.[196] Für Franz von Liszt ist der Kampf gegen das Gewohnheitsverbrechertum eine der dringendsten Aufgaben der Gegenwart.[197]

Der nationalsozialistische Gesetzgeber setzte mit dem Gewohnheitsverbrechergesetz von 1933[198] diese bis dahin im Deutschen Reich schon lange geführte Argumentation[199] fort. Zur Begründung des Gesetzes wird die Bekämpfung von Verbrechen herangezogen: Das Gesetz gegen gefährliche Gewohnheitsver-

---

[191] Dessecker, StV 1999, 678 (679).
[192] Albrecht, KritV 76 (1993), 163 (164).
[193] Albrecht, KritV 76 (1993), 163 (164).
[194] Vgl. hierzu: Ostendorf, Von der Rache zur Zweckstrafe.
[195] Siehe Franz von Liszt, ZStW 3 (1883), 1 (36f.).
[196] Franz von Liszt, ZStW 3 (1883), 1 (39).
[197] Franz von Liszt, ZStW 3 (1883), 1 (36).
[198] Gesetz gegen gefährliche Gewohnheitsverbrecher und über Maßregeln der Sicherung und Besserung vom 24. November 1933, RGBl. I, S. 995ff.
[199] Vgl. Nachweise bei Leonhard, S. 13 Fn. 2.

brecher habe einem wirksamen Kampf gegen das dispositionelle Verbrechertum den Weg geöffnet.[200]
Auch in dem Titel des ersten deutschen Lehrbuches zur Kriminologie findet sich 1923 der Begriff der Bekämpfung.[201]

Allen Gesetzen und Ausführungen zur Verbrechensbekämpfung ist gemeinsam, dass sie den Straftätern wirksamer und entschlossener entgegentreten wollen und wollten. Es besteht aber die Gefahr, dass das Konzept der „Bekämpfung" von Kriminalität tendenziell die Grenzen der Strafverfolgung, die sich aus dem Rechtsstaatsprinzip ergeben, überschreitet; es kann zu einem Vorrang von Sicherungsstrategien um fast jeden Preis führen.[202]

C. Entstehungsgeschichte des Gesetzes

I. Der gesellschaftspolitische Hintergrund

Die Entstehung des Gesetzes zur Bekämpfung von Sexualdelikten und anderen gefährlichen Straftaten ist vor dem Hintergrund einer Reihe von Straftaten zu sehen, bei denen Kinder durch einschlägig vorbestrafte Täter sexuell missbraucht und sogar getötet worden sind.

Diese Verbrechen sorgten zusammen mit den im Sommer 1996 beginnenden Berichten aus Belgien über die Morde an zuvor sexuell missbrauchten Kindern für ein „hochsensibles kriminalpolitisches Klima"[203] in Deutschland. Medien und Politiker entwickelten ein „Bedrohungsszenario",[204] demzufolge nur ein starker Staat die Sicherheit der Einwohner garantieren könne.

Große Empörung in der Bevölkerung, angeheizt durch die mediale Berichterstattung, riefen die Ermordungen zweier sieben- und zehnjähriger Mädchen im September 1996 und im Januar 1997 durch rückfällige Sexualtäter hervor. Diese immer wieder aufgegriffenen und als erschreckend gekennzeichneten Tötungsdelikte mit sexuellem Hintergrund gegen Kinder erschienen als nicht mehr zu hinterfragende Prämisse für den Appell an den Gesetzgeber, endlich etwas zu unternehmen. Der sog. Triebtäter wurde als „Medien-Optimum"[205]

---

[200] Exner, ZStW 53 (1934), 629 (630); vgl. auch die amtliche Begründung des Reichsjustizministeriums im Deutschen Reichsanzeiger und Preußischen Staatsanzeiger Nr. 277 von Montag, dem 27. November 1933, S. 2f.
[201] Vgl. Aschaffenburg: „Das Verbrechen und seine Bekämpfung".
[202] Dessecker, StV 1999, 678 (680).
[203] Schöch, NJW 1998, 1257 (1257).
[204] Weber/Narr, BldiP 42 (1997), 313 (313).
[205] Walter, DRiZ 76 (1998), 354 (356).

erkannt und bot damit genügend Ansatzpunkte für eine mediale und politische Profilierung. Es kam zu einer verstärkten politischen Diskussion darüber, wie der Schutz vor Sexualdelikten und anderen gefährlichen Straftaten verbessert werden könne.[206]

Es folgte ein Gesetzgebungsverfahren, das von hastig ausgearbeiteten und teilweise wörtlich übereinstimmenden Entwürfen gekennzeichnet war.[207] Auch manche Formulierung in Begründungen aus dem Parlament oder dem Bundesministerium der Justiz verriet die Anspannung, unter welchem dieses Gesetz zustande gekommen ist.[208] Hauptsächliche Intention schien dabei vor allem die Beruhigung der Bevölkerung und die Darstellung legislatorischer und politischer Aktivitäten zu sein.[209] Damit erscheint die gesetzgeberische Aktivität als Reaktion auf den politischen Druck, den die Massenmedien[210] im Gefolge von einzelnen Sexual- und Tötungsdelikten erzeugt hatten.[211]

Auffällig ist, dass diese Aufregung und Empörung der Bevölkerung und der Medien – und daraus resultierend des Gesetzgebers – nicht durch statistische Angaben bestätigt werden kann.

Analysiert man die Polizeiliche Kriminalstatistik der letzten Jahre, so wird deutlich, dass seit der Wiedervereinigung Deutschlands die Zahl der Sexualmorde, u.a. begangen an Kindern, nicht zugenommen hat. Im Gegenteil:

Bei den vollendeten Sexualmorden ist trotz der aufgrund der Wiedervereinigung gestiegenen Bevölkerungszahlen eine abnehmende Tendenz ersichtlich.

Auch wenn man die Zahl der an Kindern begangenen Sexualmorde betrachtet, ist seit der beginnenden intensiven Berichterstattung durch die Dutroux-Affäre in Belgien im Jahr 1996 und der spektakulären Mordfälle Kim und Natalie 1996 und 1997 in Deutschland eine ständige Abnahme der Opferzahlen zu verzeichnen.

---

[206] Vgl. Bericht des Rechtsausschusses vom 13. November 1997, BT-Dr. 13/9062, S.7.

[207] Zum genauen Verlauf des Gesetzgebungsverfahrens siehe S. 49ff. dieser Arbeit.

[208] Vgl. etwa die Beschlussempfehlung des Rechtsausschusses des Deutschen Bundestages, BT-Dr. 13/8989 vom 12. November 1997, S. 2ff; Schmidt-Jortzig, NStZ 1998, 441 (441): „Wir waren in Deutschland die ersten, die mit neuen Instrumenten zur Verfolgung von sexueller Gewalt reagiert haben.".

[209] Schall/Schreibauer, NJW 1997, 2412 (2416).

[210] Vgl. Jach „Ohne Rücksicht auf die Opfer", Focus Nr. 8 vom 16.02.1998.

[211] Dessecker, NStZ 1998, 1 (4) m.w.N.

Abb. 3: Die Entwicklung der vollendeten Sexualmorde in Deutschland von 1990 bis 2003

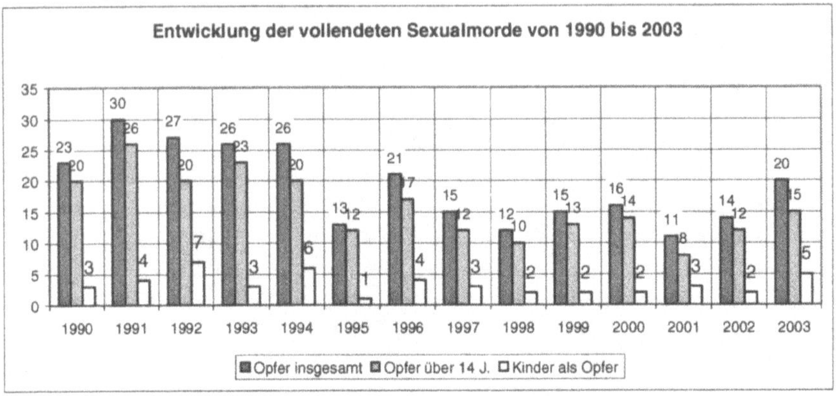

Noch deutlicher wird der Gegensatz zwischen Berichterstattung und der von der Polizeilichen Kriminalstatistik berichteten Straftatenlage, wenn man sich die Zahlen der vollendeten Sexualmorde in den Jahren 1971 bis 1980 vor Augen führt. Die Zahl der Opfer insgesamt lag in dieser Zeit im Durchschnitt doppelt so hoch als zwei Jahrzehnte später.

Abb. 4: Die Entwicklung der vollendeten Sexualmorde in Deutschland von 1971 bis 1980

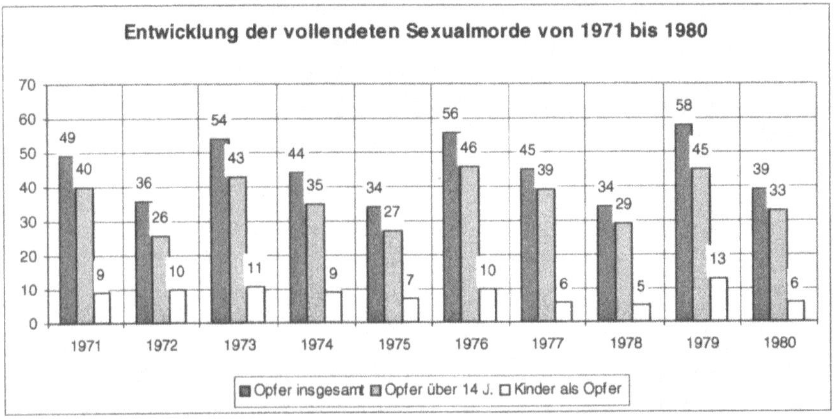

Auch wenn man die Zahlen der an Kindern begangenen Sexualmorde der verschiedenen Berichtszeiträume miteinander vergleicht, lassen sich erhebliche Unterschiede erkennen. In den Jahren 1990 bis 2003 fielen im Schnitt 3,4 Kinder jährlich einem Sexualmord zum Opfer. In der Zeit von 1971 bis 1980 waren es durchschnittlich 8,6 Kinder.

Durch diese Angaben wird deutlich, dass sich in den letzten Jahren nicht vermehrt Sexualmorde ereignet haben, obwohl dies die Medien der Öffentlichkeit Glauben machen wollen. Nicht die Fälle haben zugenommen, wohl aber die Intensität der Berichterstattung über diese.

II. Die Entwicklung des Gesetzes im Einzelnen

Die Initiative ergriff die Bayerische Staatsregierung, indem sie im November 1996 einen Gesetzentwurf „Zur Verbesserung des Schutzes der Gesellschaft vor gefährlichen Sexualstraftätern“[212] in den Bundesrat einbrachte. In diesem Entwurf waren bereits die wesentlichen Strukturen des späteren Gesetzes enthalten. Nur die dort vorgeschlagene Einschränkung des offenen Vollzuges und der Vollzugslockerungen wurden nicht übernommen; stattdessen sieht das Gesetz eine Sozialtherapie für Sexualtäter vor.

Am 26. Februar 1997 stellte die Fraktion Bündnis 90/Die Grünen einen Antrag zur Verbesserung des Schutzes von Kindern vor sexualisierter Gewalt,[213] in dem neben der Verstärkung der Prävention und Opferbetreuung und der Verbesserung des Kinderschutzes im Ermittlungsverfahren sowie der Schaffung eines eigenständigen Verbrechenstatbestandes in schweren Fällen des sexuellen Missbrauchs von Kindern durch Erwachsene vor allem die Erhöhung des Therapieangebotes im Straf- und Maßregelvollzug gefordert wurde. Auf eine weitere Verschärfung des materiellen Strafrechts und der Voraussetzungen der bedingten Entlassung wurde bewusst verzichtet.

Ebenfalls am 26. Februar 1997 stellte die Fraktion der SPD einen Antrag, in dem sie in einem 30-Punkte-Programm ein „Gesamtkonzept zum Schutze unserer Kinder vor sexueller Gewalt“ vorstellte.[214] Sie forderte vor allem präventiv wirkende Maßnahmen zur Verbesserung der gesellschaftlichen Rahmenbedingungen sowie Änderungen des materiellen Strafrechts im Hinblick auf die Sexualstraftaten. Darüber hinaus wurde eine Intensivierung und ein Ausbau der Therapieangebote und –möglichkeiten für Sexualstraftäter und eine Qualitätserhöhung der Täterbegutachtung vorgeschlagen.

---

[212] BR-Dr. 876/96 vom 19. November 1996.
[213] BT-Dr. 13/7087.
[214] BT-Dr. 13/7092.

Die Fraktionen der CDU/CSU und FDP legten am 11. März 1997 einen „Entwurf eines Gesetzes zur Bekämpfung von Sexualdelikten und anderen gefährlichen Straftaten“ vor, der sich vor allem mit Sicherheits-, aber nicht mit Behandlungsfragen beschäftigte.[215]

Nur drei Tage später folgte ein identischer Entwurf der Bundesregierung.[216] Der Entwurf der CDU/CSU und der FDP Fraktion und der Regierungsentwurf nahmen die meisten Anregungen aus dem bayerischen Entwurf auf und führten sie in modifizierter Form weiter. Nur den Vorschlägen zur Einschränkung des offenen Vollzuges und der Vollzugslockerungen folgten sie nicht.

Der Bundesrat brachte am 28. März 1997 einen eigenen Gesetzentwurf „Zur Verbesserung des Schutzes der Gesellschaft vor gefährlichen Straftätern“ ein.[217] Dieser Entwurf war gekennzeichnet von erheblicher Zurückhaltung gegenüber dem Regierungsentwurf. Er verzichtete z.B. auf Änderungen bei der Sozialtherapie und der bedingten Entlassung; während der Wortlaut des § 57 StGB nur etwas modifiziert werden sollte, war eine Änderung von § 88 JGG nicht vorgesehen.

Bereits am 09. Oktober 1996 fand eine öffentliche Anhörung des Rechtsausschusses zu den Möglichkeiten und Strategien für einen verbesserten Schutz vor rückfälligen Sexualstraftätern statt. An der Anhörung nahmen als Sachverständige hauptsächlich forensische Psychiater und Leiter von Justizvollzugsanstalten teil.[218]

Eine weitere öffentliche Anhörung des Rechtsausschusses wurde am 08. September 1997 auf Grundlage der vorliegenden Entwürfe durchgeführt. Zu ihr waren neben Anstaltsleitern auch mehrere Staatsanwälte und Strafrechtswissenschaftler geladen.[219] Schwerpunkte dieser zweiten Anhörung waren Fragen zur Sicherungsverwahrung und Führungsaufsicht; in weiteren Beratungen kam es noch zu vielen kleinen Änderungen.[220]

In der Schlussabstimmung in der 98. und 100. Sitzung des Rechtsausschusses wurde der Gesetzentwurf insgesamt mit den Stimmen der Koalitionsfraktionen CDU/CSU und FDP und der Fraktion der SPD, die sich bezüglich einzelner Punkte der Stimme enthalten hatte, gegen die Stimmen der Fraktion Bündnis 90/Die Grünen und der Gruppe der PDS angenommen.

---

215 BT-Dr. 13/7163.

216 BR-Dr. 163/97, später BT-Dr. 13/8586.

217 BT-Dr. 13/7559.

218 Zur Zusammensetzung der Sachverständigen siehe BT-Dr. 13/9062, S. 4.

219 BT-Dr. 13/9062, S. 4 f.

220 Zu den Ergebnissen der Anhörungen vgl. Protokolle der 59. und 93. Sitzung mit den jeweils anliegenden schriftlichen Stellungnahmen der Sachverständigen.

Nach dem Beschluss des Bundestages vom 14. November 1997 und der Zustimmung des Bundesrates wurde das Gesetz am 26. Januar 1998 ausgefertigt und am 30. Januar 1998 verkündet, es trat überwiegend[221] am 31. Januar 1998 in Kraft.

D. Inhalt des Gesetzes

Obwohl sich die vorliegende Arbeit mit der Strafrestaussetzung zur Bewährung im Jugendstrafrecht befasst, hat das Gesetz zur Bekämpfung von Sexualdelikten und anderen gefährlichen Straftaten eine solche Vielzahl von Änderungen des Allgemeinen Teils des Strafgesetzbuchs, der Strafprozessordnung, des Strafvollzugsgesetzes und anderer Vorschriften, teilweise von erheblicher Tragweite, mit sich gebracht, dass eine kurze Darstellung des Inhalts des Gesetzes angebracht erscheint.

I. Sicherungsverwahrung für rückfällige Sexual- und Gewaltstraftäter

Das Gesetz zur Bekämpfung von Sexualdelikten und anderen gefährlichen Straftaten setzt ganz auf die Stärkung des Sicherheitsinteresses der Allgemeinheit.[222] Ziel des Gesetzes ist es, durch ein Bündel von Maßnahmen die Rückfalldelinquenz zu reduzieren.[223] Die öffentliche und politische Diskussion zur Erreichung dieses Zieles war deutlich geprägt von dem Ruf nach Verschärfung der Sicherungsverwahrung.[224]

Obwohl sich bei einer öffentlichen Anhörung des Rechtsausschusses des Deutschen Bundestages am 08. September 1997 mehrere Experten gegen eine Verschärfung dieser Maßregel aussprachen[225] und dies auch zu dem auf Einschränkung gerichteten internationalen Trend in krassem Gegensatz steht,[226] hat sich der Gesetzgeber dem öffentlichen Druck nicht entzogen.

Voraussetzung für die Anordnung der Sicherungsverwahrung gemäß § 66 Abs. 1 StGB ist u.a., dass der Täter vor Begehung der Anlasstat bereits zweimal

---

[221] Vgl. Art. 8, BGBl. I, 160 (163).

[222] Lackner/Kühl (25.Aufl.), Vor § 38 Rn. 6.

[223] Deutsche Gesellschaft für Sexualforschung, MschrKr 81 (1998), 368 (368).

[224] Vgl. BT-Dr. 13/7163, S. 2 und 6; BT-Dr. 13/7559, S. 1 und 8.

[225] Vgl. Prot. der 93. Sitzung.

[226] Vgl. Buchala, ZStW 102 (1990), 394 ff; Musco, ZStW 102 (1990), 415 ff; Victor, ZStW 102 (1990), 435 ff; Küpper, ZStW 102 (1990), 448 ff; Kinzig, ZStW 109 (1997), 122 (123f.); Sagel-Grande, ZStW 103 (1991), 732 (732 und 739f.); vgl. Weigend in Prot. der 93. Sitzung, S. 4f.

wegen vorsätzlicher Straftaten zu jeweils mindestens einem Jahr Freiheitsstrafe verurteilt worden ist. Das Gericht kann darüber hinaus Sicherungsverwahrung auch dann aussprechen, wenn der Täter drei vorsätzliche Straftaten begangen hat, durch die er jeweils Freiheitsstrafen von mindestens einem Jahr verwirkt hat, und er wegen einer oder mehrerer dieser Taten zu Freiheitsstrafen von mindestens drei Jahren verurteilt wird (§ 66 Abs. 2 StGB).

Nach der Beschlussempfehlung des Rechtsausschusses des Deutschen Bundestages haben sich diese Regelungen für Täter, die schwere Sexual- oder Gewaltstraftaten begehen und rückfällig werden, als nicht ausreichend erwiesen. Bei dieser Gruppe von besonders gefährlichen Tätern sei es erforderlich, die Unterbringung in der Sicherungsverwahrung bereits nach der zweiten Tat zu ermöglichen.[227]

Auf dieser Grundlage sieht das Gesetz zur Bekämpfung von Sexualdelikten und anderen gefährlichen Straftaten einen neuen Absatz 3 des § 66 StGB vor,[228] der die Voraussetzungen der Anordnung der Sicherungsverwahrung deutlich herabsetzt. Bei einer Verurteilung zu einer zeitigen Freiheitsstrafe von mindestens zwei Jahren kann die Sicherungsverwahrung angeordnet werden, wenn der Täter zuvor schon einmal zu einer Freiheitsstrafe von mindestens drei Jahren verurteilt worden ist. Auch ohne frühere Verurteilung kann die Sicherungsverwahrung angeordnet werden, wenn der Täter zwei Straftaten begangen hat, durch die er jeweils eine Freiheitsstrafe von mindestens zwei Jahren verwirkt hat und er wegen einer oder mehrerer dieser Taten zu zeitiger Freiheitsstrafe von mindestens drei Jahren verurteilt wird.

Diese Ausweitung der Anordnungsmöglichkeiten wird durch einen neu entwickelten Straftatenkatalog in § 66 Abs. 3 Satz 1 StGB eingeschränkt, der als Indiz für die besondere Gefährlichkeit eines Straftäters gewertet wird.[229] Danach wird als besonders gefährlicher Straftäter angesehen, wer wiederholt ein Verbrechen oder eine Straftat nach den §§ 174 bis 176, 179, 180, 182, 224, 225 Abs. 1, 225 Abs. 2 oder 323a StGB, soweit die im Rausch begangene Tat ein Verbrechen oder eine der vorgenannten rechtswidrigen Taten ist, begeht.

Durch diese Beschränkung hat der Gesetzgeber die Herabsetzung der Anordnungsvoraussetzungen der Sicherungsverwahrung im Wesentlichen auf Sexual- und Gewaltstraftäter beschränkt.[230]

Daneben soll nach der Beschlussempfehlung des Rechtsausschusses durch die Anforderungen an die Höhe der Verurteilungen verdeutlicht werden, dass die Sicherungsverwahrung entsprechend ihrem Charakter als ultima-ratio des

---

[227] BT-Dr. 13/9062, S. 9.
[228] Art. 1 Nr. 3.
[229] BT-Dr. 13/9062, S. 9.
[230] Hammerschlag/Schwarz, NStZ 1998, 321 (321).

strafrechtlichen Sanktionensystems und „letzte Notmaßnahme der Kriminalpolitik“[231] auch weiterhin nur in den Fällen angeordnet werden darf, in denen dies zum Schutz der Allgemeinheit vor gefährlichen Straftätern unerlässlich erscheint.[232]

Eine weitere Verschärfung des Rechts der Sicherungsverwahrung ist in der Abschaffung der bisher in § 67d Abs. 1 StGB vorgesehenen Befristung der ersten Sicherungsverwahrung auf zehn Jahre zu sehen. Um über zehnjährige Sicherungsverwahrungen aber auf die unabweisbar notwendigen Fälle zu beschränken, sieht § 67d Abs. 3 StGB eine gesonderte Überprüfung nach der Vollstreckung von zehn Jahren Sicherungsverwahrung vor. Nur wenn die Gefahr besteht, dass der Untergebrachte infolge seines Hanges Straftaten begehen wird, durch welche die Opfer seelisch oder körperlich schwer geschädigt werden, kann die Sicherungsverwahrung über zehn Jahre hinaus vollstreckt werden. Damit wird die Verlängerung der Sicherungsverwahrung über zehn Jahre hinaus im Ergebnis auf Gewalt- und Sexualtäter beschränkt, von denen auch nach Verbüßung von Strafhaft und zehn Jahren Sicherungsverwahrung erhebliche Gefahren für die Bevölkerung ausgehen.[233] Besteht eine solche Gefahr nicht, ist die Maßregel für erledigt zu erklären und der Untergebrachte zu entlassen. Mit der Erledigung tritt Führungsaufsicht ein.

Schließlich sehen die neu geregelten Vorschriften des Art. 1a EGStGB zum einen vor, dass § 66 Abs. 3 StGB nur Anwendung findet, wenn der Täter eine der in der Vorschrift genannten Taten nach dem Inkrafttreten des Gesetzes begangen hat (Art. 1a Abs. 2 EGStGB), zum anderen wird bestimmt, dass § 67d StGB uneingeschränkt rückwirkend gilt (Art. 1a Abs. 3 EGStGB).

II. Verlegung von Sexualstraftätern in sozialtherapeutische Anstalten

Bisher konnten Sexualstraftätern im Strafvollzug nur in seltenen Fällen Therapieangebote gemacht werden, obwohl viele als psychotherapeutisch gut behandelbar gelten.[234] Nach Auffassung der Bundesregierung und des Rechtsausschusses bot das geltende Recht damit keine ausreichende Möglichkeit, behandlungsfähige Sexualstraftäter einer Behandlung zuzuführen.[235]

---

231 BGHSt 30, 220 (222).

232 BT-Dr. 13/9062, S. 9.

233 Hammerschlag/Schwarz, NStZ 1998, 321 (322).

234 Schöch, NJW 1998, 1257 (1260).

235 BT-Dr. 13/8586, S. 9; BT-Dr. 13/9062, S. 13; anders der Bundesrat in seiner Stellungnahme zu dem Gesetzentwurf der Bundesregierung BT-Dr. 13/8586, S. 12.

Das Gesetz zur Bekämpfung von Sexualdelikten und anderen gefährlichen Straftaten sieht deshalb eine Ausweitung der Therapiemöglichkeiten innerhalb und außerhalb des Strafvollzuges vor.

Der neue § 9 Abs. 1 StVollzG schreibt bei Verurteilungen wegen einer Straftat nach den §§ 174 bis 180 oder 182 StGB zu mehr als zwei Jahren Freiheitsstrafe (ab dem 01. Januar 2003, siehe § 199 Abs. 3 StVollzG) eine Verlegung von behandlungsfähigen Sexualstraftätern in sozialtherapeutische Einrichtungen vor. Da die erforderlichen Therapieplätze von den Ländern (teilweise) noch geschaffen werden mussten, war bis zu diesem Zeitpunkt die Verlegung nur als Regelfall vorgesehen (Soll-Vorschrift).

§ 6 Abs. 2 StVollzG verpflichtet die Vollzugsbehörden, bereits in der zu Beginn des Vollzuges durchzuführenden Behandlungsuntersuchung zu prüfen, ob die Verlegung unter Behandlungsgesichtspunkten angezeigt ist und eine entsprechende Entscheidung zu treffen. Falls ein Verlegungserfordernis verneint wird, ist unter Berücksichtigung der Entwicklung des Gefangenen im Vollzug jeweils nach Ablauf von sechs Monaten neu zu entscheiden (§ 7 Abs. 4 StVollzG).

Im Gegensatz zum bisherigen Recht sieht das Gesetz bei Sexualstraftätern nunmehr bei Vorliegen der gesetzlichen Voraussetzungen einen subjektiven Anspruch des Gefangenen auf die Verlegung vor;[236] auf seine Zustimmung kommt es aber genauso wenig an, wie auf diejenige des Leiters der sozialtherapeutischen Anstalt.[237]

Für die übrigen Gefangenen bleibt es bei der schon bisher im Gesetz vorgesehenen Möglichkeit zur Verlegung in eine sozialtherapeutische Anstalt mit Zustimmung des Gefangenen und des Anstaltsleiters (§ 9 Abs. 2 StVollzG); sie können unter dem Gesichtspunkt der Gleichbehandlung (Art. 3 GG) ihr Recht auf Behandlung einfordern.[238]

III. Therapieweisung bei der Strafaussetzung oder Strafrestaussetzung zur Bewährung

Ebenfalls geändert wurden die Voraussetzungen, unter denen das Gericht bei der Aussetzung einer Freiheitsstrafe zur Bewährung dem Verurteilten die Weisung erteilen kann, sich einer Heilbehandlung zu unterziehen. Damit soll nach Auffassung des Rechtsausschusses des Deutschen Bundestages gewährleistet

---

[236] Rotthaus, NStZ 1998, 597 (599).
[237] Hammerschlag/Schwarz, NStZ 1998, 323 (325).
[238] Dessecker, NStZ 1998,1ff, 6.

werden, dass sich der Verurteilte einer für sinnvoll erachteten Therapie nicht ohne weiteres verweigern kann.[239]

Nach § 56c Abs. 3 Nr. 1 StGB kann das Gericht künftig im Rahmen der Strafaussetzung auch ohne Einwilligung des Betroffenen anordnen, dass sich der Verurteilte (weiterhin) einer Heilbehandlung unterzieht, wenn diese nicht mit einem körperlichen Eingriff verbunden ist. Als Heilbehandlung im Sinne des Gesetzes kommt insbesondere eine psychotherapeutische Behandlung in Betracht.[240] Die Nichterfüllung dieser Weisung kann zum Widerruf der Strafaussetzung führen.

Einer Einwilligung nach § 56c Abs. 3 StGB bedürfen also nur noch Heilbehandlungen, die mit einem körperlichen Eingriff verbunden sind sowie Weisungen bezüglich eines Heim- oder Anstaltsaufenthaltes. Die Pflicht zur psychotherapeutischen Heilbehandlung ohne Einwilligung stellt somit ein Novum im deutschen Strafrecht dar.[241]

Eine Verpflichtung zur Therapie gilt – über den Anwendungsbereich des § 56c Abs. 3 StGB hinaus – kraft gesetzlicher Verweisung auch für Weisungen im Rahmen der Strafrestaussetzung zur Bewährung (§ 57 Abs. 3 Satz 1 StGB), der Verwarnung mit Strafvorbehalt (§ 59a Abs. 2 Satz 3 StGB), der Führungsaufsicht (§ 68b Abs. 2 Satz 2 StGB) und der Aussetzung des Berufsverbotes (§ 70a Abs. 3 Satz 1 StGB).

IV. Ausweitung und Intensivierung der Führungsaufsicht

Die Maßregel der Führungsaufsicht wurde durch das Gesetz zur Bekämpfung von Sexualdelikten und anderen gefährlichen Straftaten auf mehreren Ebenen verschärft.[242] Damit ist der Gesetzgeber den Vorschlägen des bayerischen Entwurfs gefolgt.[243]

Zunächst sieht das Gesetz zur Stärkung des Sicherheitsinteresses der Allgemeinheit[244] eine Erweiterung des Straftatenkatalogs des § 181b StGB vor. Nunmehr ermöglicht jede Verurteilung zu mindestens sechs Monaten Freiheitsstrafe wegen eines Sexualdelikts nach §§ 174 bis 174c, 176 bis 180, 180b bis 181a und 182 StGB gleichzeitig die Anordnung der Führungsaufsicht.

Darüber hinaus wurde für Sexualstraftäter die Mindestvollstreckungsfrist für den Eintritt der Führungsaufsicht um die Hälfte gesenkt. Während nach bishe-

---

[239] BT-Dr. 13/9062, S. 8.
[240] BT-Dr. 13/9062, S. 8.
[241] Schöch, NJW 1998, 1257 (1260).
[242] Hammerschlag/Schwarz, NStZ 1998, 321 (325).
[243] BR-Dr. 876/96, S. 3, Begr. S. 22f.
[244] Lackner/Kühl (25. Aufl.), Vor § 68 Rn. 3.

rigem Recht die vollständige Vollstreckung von mindestens zwei Jahren den Eintritt der Führungsaufsicht auslöste, tritt nach § 68f Abs. 1 Satz 1 StGB bei Verurteilten, die eine Sexualstraftat nach den §§ 174 bis 180 StGB begangen haben, die Führungsaufsicht schon nach Vollstreckung von mindestens einem Jahr Freiheitsstrafe ein.

V. Aussetzung des Strafrestes zur Bewährung und (obligatorische) Begutachtung vor der bedingten Entlassung – Analyse der (vor allem das Jugendstrafrecht betreffenden) Änderungen

1. Aussetzung des Strafrestes zur Bewährung

Durch das Gesetz zur Bekämpfung von Sexualdelikten und anderen gefährlichen Straftaten vom 26. Januar 1998 wurden die für die bedingte Entlassung zentralen Vorschriften der §§ 57 Abs. 1 StGB und 88 Abs. 1 JGG grundlegend geändert. Ebenso wurde § 67 d Abs. 2 StGB, der die Voraussetzungen für eine bedingte Entlassung aus dem Maßregelvollzug beschreibt, einer Neuregelung unterzogen.

a. Gegenüberstellung der alten und neuen Rechtslage

aa. Alte Rechtslage

(1) § 57 Abs. 1 StGB a.F.

Nach § 57 Abs. 1 StGB a.F. setzte das Gericht die Vollstreckung des Restes einer zeitigen Freiheitsstrafe zur Bewährung aus, wenn

1. zwei Drittel der verhängten Strafe, mindestens jedoch zwei Monate, verbüßt waren,
2. verantwortet werden konnte zu erproben, ob der Verurteilte außerhalb des Strafvollzuges keine Straftaten mehr begehen würde, und
3. der Verurteilte einwilligte.

Bei der Entscheidung waren namentlich die Persönlichkeit des Verurteilten, sein Vorleben, die Umstände seiner Tat, sein Verhalten im Vollzug, seine Lebensverhältnisse und die Wirkungen zu berücksichtigen, die von der Aussetzung für ihn zu erwarten waren.

(2) § 88 Abs. 1 JGG a.F.

Im Jugendstrafrecht konnte – in Anlehnung an die Formulierung des § 57 Abs. 1 StGB – der Vollstreckungsleiter gemäß § 88 Abs. 1 JGG a.F. die Vollstreckung des Restes der Jugendstrafe zur Bewährung aussetzen, wenn

- der Verurteilte einen Teil der Strafe verbüßt hatte und
- verantwortet werden konnte zu erproben, ob er außerhalb des Jugendstrafvollzuges einen rechtschaffenen Lebenswandel führen würde.[245]

(3) § 67d Abs. 2 StGB a.F.

§ 67d Abs. 2 StGB regelt die Aussetzung der Unterbringung zur Bewährung. Nach § 67d Abs. 2 StGB a.F. setzte das Gericht, wenn keine Höchstfrist vorgesehen oder die Frist noch nicht abgelaufen war, die weitere Vollstreckung der Unterbringung zur Bewährung aus, sobald verantwortet werden konnte zu erproben, ob der Untergebrachte außerhalb des Maßregelvollzuges keine rechtswidrigen Taten mehr begehen würde.

Diese Vorschriften haben durch das Gesetz zur Bekämpfung von Sexualdelikten und anderen gefährlichen Straftaten zum Teil erhebliche Änderungen erfahren.

bb. Neue Rechtslage

(1) § 57 Abs. 1 StGB n.F.

Nunmehr setzt das Gericht gemäß § 57 Abs. 1 StGB n.F. die Vollstreckung des Restes einer zeitigen Freiheitsstrafe zur Bewährung aus, wenn

1. zwei Drittel der verhängten Strafe, mindestens jedoch zwei Monate, verbüßt sind,
2. *dies unter Berücksichtigung des Sicherheitsinteresses der Allgemeinheit verantwortet werden kann,* und
3. der Verurteilte einwilligt.

Bei der Entscheidung sind namentlich die Persönlichkeit des Verurteilten, sein Vorleben, die Umstände seiner Tat, *das Gewicht des bei einem Rückfall bedrohten Rechtsguts*, das Verhalten des Verurteilten im Vollzug, seine

---

[245] Zur näheren Ausgestaltung der Entscheidung gemäß § 88 JGG s.o. 2. Teil, Abschnitt B, S. 28ff.

Lebensverhältnisse und die Wirkungen zu berücksichtigen, die von der Aussetzung für ihn zu erwarten sind.

(2) § 88 Abs. 1 JGG n.F.

Ebenfalls in Anlehnung an die Umformulierung des § 57 Abs. 1 StGB kann der Vollstreckungsleiter nach dem neu gefassten § 88 Abs. 1 JGG die Vollstreckung des Restes der Jugendstrafe zur Bewährung aussetzen, wenn

- der Verurteilte einen Teil der Strafe verbüßt hat
- *und dies im Hinblick auf die Entwicklung des Jugendlichen, auch unter Berücksichtigung des Sicherheitsinteresses der Allgemeinheit, verantwortet werden kann.*

(3) § 67d Abs. 2 StGB n.F.

Auch § 67d Abs. 2 StGB ist durch das Gesetz zur Bekämpfung von Sexualdelikten und anderen gefährlichen Straftaten neu formuliert worden. Wenn keine Höchstfrist für die Unterbringung im Maßregelvollzug vorgesehen oder die Frist noch nicht abgelaufen ist, setzt das Gericht nunmehr die weitere Vollstreckung der Unterbringung zur Bewährung aus, *wenn zu erwarten ist, dass der Untergebrachte außerhalb des Maßregelvollzuges keine rechtswidrigen Taten mehr begehen wird.*

b. Verschärfung oder Klarstellung der prognostischen Voraussetzungen einer Strafrestaussetzung nach § 57 StGB?

Die oben genannten Neufassungen haben in der Rechtslehre und Rechtspraxis vielfache Anwendungsdiskussionen ausgelöst. Es stellt sich vor allem die Frage, ob die Neuformulierung der Voraussetzungen einer Strafrestaussetzung zur Bewährung die Anforderungen an diese erhöht hat[246] oder nur eine Umformulierung darstellt, um in der Öffentlichkeit aufgetretenen Missverständnissen in Zukunft zu begegnen.[247]

Demgegenüber ist unbestritten, dass die Neuformulierung der bedingten Entlassung aus dem Maßregelvollzug eine Verschärfung der bisherigen Rechtslage darstellt.[248]

---

[246] So z.B. Schöch, NJW 1998, 1257 (1258); Boetticher, MschrKr 1998, 354 (363 f.); OLG Koblenz, StV 1998, 667 (667); NK-StGB/Dünkel, § 57 Rn. 16.

[247] So z.B. Schüler-Springorum, StV 1998, 669 (669); Hammerschlag/Schwarz, NStZ 1998, 321 (323); OLG Stuttgart, StV 1998, 668; OLG Frankfurt, NStZ-RR 1999, 91.

[248] Ostendorf, NJW 2000, 1090 (1091).

aa. Wortlaut des Gesetzes

Stellt man auf den Wortlaut der neuen prognostischen Anforderungen an die bedingte Entlassung in § 57 Abs. 1 StGB ab, klingen die Formulierungen nach einer Verschärfung der Voraussetzungen.

Immerhin hat das Gesetz zur Bekämpfung von Sexualdelikten und anderen gefährlichen Straftaten in dreifacher Hinsicht zu Änderungen bei der Entscheidung über eine vorzeitige Entlassung aus dem Strafvollzug geführt:

Zunächst ist die so genannte Erprobungsklausel in § 57 Abs. 1 Satz 1 Nr. 2 StGB durch die Verantwortbarkeit einer Strafrestaussetzung ersetzt worden. Daneben findet ausdrücklich das Sicherheitsinteresse der Allgemeinheit Berücksichtigung, und schließlich ist das Gewicht des bei einem Rückfall bedrohten Rechtsguts als zusätzliches Kriterium in die Aufzählung entscheidungsrelevanter Faktoren in § 57 Abs. 1 Satz 2 StGB aufgenommen worden.

bb. Wille des Gesetzgebers

Demgegenüber spricht der Gesetzgeber in der Beschlussempfehlung des Rechtsausschusses des Deutschen Bundestages zum Gesetz zur Bekämpfung von Sexualdelikten und anderen gefährlichen Straftaten von einer „Klarstellung der Voraussetzungen für die Strafrestaussetzung zur Bewährung“.[249] Demnach habe die frühere Gesetzesfassung „in der Öffentlichkeit zu Irritationen darüber geführt, welche Maßstäbe die Strafvollstreckungskammern ihrer Entscheidung über die Aussetzung des Strafrestes zugrunde legen.“

Weiter wird in der Begründung der Beschlussempfehlung aufgeführt, dass die bisherige Formulierung des § 57 Abs. 1 Satz 1 Nr. 2 StGB „in der Öffentlichkeit den unzutreffenden Eindruck erweckt (hat), als sei eine vorzeitige Entlassung von gefährlichen Tätern, die z.B. gewaltsame Sexualstraftaten gegen Kinder begangen haben, auch ohne günstige Sozialprognose zu Lasten der öffentlichen Sicherheit möglich.“.[250] Intention des Gesetzgebers war es folglich klarzustellen, „dass bei der Entscheidung nach § 57 StGB eine Abwägung zwischen dem Resozialisierungsinteresse des Verurteilten und dem Sicherheitsinteresse der Allgemeinheit vorzunehmen ist. Dabei wird insbesondere darauf abgestellt, dass es von dem Gewicht des bei einem Rückfall bedrohten Rechtsguts und dem Sicherheitsbedürfnis der Allgemeinheit abhängig ist, welches Maß an Erfolgswahrscheinlichkeit für eine Aussetzung des Strafrestes nach § 57 StGB zu verlangen ist“.

---

[249] Siehe den Bericht des Rechtsausschusses des Deutschen Bundestages, BT-Dr. 13/9062, S. 5.

[250] Vgl. BT-Dr. 13/9062, S. 9.

Abschließend zu seinen Ausführungen zu Art. 1 Nr. 2 des Gesetzes zur Bekämpfung von Sexualdelikten und anderen gefährlichen Straftaten kommt der Rechtsausschuss des Deutschen Bundestages zu dem Ergebnis, dass durch die Neuregelung der bedingten Entlassung in § 57 StGB eine seit langem bestehende Rechtsprechung im Gesetz festgeschrieben werde, die auch in der Lehre uneingeschränkte Zustimmung gefunden habe.

Aufgrund der eben dargestellten Begründung des Rechtsausschusses des Deutschen Bundestages ist davon auszugehen, dass der Gesetzgeber mit der Neufassung der Voraussetzungen einer Strafrestaussetzung zur Bewährung (zumindest im Erwachsenenstrafrecht) eine Klarstellung der bisherigen Rechtslage beabsichtigte.

cc. Zustimmende Literatur

Dieser Auffassung schließt sich ein Teil der zu der Gesetzesänderung veröffentlichten Einschätzungen an:

(1) Hammerschlag/Schwarz[251]

Hammerschlag/Schwarz folgen in ihrer Bewertung des Gesetzes zur Bekämpfung von Sexualdelikten und anderen gefährlichen Straftaten weitestgehend der Argumentation des Rechtsausschusses. Ihrer Ansicht nach entspreche die nunmehr in das Gesetz aufgenommene Umschreibung des Aussetzungsmaßstabes der ständigen Rechtsprechung zahlreicher Oberlandesgerichte auf der Grundlage des bislang geltenden Rechts: Schon bisher sei bei der Entscheidung über die Strafrestaussetzung das Sicherheitsbedürfnis der Allgemeinheit zu berücksichtigen gewesen. Darüber hinaus habe insbesondere bei Straftaten gegen Leib und Leben oder gegen die sexuelle Selbstbestimmung bei der Prüfung der Entlassungsreife ein strengerer Maßstab angelegt werden müssen. Nach Hammerschlag/Schwarz sei eben diese Rechtsprechung nunmehr im Gesetz festgeschrieben worden; auch künftig habe das Gericht also bei der Entscheidung über die Strafrestaussetzung zur Bewährung eine Abwägung zwischen dem Resozialisierungsinteresse des Verurteilten und dem Sicherheitsinteresse der Allgemeinheit vorzunehmen. Straftäter, die besonders schwere oder gefährliche Straftaten begangen haben, könnten dabei auch nach der neuen Rechtslage nur vorzeitig entlassen werden, wenn es in erhöhtem Maße als wahrscheinlich angesehen werden könne, dass es zu keiner Wiederholungstat komme.

---

[251] NStZ 1998, 321-326; zum Folgenden siehe vor allem S. 323.

(2) Schneider[252]

In seinen Anmerkungen zur reformierten strafrechtlichen und strafprozessrechtlichen Kontrolle von Sexualstraftaten unterstreicht Schneider ebenfalls den klarstellenden Charakter der Neuregelung der Strafrestaussetzung. Nach seiner Auffassung habe der Gesetzgeber angesichts des Umstandes, dass die Rückfallneigung der Sexualstraftäter hoch sei und viele Jahre andauere, und angesichts der gravierenden Opferschäden, die durch Sexualstraftaten entstehen könnten, recht daran getan klarzustellen, dass im Zweifel das Sicherheitsinteresse potentieller Opfer Vorrang genieße.

Anders als Hammerschlag/Schwarz, die der These des Rechtsausschusses zustimmen, durch die Neuformulierung der Voraussetzungen einer bedingten Entlassung werde eine obergerichtliche Meinung festgeschrieben, die auch in der Lehre uneingeschränkte Zustimmung erhalten habe,[253] war nach Ansicht Schneiders die Erprobungsklausel des § 57 Abs. 1 Satz 1 Nr. 2 StGB a.F. in zunehmendem Maße zugunsten einer Überschätzung der Bedeutung der Resozialisierung ausgelegt worden. Trotz seiner Kritik an der – seiner Meinung nach durch die alte Aussetzungsvorschrift des § 57 Abs. 1 Satz 1 Nr. 2 StGB begünstigten – zunehmenden Täterorientierung bei gleichzeitiger Nichtbeachtung des Anspruchs des potentiellen Opfers auf körperliche, psychische und soziale Unverletzlichkeit, hält Schneider jedoch an seiner Einsicht fest, dass der Gesetzgeber klargestellt habe, dass ein gewisses Restrisiko nicht vom Opfer allein getragen werden müsse.

Die Argumentation Schneiders erscheint nicht konsequent: Trotz seiner Bemängelung des Verlustes der Opferorientierung durch die alte Rechtslage stimmt er dem Gesetzgeber hinsichtlich der lediglich klarstellenden Intention der Neuregelung zu, die laut Rechtsausschuss ja gerade eine Festschreibung unbestrittener Rechtsprechungs- und Literaturmeinung darstellt. Wenn, nach Schneider, die Neuregelung jedoch in der Lage ist, die Opferinteressen zu stärken, muss ihre Funktion aber zwangsläufig über die einer bloßen Klarstellung hinausgehen.

(3) Schüler-Springorum[254]

Auch Schüler-Springorum kommt in einer Urteilsanmerkung zu dem Ergebnis, dass es sich bei der Neuformulierung des § 57 Abs. 1 StGB lediglich um klarstellende Beschreibungen bisheriger Praxis handelt. Die Ersetzung der in jünge-

---

[252] JZ 1998, 436-445; zum Folgenden siehe vor allem S. 439f.

[253] NStZ 1998, 321 (323) unter Bezugnahme auf BT-Dr. 13/ 9062, S. 9.

[254] StV 1998, 669-670.

rer Zeit mehr als zuvor umstrittenen „Erprobungsklausel“ durch die Formulierung „...wenn dies unter Berücksichtigung des Sicherheitsinteresses der Allgemeinheit verantwortet werden kann“, bedeute nicht etwa den Ersatz einer zum Experimentieren einladenden „Erprobung“ durch ein den Ernst der Lage betonendes Bewusstsein von Verantwortung. Der neue Gesetzestext wolle vielmehr die semantische Spannbreite eines (wenngleich verantwortlichen) Erprobens, die in der Öffentlichkeit zu Irritationen darüber geführt habe, welche Maßstäbe die Vollstreckungskammern ihrer Entscheidung zugrunde legen, gänzlich vermeiden und jenen Irritationen mit der ausdrücklichen Orientierung am Sicherheitsbedürfnis der Allgemeinheit entgegentreten.

Darüber hinaus ergebe sich aus dem Nennen des Gewichts des bei einem Rückfall bedrohten Rechtsguts eine weitere Klärung: Die Größe der bei einem Rückfall drohenden Gefahr für das Opfer wirke im Zweifel gegen die vom Gefangenen begehrte bedingte Entlassung, und sie solle dies auch. Das „gesetzliche Programm“ selbst bürde das sog. Restrisiko weder dem Opfer noch der Allgemeinheit auf, sondern eben dem früheren Täter.

(4) Rotthaus[255]

Kritische Töne schwingen bei der Auseinandersetzung Rotthaus mit dem Gesetz zur Bekämpfung von Sexualdelikten und anderen gefährlichen Straftaten mit: Auch er versteht die Neuformulierung der materiellen Voraussetzungen für die Strafrestaussetzung nach § 57 Abs. 1 StGB als Klarstellung. Schon bisher hätten die Justizvollzugsanstalten das „Sicherheitsinteresse der Allgemeinheit“ und das „Gewicht des bei einem Rückfall bedrohten Rechtsguts“ bei ihren Stellungnahmen berücksichtigt. Er verweist ebenfalls auf die einheitliche und kaum problematische Rechtsprechung der Strafvollstreckungskammern und Obergerichte. Rotthaus hält an sich die Klarstellung durch den Gesetzgeber für begrüßenswert, äußert aber gleichzeitig die Befürchtung, dass die neuen Formulierungen zusammen mit dem heute auf den Gerichten lastenden Druck, mehr auf Volkes Stimme zu hören, zu einer Änderung der Rechtsprechung im Sinne einer restriktiven Entlassungspraxis führen könne. Es folgt ein Appell an die Vollzugsanstalten, mit ihrer Vollzugsplanung an der bisherigen Praxis festzuhalten.

[255] NStZ 1998, 597-600; zum Folgenden siehe S. 599.

(5) Dessecker[256]

Zu einem ähnlichen Ergebnis kommt Dessecker, der sich, anders als die bisherigen Autoren, vor allem mit den Auswirkungen des Gesetzes zur Bekämpfung von Sexualdelikten und anderen gefährlichen Straftaten auf das Jugendstrafrecht befasst. Was aber das Erwachsenenstrafrecht betreffe, könne man die Änderung als eine Form symbolischer Gesetzgebung (im schlechten Sinne) ansehen, die alles beim Alten lässt. Auch er verweist auf die oben bereits dargestellten Ausführungen des Rechtsausschusses zur vorzeitigen Entlassung, nebst der dort genannten Entscheidungen und Literaturangaben, wonach eindeutig durch die Umformulierung eine Klarstellung beabsichtigt war.

Nach Meinung Desseckers überzeugt der Versuch einer gesetzgeberischen Klarstellung jedoch wenig, weil er manche Gerichte veranlasse, restriktiver mit der Strafrestaussetzung umzugehen.

(6) Volckart[257]

Volckart setzt sich kritisch mit den Aussetzungsprognosen nach neuem Recht auseinander. Er kommt zu dem Ergebnis, dass die neuen Aussetzungsklauseln in §§ 57 Abs. 1 StGB, 88 Abs. 1 JGG lediglich tautologisch zu verstehen sind. Auch er verweist auf die Wendung im Bericht des Rechtsausschusses des Deutschen Bundestages vom 13. November 1997, derzufolge es sich um eine Reaktion auf „Irritationen in der Öffentlichkeit" handele. Seiner Auffassung nach ist das Geschehene, also die Gesetzesänderungen, dahin zu verstehen, dass nur dem Anschein entgegengewirkt werden solle, es würde mit den Strafrestaussetzungen unverantwortlich „etwas ausprobiert". Tatsächlich habe der Gesetzgeber verantwortliche, rationale Kriminalprognosen nicht verhindern wollen. Die Bewertung des Strafvollzuges als individualpräventiv nützlich und damit das bisherige Verhältnis der Prognose nach § 56 StGB zu den Prognosen nach § 57 StGB seien erhalten geblieben.

Volckart schließt mit der Erkenntnis, dass sich sachlich nichts geändert habe.

(7) Cornel[258]

Cornel setzt sich in seiner „Untersuchung zu den Konsequenzen der Gesetzesänderung von 1998 in der Praxis" sehr differenziert mit der Problematik der Neuformulierung der Voraussetzungen einer Strafrestaussetzung einschließlich

---

256 StV 1999, 678-684; siehe vor allem S. 680.
257 R&P 1998, 3-11 (10).
258 MschKr 2002, 424-438.

der Pflicht zur Einholung eines Sachverständigengutachtens und den Reaktionen in Literatur, Rechtsprechung und Praxis auseinander. Seiner Ansicht nach lasse sich die Änderung der materiellrechtlichen Norm des § 57 StGB als Akt symbolischer Gesetzgebung qualifizieren, die dem Fachpublikum etwas anderes mitteile als der Wählerschaft. In der Gesetzesänderung von 1998 sei eindeutig das ideologisch begründete Ziel der Verschärfung und insbesondere des Redens über diese Strafverschärfung erkennbar gewesen.

Anders als die bislang dargestellten[259] Literaturmeinungen, die alle aus dem Jahr bzw. dem Folgejahr des Inkrafttretens des Gesetzes zur Bekämpfung von Sexualdelikten und anderen gefährlichen Straftaten stammen und somit direkt zu diesem Stellung nehmen, hat Cornel mit einem gewissen zeitlichen Abstand die Auswirkungen der Gesetzesänderungen auf die Praxis untersucht. Er hat hierbei neben der Auswertung von Gefangenenbestandszahlen von 1994 bis 2001 die Strafrestaussetzungsquoten mit den Gnadenquoten und Daten zur Ersatzfreiheitsstrafenvollstreckung von 1994 bis 2001 analysiert. Er hat zudem Interviews mit Strafvollstreckungsrichtern geführt und eine Aktenanalyse von Strafvollstreckungsakten aus den Jahren 1998 bis 2001 vorgenommen. Er kommt hierbei zu dem Ergebnis, dass in der Praxis weder von einem Rückgang der Strafrestaussetzungen noch von wesentlichen, durch die Gutachtenerstellung verursachten Verzögerungen der bedingten Entlassungen gesprochen werden könne. Auch habe es keine Anhaltspunkte dafür gegeben, dass die Strafvollstreckungsrichter selbst Strafrestaussetzungen systematisch und gezielt erst später aussprächen.

dd. Kritische Literaturstimmen

Andere Stimmen in der Literatur erkennen dagegen in dem Gesetz zur Bekämpfung von Sexualdelikten und anderen gefährlichen Straftaten zumindest eine Verschärfungstendenz.

(1) Schöch[260]

Die Neuformulierung der Voraussetzungen für die bedingte Entlassung ist für Schöch eine Verschärfung des bisherigen Rechts. Er bezeichnet die Behauptung, es handle sich lediglich um eine Klarstellung, als euphemistisch. Allein die Berücksichtigung des bei einem Rückfall bedrohten Rechtsguts stelle eine Klarstellung der bisher herrschenden Meinung dar; die Streichung der Erprobungsklausel gehe aber weit darüber hinaus. Nach Ansicht Schöchs habe das

---

[259] und noch darzustellenden, siehe unten.
[260] NJW 1998, 1257-1262.

berechtigte Anliegen, Routineentscheidungen bei gefährlichen Straftätern vorzubeugen, am Ende zu einer über das Ziel hinaus schießenden problematischen Einengung des Entscheidungsspielraums für die Strafvollstreckungskammern geführt.

(2) Boetticher[261]

Auch nach Meinung Boettichers begegnet die Änderung des § 57 Abs. 1 Satz 1 Nr. 2 StGB erheblichen Bedenken. Er hält das vom Gesetzgeber angeführte Argument, die bisherige Formulierung habe in der Öffentlichkeit den Eindruck erweckt, dass Sexualstraftäter zu Lasten der öffentlichen Sicherheit zu schnell entlassen würden, für eine nicht belegte These. Seiner Ansicht nach war die bisherige Erprobungsklausel von ausschlaggebender Bedeutung für das bisherige Resozialisierungsprogramm des Strafvollzugsgesetzes. Darüber hinaus weist Boetticher zutreffend darauf hin, dass die Änderung nicht nur Sexualstraftäter, sondern ohne jede gerechtfertigte Unterscheidung jeden vor der Entlassung stehenden Verurteilten betreffe. Die Behauptung, die Sicherheitsinteressen seien bei den Entscheidungen über die vorzeitige Entlassung bisher nicht ausreichend berücksichtigt worden, sei letztendlich ein unberechtigter Angriff auf die Arbeit der Strafvollstreckungskammern.

(3) Feuerhelm[262]

Feuerhelm setzt sich in seinem Beitrag „Pauschaler Sicherheits-Check statt individueller Prognose" ausführlich mit der Neuregelung der Strafrestaussetzung zur Bewährung auseinander. Für ihn besteht kein Anlass, die Neufassung der Vorschriften als glücklich zu bezeichnen, da sie die bisherigen Kritikpunkte wie die schematische Anwendung der Strafrestaussetzung nicht beseitigen. Es würden lediglich zwei negative Alternativen bleiben: entweder schlage die Reform auf die Praxis durch, was zu einer Akzentverschiebung dieser wichtigen vollstreckungsrechtlichen Entscheidung führe, oder es würden sich keine Änderungen in der Praxis ergeben, was die Reform zu einem Teil einer gleichermaßen bedenklichen „symbolischen Kriminalpolitik" machen würde.

ee. Analyse der vom Rechtsausschuss zitierten Quellen

Da weder der Rechtsausschuss in seiner Begründung zu § 57 StGB noch die ihm zustimmende Literatur hinsichtlich der drei Änderungen, die die Neufas-

---

[261] Boetticher, MschrKrim 1998, 354-367.
[262] Feuerhelm in: Böhm–FS 1999, S. 463-481.

sung beinhaltet (s.o.), differenziert, erscheint es unerlässlich, eine Analyse der vom Rechtsausschuss zitierten und von den Aufsätzen der zustimmenden Literatur zum Teil übernommenen Entscheidungen und Literaturangaben vorzunehmen, um ein möglichst genaues Bild von den vor der Einführung des Gesetzes zur Bekämpfung von Sexualdelikten und anderen gefährlichen Straftaten bestehenden Auffassungen in Rechtsprechung und Literatur zu erhalten, damit festgestellt werden kann, ob durch die Änderung der Strafrestaussetzung zur Bewährung wirklich nur eine „seit langem bestehende Rechtsprechung, die auch in der Lehre uneingeschränkte Zustimmung gefunden hat",[263] gesetzlich festgeschrieben wurde. Hierbei wurde an der vom Rechtsausschuss gewählten Reihenfolge der genannten Entscheidungen festgehalten und auf eine chronologische Darstellung verzichtet. Ebenso werden lediglich die vom Rechtsausschuss zitierten Literaturstimmen wiedergegeben.

(1) Obergerichtliche Entscheidungen

(aa) OLG Düsseldorf, Beschluss vom 05. April 1973[264]

In seinem Beschluss vom 05. April 1973 lehnt das OLG Düsseldorf die sofortige Beschwerde eines mehrfach u.a. wegen Notzucht und Unzucht mit Kindern vorbestraften Verurteilten, der zuvor bei der Jugendkammer einen – negativ beschiedenen – Antrag auf bedingte Entlassung aus der Sicherungsverwahrung gestellt hatte, unter Hinweis auf die nicht auszuschließende, vom Verurteilten ausgehende erhebliche Gefahr für die Allgemeinheit als erfolglos ab.

Der zuvor eingeschaltete Gutachter schloss zwar aufgrund einer sexualphallographischen Untersuchung auf ein so niedriges psychosexuelles Stimulationsniveau, dass er trotz einer sonst recht ungünstigen Beurteilung der Persönlichkeit des Verurteilten eine relativ günstige Prognose hinsichtlich der Gefahr künftiger Sexualdelikte stellte.

Das OLG verweist jedoch auf die vom Gericht zu treffende Abwägung: Danach sei der Versuch der Entlassung bei Tätern, die besonders gefährliche Delikte begangen haben, weniger leicht zu verantworten als bei anderen Tätern; es sei mithin bei der Prüfung der Entlassungsreife des Verurteilten ein strenger Maßstab anzulegen.

Nach Ansicht des OLG Düsseldorf reicht der für den Verurteilten günstige Teil des Sachverständigengutachtens nicht aus, die Gefahr weiterer erheblicher Sexualdelikte dieses Täters genügend aus dem Bereich des Wahrscheinlichen zu rücken. Die geschilderte sexualphallographische Untersuchung sei zu prob-

---

[263] Vgl. noch einmal: BT-Dr. 13/9062, S. 9.
[264] NJW 1973, 2255 ff.

lematisch, um hinreichend sichere Anhaltspunkte dafür zu bieten, dass der Gefangene keine erhebliche Gefahr für die Allgemeinheit mehr darstelle.

(bb) OLG Düsseldorf, Beschluss vom 09. Juli 1991[265]

Obwohl die formellen Voraussetzungen des § 57 Abs. 1 Satz 1 Nr. 2 und 3 StGB (a.F.) für eine Aussetzung der Vollstreckung des Strafrestes zur Bewährung vorliegen, hebt das OLG Düsseldorf in seinem Beschluss vom 09. Juli 1991 die von der Staatsanwaltschaft angefochtene Entscheidung auf und versagt die Strafaussetzung.

Das Gericht lehnt für den mehrfach wegen Gewaltdelikten verurteilten Gefangenen eine günstige Sozialprognose i.S.d. § 57 Abs. 1 Satz 1 Nr. 2 StGB ab. Zwar setze diese nicht die Gewissheit voraus, dass die Begehung weiterer Straftaten ausgeschlossen ist. Eine Strafaussetzung sei aber bereits dann zu versagen, wenn dem Gericht der Erfolg einer Erprobung nicht eben wahrscheinlich erscheine. Neben den in § 57 Abs. 1 Satz 2 StGB namentlich aufgezählten Entscheidungsfaktoren sei in die Prüfung auch das Sicherungsbedürfnis der Allgemeinheit mit einzubeziehen, woraus folge, dass bei einer, erst recht bei mehreren vorausgegangenen besonders gefährlichen Taten, ein Wagnis weniger leicht zu verantworten sei.

In dem dem Gericht vorliegenden Fall könne bei derartiger Schwere und Gefährlichkeit der in Betracht kommenden Straftaten, die bei einem Fehlschlagen des Wagnisses von dem Verurteilten zu erwarten wären, das Risiko einer bedingten Entlassung im Interesse der Allgemeinheit nicht verantwortet werden.

(cc) OLG Hamm, Beschluss vom 12. Februar 1988[266]

Das OLG Hamm hebt in seinem Beschluss vom 12. Februar 1988 die spezialpräventive Ausrichtung der Reststrafenaussetzung hervor. Daher richte sich die Frage, ob auf die Vollstreckung der Reststrafe verzichtet werden könne, ausschließlich nach der Prognose für das künftige Legalverhalten des Verurteilten; Umstände wie die Schwere der Schuld, Sühnegedanken und Gesichtspunkte der Generalprävention sowie die Verteidigung der Rechtsordnung dürften keine Berücksichtigung finden.

Das Gericht macht weiter deutlich, dass der Aspekt des Sicherungsbedürfnisses der Allgemeinheit kein eigenständiger ist, sondern lediglich bei der Entscheidung der Frage zu berücksichtigen sei, ob die Erprobung außerhalb des Vollzuges verantwortet werden könne. Bei besonders schweren und/oder ge-

---

[265] VRS 81 (1991), 367ff.
[266] StV 1988, 348–349.

fährlichen Straftaten müsse grundsätzlich ein höherer Grad von Wahrscheinlichkeit für eine künftige straffreie Führung vorliegen als in anderen Fällen.

Darüber hinaus stellt der Beschluss auf die unterschiedlichen Prognosevoraussetzungen in § 56 Abs. 1 StGB und § 57 Abs. 1 StGB ab; es dürfe nicht verkannt werden, dass in § 57 Abs. 1 StGB für eine günstige Prognose grundsätzlich ein geringeres Maß an Sicherheit vorausgesetzt werde als in § 56 Abs. 1 StGB für Täter, denen die Strafverbüßung ganz erspart werden solle.

(dd) KG Berlin, Beschluss vom 30. April 1970[267]

Das KG Berlin setzt sich in seinem Beschluss vom 30. April 1970 mit der ab 01. April 1970 geltenden Fassung der vorzeitigen Entlassung aus der Sicherungsverwahrung auseinander.

Das Gericht betont, dass der Gesetzgeber mit der Neuformulierung des § 42f Abs. 2 StGB zwar ein gewisses Risiko eingehen wolle und eine bedingte Entlassung des Untergebrachten auch dann zulasse, wenn keine sichere Erwartung künftigen Wohlverhaltens bestehe; es stellt aber auch klar, dass das Gericht in jedem Einzelfall die Interessen der Allgemeinheit an einem wirksamen Schutz vor gefährlichen Hangtätern gegenüber den Interessen des Untergebrachten an seiner Wiedereingliederung in die menschliche Gesellschaft abzuwiegen habe. Dabei könne nicht unbedacht bleiben, wegen welcher Straftaten der Untergebrachte in Sicherungsverwahrung genommen werden musste. Bei gefährlichen Sittlichkeitsverbrechern, die sich vorwiegend an Kindern oder Jugendlichen vergangen haben, müsse ein anderer Maßstab angelegt werden als an Tätern, die lediglich wegen ständig wiederholter Vermögensdelikte untergebracht worden sind.

(ee) KG Berlin, Beschluss vom 25. Mai 1973[268]

Das KG Berlin setzt sich in seinem Beschluss vom 25. Mai 1973 in erster Linie mit einem bisher fehlenden überzeugenden und wissenschaftlich überprüfbaren Konzept für eine Kriminaltherapie im weitesten Sinne auseinander.

Zu der erforderlichen positiven Prognose führt das Gericht aus, dass § 26 StGB (in der am 01. April 1970 in Kraft getretenen Fassung) nicht mehr die Erwartung eines künftigen allgemeinen Wohlverhaltens voraussetze, sondern dass vielmehr ein geringerer Grad der Wahrscheinlichkeit für die Erfüllung einer günstigen Resozialisierungsprognose genüge, wenn die mehr oder weni-

[267] JR 1970, 428.
[268] NJW 1973, 1420-1421.

ger entfernte Möglichkeit der Begehung neuer Straftaten gegenüber der Rechtsgemeinschaft verantwortet werden könne.

(ff) KG Berlin, Beschluss vom 02. April 1986[269]

In seinem Beschluss vom 02. April 1986 befürwortet das KG Berlin eine vorzeitige Entlassung auf Bewährung des wegen Vermögensdelikten einsitzenden Verurteilten.

Im Gegensatz zur Strafvollstreckungskammer, die eine Strafrestaussetzung in ihrem vorherigen Beschluss abgelehnt hatte, ist der Senat der Auffassung, dass es zu verantworten sei, die Vollstreckung des Restes der gegen den Verurteilten verhängten Gesamtfreiheitsstrafe zur Bewährung auszusetzen.

Nach der ständigen Rechtsprechung des Senats müsse bei Straftätern, die sich in einer für die Allgemeinheit so gefährlichen Weise gegen die Gesetze vergangen haben, eine vorzeitige Entlassung aus der Haft besonders kritisch geprüft werden, weil bei ihnen das Risiko eines erneuten Versagens schwerer wiege. Eine Strafrestaussetzung sei bei ihnen nur zu verantworten, wenn es in erhöhtem Maße als wahrscheinlich angesehen werden könne, dass es zu keinem Rückfall kommt.

(gg) OLG Karlsruhe, Beschluss vom 13. September 1982[270]

Von dem Beschluss des OLG Karlsruhe vom 13. September 1982 findet sich wiederum nur der Leitsatz. Darin heißt es: „Bei der Beurteilung des Risikos, das mit der Aussetzung der Vollstreckung eingegangen wird, ist auch die Art der Straftaten zu berücksichtigen, die bei einem Fehlschlagen des Wagnisses von dem Verurteilten zu erwarten sind; bei einem Täter, der sich in der Vergangenheit eines besonders gefährlichen Deliktes, insbesondere gegen Leib oder Leben, schuldig gemacht hat, ist die kritische Probe weniger leicht zu verantworten als bei anderen Verurteilten. In einem solchen Fall ist bei der Prüfung der Entlassungsreife ein strengerer Maßstab anzulegen und das Sicherungsbedürfnis der Allgemeinheit besonders zu beachten."

(hh) OLG Karlsruhe, Beschluss vom 11. Mai 1992[271]

Das OLG Karlsruhe führt in seinem Beschluss vom 11. Mai 1992 aus, dass die nach § 57 Abs. 1 Nr. 2 StGB erforderliche günstige Täterprognose nicht die

---

[269] JA 1986, 457-458.
[270] Die Justiz 1982, 437.
[271] StV 1993, 260-261.

Gewissheit voraussetze, dass die Begehung von weiteren Straftaten ausgeschlossen sei. Es genüge die Überzeugung des Gerichts, dass nunmehr, namentlich aufgrund der günstigen Wirkung des Strafvollzuges, eine ausreichende Chance gegeben sei, der Verurteilte werde die kritische Probe bestehen.

Dabei seien gemäß § 57 Abs. 1 Satz 2 StGB namentlich die Persönlichkeit des Verurteilten zu berücksichtigen, sein Vorleben, die Umstände seiner Tat, sein Verhalten im Vollzug, seine Lebensverhältnisse und die Wirkungen, die von der Aussetzung für ihn zu erwarten sind. In diese Prüfung sei, nach ständiger Senatsrechtsprechung, auch das Sicherungsbedürfnis der Allgemeinheit, dem bei besonders gefährlichen Delikten, etwa gegen Leib und Leben, erhöhte Bedeutung zukomme, mit einzubeziehen.

(ii) OLG Koblenz, Beschluss vom 09. Januar 1981[272]

Von dem Beschluss des OLG Koblenz vom 09. Januar 1981 wird nur der Leitsatz mitgeteilt. Dort heißt es: „Bei der Beurteilung der Frage, ob die Aussetzung eines Strafrestes zur Bewährung verantwortet werden kann, ist auch das Sicherheitsbedürfnis der Allgemeinheit zu beachten; dies gilt insbesondere bei der Vollstreckung von Freiheitsstrafen für schwere Straftaten (...).“

(jj) OLG Köln, Beschluss vom 29. Mai 1970[273]

Das OLG Köln hat mit seinem Beschluss vom 29. Mai 1970 den Beschluss des Landgerichts, mit dem ein Antrag auf bedingte Entlassung eines wegen Totschlags in Tateinheit mit Straßenraub Verurteilten zurückgewiesen wurde, bestätigt.

Nach Ansicht des Senats könne eine bedingte Aussetzung des Strafrestes aufgrund der am 01. April 1970 in Kraft getretenen Neufassung des § 26 Abs. 1 StGB nur dann erfolgen, wenn begründete Aussicht auf eine Resozialisierung des Verurteilten und eine zumindest gewisse Wahrscheinlichkeit dafür bestehe, dass er auch ohne weitere Strafverbüßung keine Straftaten mehr begehen werde.

Bei der Beurteilung des Risikos, das mit der Aussetzung der Vollstreckung eingegangen werde, sei auch die Art der Straftaten zu berücksichtigen, die bei einem Fehlschlagen des Wagnisses von dem Verurteilten zu erwarten sind. Bei Tätern, die sich in der Vergangenheit besonders gefährlicher Delikte schuldig gemacht haben, könne daher der Versuch weniger leicht zu verantworten sein als bei anderen Verurteilten.

---

[272] NJW 1981, 1522.
[273] MDR 1970, 861.

(kk) OLG Köln, Beschluss vom 16. Oktober 1970[274]

Das OLG Köln stellt in seinem Beschluss vom 16. Oktober 1970 fest, dass die bedingte Aussetzung der Unterbringung aus der Sicherungsverwahrung nur dann zulässig sei, wenn bei dem Verurteilten eine innere Wandlung festzustellen sei, begründete Aussicht auf seine Resozialisierung und eine zumindest gewisse Wahrscheinlichkeit dafür bestehe, dass er künftig keine erheblichen, die Allgemeinheit gefährdenden Straftaten mehr begehen werde.

Bei der Beurteilung des Risikos, das mit der Aussetzung der Unterbringung eingegangen werde, sei auch die Art der Straftaten zu berücksichtigen, die bei einem Fehlschlagen des Wagnisses zu erwarten sind.

(ll) OLG Schleswig, Beschluss vom 28. September 1989[275]

Der Senat des OLG Schleswig verwirft in seinem Beschluss vom 28. September 1989 die sofortige Beschwerde des – wegen versuchter unerlaubter Einfuhr von Betäubungsmitteln (Heroin) – Verurteilten gegen den Beschluss der großen Strafvollstreckungskammer als unbegründet.

Das Gericht spricht sich dafür aus, dass die Gefahr bestehe, der Verurteilte werde erneut mit Heroin handeln. Dieses Risiko könne nicht verantwortet werden; insoweit falle auch die besondere Gefährlichkeit des Handels mit Heroin und damit das Sicherungsbedürfnis der Allgemeinheit bei der Entscheidung über die bedingte Entlassung ins Gewicht.

(2) Schrifttum

(aa) Tröndle[276]

Weil man schwer beurteilen könne, so Tröndle in seinen Erläuterungen zur vorausgesetzten günstigen Täterprognose gemäß § 57 Abs. 1 Satz 1 Nr. 2 StGB (a.F.), wie sich ein unfreier Mensch in der Freiheit verhalten werde, und weil eine ausdrückliche negative Prognose den Abgelehnten psychologisch nachteilig beeinflussen könnte, setze das Erprobungswagnis keine Gewissheit künftiger Straffreiheit voraus, es genüge das Bestehen einer wirklichen Chance für ein positives Ergebnis einer Erprobung, namentlich infolge günstiger Wirkungen des Strafvollzuges. Das mit der Aussetzung verbundene Risiko könne nicht eingegangen werden, wenn die notwendige Prognose ungünstig ausfalle, so wenn ein Erfolg nicht eben wahrscheinlich erscheine. Bei dem Risiko, das das

[274] MDR 1971, 154-155.
[275] SchlHA 1990, 110.
[276] 48. Aufl. (1997), § 57 Rn. 6.

Gericht mit der Aussetzung eingehe und mit dem sich ein eventuelles Prognosegutachten befassen müsse, werde auch eine Rolle spielen, welcher Art die Straftaten sein könnten, die bei einem Fehlschlagen des Wagnisses von dem Verurteilten zu erwarten wären; bei besonders gefährlicher vorausgegangener Tat werde das Wagnis weniger leicht zu verantworten sein; welches Maß an Erfolgswahrscheinlichkeit zu verlangen sei, hänge vom bedrohten Rechtsgut und vom Sicherheitsbedürfnis der Allgemeinheit ab.

(bb) Schönke/Schröder-Stree[277]

Stree stellt im Zusammenhang mit der für eine Aussetzung der Reststrafe vorauszusetzenden günstigen Sozialprognose die Frage, welches Maß an Wahrscheinlichkeit bei der positiven Beurteilung der Resozialisierungsmöglichkeit zu verlangen sei. Sicher sei, dass keine Gewissheit notwendig ist, denn das Gesetz spreche selber von „Erprobung". Andererseits genüge aber auch keine nur geringe Möglichkeit für das Gelingen des Versuchs, da auch das Sicherungsbedürfnis der Allgemeinheit zu beachten sei. Es müsse vielmehr unter Berücksichtigung der Bewährungshilfen die begründete Aussicht auf Resozialisierung des Täters bestehen.

Bei der Frage, ob die Aussetzung verantwortet werden kann, sei das Sicherheitsbedürfnis der Allgemeinheit zu beachten. Von Bedeutung sei, welche Gefahren für die Allgemeinheit mit der Aussetzung möglicherweise bestehen. Bei Tätern, die besonders gefährliche Taten begangen haben (z.B. Sexualverbrecher), sei der Versuch, sie probeweise zu entlassen, weniger leicht zu verantworten als bei anderen Verurteilten.

(cc) Systematischer Kommentar-Horn[278]

Nach Ansicht Horns sollte bei der günstigen Prognose nach § 57 Abs. 1 Satz 1 Nr. 2 in Verbindung mit Satz 2 StGB (a.F.) nicht allein auf die Rückfallprognose, sondern vielmehr auf die Wirkprognose abgestellt, also danach gefragt werden, welche der verschiedenen, dem Aussetzungsrichter vom Gesetz zur Verfügung gestellten Sanktionsmöglichkeiten am ehesten geeignet und erforderlich ist, um die Ziele zu erreichen, die das Strafrecht mit dem jeweiligen Täter zu verbinden sucht (u.a. Schutz der Allgemeinheit).

Die Erforderlichkeit der Vollstreckungsfortsetzung könne zwar auch mit dem Bedürfnis der Sicherung der Allgemeinheit vor dem weiterhin gefährli-

---

[277] 25. Aufl. (1997), § 57 Rn. 12, 16.
[278] 7. Aufl. (1997), § 57 Rn. 9.

chen Täter begründet werden, nicht aber mit Gesichtspunkten wie Schuldausgleich, Generalprävention oder Verteidigung der Rechtsordnung.

(dd) Lackner[279]

Bei der geforderten günstigen Prognose in § 57 Abs. 1 Satz 1 Nr. 2 StGB (a.F.) sei, so Lackner, die Erwartung künftig straffreier Führung nicht erforderlich: die Erprobung des Verurteilten durch Aussetzung des Strafrestes könne vielmehr schon dann verantwortet werden, wenn im Laufe des Vollzuges die Möglichkeit einer solchen Lebensführung so viel wahrscheinlicher geworden sei, dass nach der Überzeugung des Gerichts eine Bewährungschance bestehe und dass deshalb im Interesse der konsequenten Rückführung des Verurteilten in die Freiheit das Risiko seiner Entlassung auch bei Berücksichtigung des Sicherheitsbedürfnisses der Allgemeinheit vertretbar erscheine. Dieses Risiko sei umso größer, je gefährlicher die Straftaten sind, die der Verurteilte möglicherweise in der Freiheit begehen wird und je kriminogener die künftigen Umweltverhältnisse voraussichtlich sind. Speziell bei triebhaft motivierten, an Kindern und Frauen begangenen Taten habe dieses Risiko hohen Stellenwert.

(ee) Terhorst[280]

Terhorst setzt sich in seinem Aufsatz mit den Bewährungsprognosen und dem Grundsatz „in dubio pro reo" auseinander. Er macht bei seinen Erläuterungen deutlich, dass der Gesetzestext des § 57 StGB (a.F.) so verstanden werden müsse, dass im Rahmen der dort zu treffenden Entscheidung auch den Sicherheitsbedürfnissen der Allgemeinheit und insoweit auch anderen als nur spezialpräventiven Gesichtspunkten Gewicht beizumessen seien. Hiermit übereinstimmend werde allgemein gefordert, die Art der Straftaten zu beachten, die vom jeweiligen Täter möglicherweise befürchtet werden müssten. Handele es sich um erhebliche Taten und damit um besondere Gefährdungen, so könne das Risiko einer vorzeitigen Entlassung verständlicherweise weniger leicht „verantwortet werden" als bei zu erwartenden geringfügigen Delikten.

(ff) Eisenberg[281]

In seiner Urteilsanmerkung stellt Eisenberg fest, dass bei Strafrestaussetzungen gemäß § 57a StGB in höherem Maße als bei Prognosen nach § 57 StGB auf das

---

[279] 22. Aufl. (1997), § 57 Rn. 7.
[280] MDR 1978, 973 (976ff.).
[281] NStZ 1989, 366 (366).

Sicherungsbedürfnis der Allgemeinheit Bedacht zu nehmen sei, wobei der geforderte Grad der Wahrscheinlichkeit, dass das spätere Geschehen eine positive prognostische Einschätzung nicht desavouiert, als proportional zur Schwere eines eventuell zu begehenden neuen Delikts betrachtet wird.

(3) Zwischenergebnis

Betrachtet man die von der Entwurfsbegründung selbst zitierten Quellen, so scheint sich auf den ersten Blick die Auffassung des Rechtsausschusses zu bestätigen: Alle zitierten obergerichtlichen Beschlüsse und Literaturangaben setzen sich mit der erforderlichen positiven Legal- bzw. Sozialprognose auseinander und treffen ähnliche Aussagen über die abzuwägenden Risiken.

Allerdings hat die Neuformulierung der vorzeitigen Entlassung zur Bewährung in § 57 Abs. 1 StGB drei Änderungen zum Gegenstand, die es im Folgenden zu bewerten gilt: das als Gesetzesbegriff neu eingeführte „Sicherheitsinteresse der Allgemeinheit", der gleichzeitige Wegfall der „Erprobungsklausel" sowie das „Gewicht des bei einem Rückfall bedrohten Rechtsgutes" in Satz 2.

ff. Analyse der Änderungen im Einzelnen

Betrachtet man nun die vom Rechtsausschuss genannten Quellen sowie die darüber hinaus untersuchte Literatur hinsichtlich dieser drei Aspekte erneut, erscheint das gewonnene Bild nicht mehr so eindeutig.

(1) Das „Sicherheitsinteresse der Allgemeinheit"

Sowohl die Begründung des Rechtsausschusses als auch die zustimmende Literatur verweisen in ihren Darstellungen auf die bei der Strafrestaussetzung zur Bewährung in ihrer alten und neuen Fassung vorzunehmende Abwägung zwischen dem Resozialisierungsinteresse des Verurteilten und dem Sicherheitsinteresse der Allgemeinheit.

Man könnte meinen, das Sicherheitsinteresse der Allgemeinheit sei ein seit langem feststehender strafrechtlicher Begriff mit klar umrissenem Inhalt und ebenso feststehender Bedeutung.

Es gilt jedoch zunächst einmal festzuhalten, dass der Gesetzgeber mit dem Sicherheitsinteresse der Allgemeinheit einen Begriff in das Strafgesetzbuch aufgenommen hat, der hier bislang noch keine Verwendung gefunden hat, so dass ein Rückgriff auf strafrechtliche Begriffsbestimmungen ausscheidet.[282]

---

[282] Feuerhelm in: Böhm-FS, S. 469.

Man könnte aber diesen Begriff als eine Art ungeschriebenes Tatbestandsmerkmal des § 57 Abs. 1 StGB a.F. betrachten, das nunmehr in den Status einer festgeschriebenen Voraussetzung erhoben worden ist. Als ungeschriebene Tatbestandsmerkmale bezeichnet man solche, die im Gesetz nicht ausdrücklich genannt sind, sondern aus dem Zusammenhang interpretiert werden müssen.[283] Als Beispiel sei hier die „Vermögensverfügung" im Betrugstatbestand des § 263 Abs. 1 StGB genannt. Als ausdrückliche (objektive) Merkmale enthält dieser Tatbestand lediglich die Täuschungshandlung, die Irrtumserregung und die Vermögensbeschädigung. Da der Betrug aber ein Selbstschädigungsdelikt ist, bei dem sich das Opfer infolge des durch die Täuschung hervorgerufenen Irrtums selbst schädigt,[284] muss zwangsläufig ein Opferverhalten vorliegen, das den Schaden herbeiführt. Dieses schädigende Opferverhalten wird als Vermögensverfügung bezeichnet und in den Betrugstatbestand als ungeschriebenes Merkmal hineininterpretiert.[285]

Um aber das Sicherheitsinteresse der Allgemeinheit als ein solches ungeschriebenes Tatbestandsmerkmal ansehen zu können, muss zumindest Klarheit in Bezug auf den Inhalt und die Bedeutung des Begriffs bestehen.

Analysiert man die zitierten Entscheidungen und Literaturangaben, so zeigen sich allerdings neuerliche Probleme, die eine Hoffnung auf eine tragfähige Umschreibung des fraglichen Begriffs zunichte machen[286] und somit auch die Konzeption als ungeschriebenes Tatbestandsmerkmal, das Eingang in den Gesetzestext erhalten hat, als zweifelhaft erscheinen lassen.

Aber auch schon die Begründung des Rechtsausschusses zeigt sich in ihren Formulierungen uneinheitlich: Während im Gesetz nunmehr die Berücksichtigung des Sicherheits*interesses* der Allgemeinheit gefordert wird, hebt die Begründung bei der Darstellung der Einigkeit in der Sache darauf ab, dass das Maß der Erfolgswahrscheinlichkeit vom Gewicht des bedrohten Rechtsguts und vom Sicherheits*bedürfnis* der Allgemeinheit abhängig sei.

Der Begriff des Sicherheitsbedürfnisses der Allgemeinheit findet sich in einer der vom Rechtsausschuss zitierten Entscheidung des OLG Koblenz[287] sowie in zwei der genannten Literaturangaben.[288] In den meisten Entscheidungen geht es jedoch nicht um die Sicherheit und ein darauf gerichtetes Bedürfnis, sondern um die Sicherung. Diesem Begriff des Sicherungsbedürfnisses schlie-

283 Maurach/Gössel/Zipf AT 1, § 22 Rn. 48.
284 Vgl. nur LK-Lackner (10. Aufl.), § 263 Rn. 95.
285 So bereits RGSt 47, 151 (152ff.).
286 Feuerhelm, NStZ 1999, 270 (271).
287 NJW 1981, 1522.
288 Tröndle (48. Aufl.), § 57 Rn. 6; Lackner (22.Aufl.), § 57 Rn. 7.

ßen sich weite Teile des Schrifttums an.[289] Es findet sich schließlich in der langen Reihe der vom Rechtsausschuss zitierten Quellen nur eine einzige Entscheidung, die den nunmehr im Gesetz festgeschriebenen Begriff des Sicherheitsinteresses der Allgemeinheit verwendet;[290] in derselben Entscheidung findet sich aber auch das Sicherungsbedürfnis der Allgemeinheit wieder.

Dem möglichen Einwand, diese sprachlichen Unterscheidungen seien unwichtig und als „Wortklauberei" zu betrachten, ist entgegenzutreten.

Es besteht kein Zweifel daran, dass die Begriffe „Interesse" und „Bedürfnis" in diesem Zusammenhang als gleichbedeutend anzusehen sind.

Anders verhält es sich jedoch mit den Begriffen „Sicherheit" und „Sicherung".

Der Begriff der Sicherung weist auf die Nähe zu den Maßregeln der Besserung und Sicherung hin (vgl. §§ 61 ff StGB). Überwiegend begnügt sich die Theorie der Maßregel[291] mit der Feststellung, eine Maßregel solle das Gemeininteresse erhalten.[292] Zweck der Maßregel ist es, die Gefährlichkeit eines Täters (ohne Rücksicht auf Verschulden) durch Behandlung zu beseitigen (Besserung) oder – wo dies nicht möglich ist – die Gesellschaft vor dem gefährlichen Täter zu schützen (Sicherung).[293] Das Ziel der Anordnungen – etwa bei der Sicherungsverwahrung – besteht also in der Sicherung der Allgemeinheit durch die Einschließung eines konkreten Täters.[294] Die Freiheit kann folglich entzogen werden, wenn ihr Gebrauch mit hoher Wahrscheinlichkeit zu Beeinträchtigungen anderer führt, die in ihrer Gesamtheit schwerer wiegen als die Einschränkungen, die der Verursacher der Gefahr durch die Maßregel auf sich nehmen muss.[295]

Es kann nur darüber spekuliert werden, warum der Gesetzgeber den Begriff der Sicherung nicht in das Gesetz aufgenommen hat. Vielleicht scheute er die eben aufgezeigte Nähe zu dem Maßregelrecht; man fürchtete möglicherweise, mit dieser Nähe die Strafvollstreckungskammern zu einer verschärften – eben an Maßregelvoraussetzungen orientierten – Prüfung zu veranlassen.[296]

---

[289] Vgl. Schönke/Schröder/Stree (25. Aufl.), § 57 Rn. 12, 16; Terhorst, MDR 1978, 973 (976); Eisenberg, NStZ 1989, 366.
[290] OLG Düsseldorf, VRS 81 (1991), 367.
[291] ,die längst nicht so differenziert entwickelt worden ist wie die Theorie der Strafen; vgl. LK-Hanack (10. Aufl.), Vor §§ 61ff. Rn. 36.
[292] Siehe hierzu Nachweise bei Jakobs, 1. Abschn. Rn. 54.
[293] Baumann/Weber/Mitsch, § 35 Rn. 2.
[294] Jescheck/Weigend, § 77 V (S. 814).
[295] Roxin, § 3 Rn. 59.
[296] Feuerhelm in: Böhm-FS, S. 472.

Der Begriff der Sicherheit beinhaltet eine weitere Blickrichtung. Unter Sicherheit ist allgemein das Gesichertsein vor Beeinträchtigungen zu verstehen.[297] Der Sicherheitsbegriff ist meist umfassender als der der Sicherung. Man spricht z.B. von der allgemeinen Sicherheitslage der Bundesrepublik, wenn man danach fragt, wie sicher es ist, in Deutschland zu leben, oder von dem Sicherheitsbedürfnis der Allgemeinheit,[298] wenn man nach den Viktimisierungsängsten und Bestrafungswünschen in der Bevölkerung fragt.

Demgegenüber ist die Sicherung nach dem eben Gesagten als spezieller zu verstehen; sie meint das Sichersein vor einer konkreten Situation, einem konkreten Geschehen, einem konkreten Täter. Das Sicherungsbedürfnis der Allgemeinheit zielt eher darauf ab, wie sich die Bevölkerung vor eventuellen Gefahren schützt, wie sie sich sichert.

Es ist zu prüfen, den Begriff der Sicherheit polizeirechtlich zu füllen und bei der Aussetzungsentscheidung unterschiedliche Stufen einer Gefahr zu unterscheiden.[299]

Im Verwaltungsrecht ist die öffentliche Sicherheit die Unverletzlichkeit der objektiven Rechtsordnung, der subjektiven Rechte und Rechtsgüter des Einzelnen sowie der Einrichtungen und Veranstaltungen des Staates und der sonstigen Träger der Hoheitsgewalt.[300] Die öffentliche Sicherheit ist demnach eines der Schutzobjekte der polizeirechtlichen Generalklausel.[301] Der polizeirechtliche Umgang mit dem Sicherheitsbegriff ist jedoch untrennbar mit einem abgestuften Eingriffsinstrumentarium verknüpft; der Begriff hat im Polizeirecht, auch durch die unterschiedlichen Stufen der Gefahr,[302] verschiedene Ausprägungen und Zusätze erhalten, so dass er eine handhabbare Eingrenzung erreicht und eine Übertragung auf die Situation der vorzeitigen Entlassung nicht erlaubt.

Darüber hinaus fällt eine Präzisierung des Begriffs unter Heranziehung des Polizeirechts aus einem weiteren Grund schwer: Bei der Strafrestaussetzung geht es nicht um eine objektive Gefahr für die Sicherheit der Allgemeinheit, sondern nur um die Berücksichtigung eines entsprechenden Interesses der Allgemeinheit.

---

297 Köbler/Pohl, S. 456.
298 Sessar ZStW (1993), S. 376ff.
299 Feuerhelm, NStZ 1999, 270 (270).
300 Götz, Rn. 89.
301 Gusy, Rn. 255.
302 Vgl. Knemeyer, Rn. 87ff.

Nach wie vor bleibt der Begriff des Sicherheitsinteresses der Allgemeinheit sehr diffus und nichts sagend[303]; er ist keiner genauen Definition zugänglich. Groß bezeichnet das Sicherheitsinteresse der Allgemeinheit daher zutreffend als „Prognoseformel in fragwürdiger Fassung".[304] Dies macht auch die dargestellte uneinheitliche Verwendung der Begriffe Sicherheit und Sicherung deutlich, wobei meiner Meinung nach der eine Begriff nicht als Synonym des anderen verstanden werden darf.

Aber auch wenn man sich von der Diskussion um die Begrifflichkeit löst, fällt es schwer, den klarstellenden Charakter der Gesetzesänderung zu erkennen.

Es ist dem Gesetzgeber zwar zuzugeben, dass sich tatsächlich die meisten Beschlüsse und Autoren mit dem Sicherheits- bzw. Sicherungsinteresse bzw. -bedürfnis der Allgemeinheit auseinandersetzen.

Es wird allerdings auch immer wieder die spezialpräventive Ausrichtung der Reststrafenaussetzung hervorgehoben.[305] In der Tat stehen bei der Entscheidung über die bedingte Entlassung spezialpräventive Gründe im Vordergrund.[306] Insbesondere haben Erwägungen wie die der Generalprävention, der Verteidigung der Rechtsordnung, des Sühnezwecks oder des Schuldausgleichs keinen Stellenwert bei der Prüfung der Entlassungsvoraussetzungen.[307]

Das Sicherheitsinteresse der Allgemeinheit ist jedoch kein spezialpräventives Kriterium.

In seiner alten Fassung enthielt § 57 Abs. 1 StGB lediglich Gesichtspunkte, die den Verurteilten betrafen, die also spezialpräventiv waren. Die Analyse der vom Rechtsausschuss zitierten Quellen hat gezeigt, dass viele Strafvollstreckungskammern bei ihrer Prognosefindung eine Abwägung zwischen den Interessen der Allgemeinheit und dem Resozialisierungsinteresse des Verurteilten vorgenommen haben, obwohl der Wortlaut des § 57 StGB dies gar nicht vorsah.

In dieser Hinsicht ist es zunächst zu begrüßen, dass das - wenn auch sehr diffuse - Sicherheitsinteresse der Allgemeinheit Eingang in den Tatbestand des § 57 StGB gefunden hat und nicht mehr, in unterschiedlichen Ausprägungen, hinein interpretiert werden muss. Während früher die Gerichte die Allgemeininteressen in ihre Entscheidungsfindung mit einbeziehen konnten, sind sie nach der Gesetzesänderung fest daran gebunden, das Sicherheitsinteresse der Allgemeinheit mit zu berücksichtigen.

---

[303] Vgl. Nachweise bei NK-StGB/Dünkel, § 57 Rn. 14.
[304] MüKo-StGB/ Groß, § 57 Rn. 14.
[305] Vgl. z.B. OLG Hamm, StV 1988, 348.
[306] Vgl. statt vieler: Tröndle/Fischer (52. Aufl.), § 57 Rn. 16.
[307] OLG Koblenz, StV 1998, 389; OLG München, StV 1999, 350.

Insofern fordert § 57 StGB jetzt ein Mehr von den Strafvollstreckungskammern.

Darüber hinaus dürfte die genaue Trennung von der erlaubten Berücksichtigung des Sicherheitsinteresses der Allgemeinheit - als nicht spezialpräventivem Gesichtspunkt - bei der Prognoseentscheidung und der nicht erlaubten Berücksichtigung von generalpräventiven Erwägungen bei der Prüfung der Entlassungsvoraussetzungen sehr schwierig werden. Es steht vielmehr zu befürchten, dass hierdurch mittelbar Aspekte Berücksichtigung gewinnen, die nicht spezialpräventiven Ursprungs sind.[308]

Im Ergebnis bleibt festzuhalten, dass der Gesetzgeber in Bezug auf das neu eingeführte Sicherheitsinteresse der Allgemeinheit zum einen eine angeblich einhellige Meinung in Rechtsprechung und Literatur zum Gesetz gemacht hat, die - was schon aus der uneinheitlich verwendeten Begrifflichkeit hervorgeht - so nicht existiert, und zum anderen einen generalpräventiven Aspekt in den Wortlaut der Vorschrift explizit aufgenommen hat, den es fortan zu berücksichtigen gilt.

Es bleibt zweifelhaft, ob dies als eine bloße Klarstellung bezeichnet werden kann.

(2) Wegfall der Erprobungsklausel

Das Gesetz zur Bekämpfung von Sexualdelikten und anderen gefährlichen Straftaten hat als zweite Änderung der Aussetzungsvoraussetzungen in § 57 Abs. 1 Satz 1 Nr. 2 StGB die sog. Erprobungsklausel („wenn verantwortet werden kann zu erproben, ob der Verurteilte außerhalb des Strafvollzuges keine Straftaten mehr begehen wird“) durch eine sog. Verantwortbarkeitsklausel („wenn dies unter Berücksichtigung des Sicherheitsinteresses der Allgemeinheit verantwortet werden kann“) ersetzt.

Nach allgemeiner Ansicht setzte das Erprobungswagnis keine Gewissheit künftiger Straffreiheit voraus,[309] wofür auch die vom Gesetzgeber gewählte Formulierung „Erprobung“ sprach.[310]

Andererseits genügte aber auch keine nur geringe Möglichkeit für das Gelingen des Versuchs.[311] Es musste vielmehr die begründete Aussicht auf Resozialisierung des Täters bestehen.[312]

---

[308] Vgl. Krehl, NStZ 2000, 333 (333).

[309] Tröndle (48. Aufl.), § 57 Rn. 6; OLG Düsseldorf, NStZ 1988, 272; OLG Karlsruhe, StV 1993, 260; KG Berlin, VRS 16, 20.

[310] Vgl. Schönke/Schröder/Stree (25. Aufl.), § 57 Rn. 12.

Die durch das Gesetz zur Bekämpfung von Sexualdelikten und anderen gefährlichen Straftaten geänderte Formulierung spricht nun davon, dass der Strafrest zur Bewährung ausgesetzt wird, „wenn dies (...) verantwortet werden kann". Damit scheint sich der Gesetzgeber wieder den Voraussetzungen der vor dem 01. April 1970 geltenden Fassung der bedingten Entlassung angenähert zu haben. Dieser alte § 26 Abs. 1 StGB sah die Möglichkeit einer vorzeitigen Entlassung (nach Verbüßung von zwei Dritteln der Strafe) vor, wenn „erwartet werden kann", dass der Verurteilte „in Zukunft ein gesetzmäßiges und geordnetes Leben führen wird".[313] Es bestand demnach für eine günstige Prognose eine gewisse Erwartungshaltung.

Der Wortlaut der neuen Prognoseformulierung in § 57 Abs. 1 StGB geht aber noch darüber hinaus, indem auf die Verantwortung der Strafvollstreckungskammern abgestellt wird. Während sich vor der Gesetzesänderung die Worte „verantwortet werden kann" auf das Erproben, „ob der Verurteilte außerhalb des Strafvollzuges keine Straftaten mehr begehen wird" bezog, muss mit der neuen Fassung des § 57 Abs. 1 Satz 1 Nr. 2 StGB die Reststrafenaussetzung selbst und nicht nur ihre Erprobung zu verantworten sein. Damit liegt aber die Messlatte für die günstige Prognose jetzt höher.[314] Das Gericht hat in Zukunft die Entscheidung „zu verantworten", wenn der Verurteilte nach seiner vorzeitigen Entlassung erneut straffällig wird.[315]

Eine solche Wortlautbetrachtung steht aber auch hier im Widerspruch zu der lediglich klarstellenden Intention des Gesetzgebers. Das OLG Koblenz vertritt in seinem Beschluss vom 28. Mai 1998[316] die Auffassung, dass die Neufassung des § 57 StGB nicht nur eine Klarstellung im Sinne der bisherigen Rechtsprechung, sondern eine Verschärfung der Aussetzungsvoraussetzungen beinhalte. Dem stehe auch nicht entgegen, dass es in der amtlichen Begründung zu § 57 StGB heißt: „Damit wird eine seit langem bestehende Rechtsprechung im Gesetz festgeschrieben.", da sich das Wort „damit" ersichtlich nicht auf die Streichung des bisherigen Satzteils in der Nr. 2 dieser Vorschrift beziehe. Das Wort „damit" beziehe sich vielmehr auf den voranstehenden Satz, es werde durch die

---

311 OLG Hamburg, NJW 1955, 72.

312 Vgl. OLG Köln, MDR 1970, 862; 1971, 154; BGH, JR 1970, 347.

313 Schall/Schreibauer, NJW 1997, 246, bezeichnen die geänderte Prognosevoraussetzung in Anlehnung an die im Gesetzentwurf des Freistaates Bayern gewählte Formulierung, BR-Dr. 876/96, sogar als Erwartungsklausel; ebenso Schneider, JZ 1998, 436 (440).

314 MüKo-StGB/Groß, § 57 Rn. 16.

315 Vgl. Erdmann-Degenhardt, SchlHA 1999, 293 (295), die davon spricht, dass der Vollstreckungsleiter das Sicherheitsinteresse der Allgemeinheit zu verantworten hat.

316 StV 1998, 667.

Neufassung „klargestellt (...), dass es von dem Gewicht des bei einem Rückfall bedrohten Rechtsguts und dem Sicherheitsbedürfnis der Allgemeinheit abhängig ist, welches Maß an Erfolgswahrscheinlichkeit für eine Aussetzung des Strafrestes (...) zu verlangen ist."

Dieser Sichtweise des OLG Koblenz ist jedoch zu widersprechen. Die Begründung des Rechtsausschusses spricht an mehreren Stellen eine andere Sprache: Zunächst heißt es unter dem Gliederungspunkt „Zum Inhalt der Beschlussempfehlung" unter Nr. 1 „Klarstellung der Voraussetzungen für die Strafrestaussetzung zur Bewährung": „(...) Aus diesem Grund wird das geltende Recht klarer gefasst." Es folgt eine Aufzählung der einzelnen Änderungen; eine inhaltliche Differenzierung erfolgt an dieser Stelle nicht. Dass sich die „klarere Fassung" nur auf den ersten Spiegelstrich bezieht, ist jedoch nicht ersichtlich. Unter dem nächsten Gliederungspunkt „Zur Begründung der Beschlussempfehlung" folgt eine Erläuterung zu den einzelnen Vorschriften. Unter Nr. 2 (§ 57 Abs. 1 StGB) heißt es: „Der Entwurf stellt klar, dass bei der Entscheidung nach § 57 StGB (...)." Auch hier fehlt ein ausdrücklicher Hinweis, dass sich der klarstellende Charakter der Neufassung nur auf einzelne Elemente der Aussetzungsvoraussetzungen beziehen soll. Es ist vielmehr von *der* Entscheidung nach § 57 StGB die Rede.

Wie später noch dargelegt werden wird, ist dem OLG Koblenz zuzugeben, dass der Gesetzgeber mit der Streichung der Erprobungsklausel eine deutliche Veränderung des Prognosemaßstabes mindestens in Kauf genommen hat,[317] dass er in seiner Begründung aber immer wieder von einer Klarstellung der Aussetzungsvoraussetzungen – ohne inhaltliche Differenzierung – spricht, erscheint eindeutig und wird auch überwiegend nicht bezweifelt.[318]

Es bleibt mithin festzuhalten, dass die Regelungsabsicht des Gesetzgebers auf eine klarere Fassung des § 57 StGB abzielte.

Es besteht folglich ein Spannungsverhältnis zwischen dem Willen des Gesetzgebers (Klarstellung) und dem Wortlaut der neuen Formulierung (die nach Verschärfung klingt).

Der Wegfall der Erprobungsklausel kann nicht so gedeutet werden, dass eine Täterprognose künftig keine Rolle mehr spielt. Auch die frühere Formulierung war durch die Verantwortbarkeit einer Entlassung aus der Vollzugsanstalt geprägt; insofern bedeutet die Streichung nicht den Ersatz einer zum Experimentieren einladenden „Erprobung" durch ein den Ernst der Lage betonendes Be-

---

[317] Vgl. Feuerhelm, NStZ 1999, 270 (270).

[318] Vgl. z.B. Hammerschlag/Schwarz, NStZ 1998, 321; Schneider, JZ 1998, 436; Schüler-Springorum, StV 1998, 669; OLG Frankfurt, StV 1998, 500 (501); OLG Hamm, NStZ 1998, 376.

wusstsein von Verantwortung.[319] Sie geht aber über eine Klarstellung hinaus,[320] weil damit die gesetzliche „Vor-Wertung zugunsten des Resozialisierungsinteresses"[321] entfällt, die eine Aussetzung des Strafrestes auch bei unsicherer Prognose zuließ,[322] wenn im Interesse der konsequenten Rückführung des Verurteilten in die Freiheit das Risiko seiner Entlassung vertretbar erschien.[323]

In diesem Zusammenhang erscheint bemerkenswert, dass der Wegfall der Erprobungsklausel im Gesetzgebungsverfahren thematisiert wurde. Das Land Brandenburg beantragte, bei der Formulierung des § 57 Abs. 1 StGB nicht auf die Erprobungsklausel zu verzichten, sondern die Berücksichtigung des Sicherheitsinteresses der Allgemeinheit als zusätzliches Kriterium mit aufzunehmen.[324] Diesem Antrag schloss sich der Bundesrat in seiner Stellungnahme an.[325]

In der Begründung heißt es hierzu: „Die Erprobungsklausel beinhaltet eine prognostische Einschätzung, die – in Verbindung mit der Motivation des Täters im Hinblick auf die bestehende Widerrufsmöglichkeit – von ausschlaggebender Bedeutung für die Resozialisierung des Verurteilten ist; auf sie sollte nicht verzichtet werden, um den bisherigen Prüfungsmaßstab nicht vollständig zu verändern."[326]

Es finden sich zwar keine weiteren Auseinandersetzungen mit dieser Problematik. Der Gesetzgeber muss sich aber – gerade im Hinblick auf die ausdrücklichen Hinweise des Landes Brandenburg und des Bundesrates insgesamt – im Klaren darüber gewesen sein, dass ein Wegfall der Erprobungsklausel eine Änderung des bisherigen Prüfungsmaßstabes bewirkt.

Auch in diesem Punkt zeigt sich folglich, dass mit der Neuregelung der Strafrestaussetzung keineswegs eine einhellige Auffassung im Gesetz festgeschrieben wurde. Es ist vielmehr der Ansicht Schöchs zuzustimmen, der die Behauptung des Gesetzgebers, es handele sich nur um eine Klarstellung, als euphemistisch bezeichnet.[327]

---

[319] Schüler-Springorum, StV 1998, 669 (669).
[320] Schöch, NJW 1998, 1257 (1259).
[321] Schall/Schreibauer, NJW 1997, 2412 (2416).
[322] LK-Gribbohm (11. Aufl.), § 57 Rn. 15.
[323] KG Berlin, NJW 1970, 1420; Lackner (22.Aufl.), § 57 Rn. 1.
[324] BR-Dr. 163/2/97.
[325] Br-Dr. 163/97.
[326] BR-Dr. 163/97, S. 2.
[327] Schöch, NJW 1998, 1257 (1258).

(3) Das bei einem Rückfall bedrohte Rechtsgut

Die dritte Neuerung bei den Voraussetzungen einer Strafrestaussetzung zur Bewährung findet sich schließlich in § 57 Abs. 1 Satz 2 StGB. Zu den dort bereits genannten entscheidungsrelevanten Faktoren ist „das bei einem Rückfall bedrohte Rechtsgut" als weiteres Kriterium hinzugetreten.

Betrachtet man die genannten Quellen hinsichtlich dieser Änderung, so fällt auf, dass alle obergerichtlichen Entscheidungen sowie auch die gesamte zitierte Literatur dieses Element in der Tat seit langem berücksichtigt haben. Sowohl die Gerichte als auch das Schrifttum stellen zum einen auf die vom Verurteilten begangenen Taten ab, um danach von diesen auf die möglicherweise vom vorzeitig Entlassenen in Zukunft zu befürchtenden Rechtsgutsverletzungen zu schließen.[328] Dabei wird allgemein eine Differenzierung hinsichtlich der Schwere und/oder der Gefährlichkeit der begangenen Taten vorgenommen: Das Wagnis einer vorzeitigen Entlassung soll bei Tätern, die besonders schwere und/oder gefährliche Delikte begangen haben, weniger leicht zu verantworten sein als bei anderen Tätern.[329] Es wird mithin bei den Ersteren ein strengerer Maßstab hinsichtlich der Entlassungsreife angelegt, weil bei ihnen das Risiko eines erneuten Versagens schwerer wiegt.[330] Somit werden die eventuell zu erwartenden Straftaten in Abhängigkeit zu den vorangegangenen Delikten gestellt.

Demnach kann festgestellt werden, dass auch schon vor dem Inkrafttreten des Gesetzes zur Bekämpfung von Sexualdelikten und anderen gefährlichen Straftaten bei den Aussetzungsentscheidungen nach der Schwere der drohenden Taten differenziert wurde.[331]

Die Aufnahme des bei einem Rückfall bedrohten Rechtsguts in die entscheidungsrelevanten Faktoren des § 57 Abs. 1 Satz 2 StGB hat folglich tatsächlich klarstellenden Charakter.[332]

Insoweit ist in diesem Punkt dem Rechtsausschuss des Deutschen Bundestages zuzustimmen.

---

[328] Vgl. KG Berlin, JR 1070, 428 (428); JA 1986, 457 (458); LK-Gribbohm (11.Aufl.), § 57 Rn. 16.

[329] OLG Düsseldorf, NJW 1973, 2255 (2255); VRS 81 (1991), 367 (368); Tröndle (48.Aufl.), § 57 Rn. 6; Lackner (22.Aufl.), § 57 Rn. 7.

[330] OLG Hamm, StV 1988, 148 (148); KG Berlin, JA 1986, 457 (458); Schönke/Schröder/Stree (25. Aufl.), § 57 Rn. 12.

[331] Volckart, R&P 1998, 3 (6); NK-StGB/Dünkel, § 57 Rn. 28.

[332] So ebenfalls Schall/Schreibauer, NJW 1997, 2412 (2416); Schöch, NJW 1998, 1257 (1258); Feuerhelm in: Böhm-FS, S. 475.

gg. Zwischenergebnis der Analyse für § 57 StGB

Als Ergebnis der bisherigen Analyse der einzelnen Änderungen in § 57 StGB bleibt festzuhalten, dass der Gesetzeswortlaut nicht ohne weiteres lediglich klarstellenden Charakter hat, wie der Rechtsausschuss in seiner Begründung Glauben macht.

Bei dem Sicherheitsinteresse der Allgemeinheit handelt es sich um eine höchst unklare Begrifflichkeit, die nicht als Beleg für eine einhellige Auffassung in Judikatur und Literatur herangezogen werden kann.[333]

Der Wegfall der Erprobungsklausel war selbst während des Gesetzgebungsverfahrens nicht unumstritten.[334] Darüber hinaus stellt sie einen entscheidenden Einschnitt in die Prognoseanforderungen einer bedingten Entlassung dar.[335]

Lediglich das bei einem Rückfall bedrohte Rechtsgut ist ein seit langem in Rechtsprechung und Schrifttum gebräuchliches Kriterium für eine Prognoseentscheidung.[336] Nur in diesem Punkt kann eine klarstellende Funktion des neuen Wortlautes in § 57 Abs. 1 StGB gesehen werden.

hh. Systematische Analyse: Schutz der Allgemeinheit in § 2 Satz 2 StVollzG

Neben der bislang vor allem erfolgten Analyse des Wortlautes und der Historie kann für eine Untersuchung der Begrifflichkeiten der prognostischen Voraussetzungen einer bedingten Entlassung im Rahmen der systematischen Interpretation § 2 StVollzG herangezogen werden.

§ 2 StVollzG regelt die Aufgaben des Vollzuges der Freiheitsstrafe, wobei Satz 1 das Vollzugsziel enthält, den Gefangenen im Vollzug zu befähigen, künftig in sozialer Verantwortung ein Leben ohne Straftaten zu führen. Satz 2 bekräftigt demgegenüber die der Freiheitsstrafe inhärente Aufgabe, dass der Vollzug der Freiheitsstrafe auch, also zumindest für die Zeit der Haftdauer, dem Schutz der Allgemeinheit vor weiteren Straftaten dient. Diese in Satz 2 verdeutlichte Aufgabe des Vollzuges der Freiheitsstrafe ist bei der Verfolgung des in Satz 1 genannten alleinigen Vollzugszieles zu beachten, sie stellt aber kein eigenständiges Ziel des Vollzuges dar.[337]

Nach ganz herrschender Meinung[338] geht das Gesetz vom Vorrang des Zieles der sozialen Integration, der Resozialisierung oder Nach-Sozialisation vor den sonstigen Aufgaben des Vollzuges aus. Allerdings wird auch im Vollzugs-

---

333 Vgl. S. 74ff.
334 Vgl. S. 49ff.
335 Vgl. S. 79ff.
336 Vgl. S. 83.
337 BVerfGE 98, 169 (200f.), mit Anm. Bemmann, StV 1998, 604 (604).
338 Vgl. die Nachweise bei Calliess/Müller-Dietz, § 2 Rn. 1.

recht neuerdings wieder im Rückgriff auf rechtspolitische Positionen vor Verabschiedung des Strafvollzugsgesetzes die Gleichrangigkeit zwischen den Vollzugsaufgaben der Resozialisierung und des Schutzes der Allgemeinheit vor weiteren Straftaten gefordert.[339] Diese vom Gesetz nicht gedeckte Interpretation will die vorrangige Ausrichtung des Vollzuges auf Resozialisierung dadurch aufheben, dass auch die Vollzugsaufgabe des Schutzes der Allgemeinheit zum „Vollzugsziel" und damit zur gleichrangigen Gestaltungsmaxime für den gesamten Vollzugsprozess erhoben werden soll.[340] Die Absicht des vom Bundesrat am 03. April 2003 in den Bundestag eingebrachten Gesetzesentwurfes zur Änderung von § 2 StVollzG, den Schutz der Allgemeinheit ebenfalls als Vollzugsziel auszuweisen, vermischt die beiden tragenden und selbständigen Elemente des Strafvollzugsgesetzes.[341] Darüber hinaus zielt sie auf eine neue rechts- und kriminalpolitische Rückorientierung des Strafvollzuges zum Verwahr- und Sicherheitsvollzug.[342]

Damit scheinen vergleichbare rechts- und kriminalpolitische Erwägungen und Diskussionen wie zuvor bei der Neuformulierung der Voraussetzungen einer vorzeitigen Entlassung aus dem Strafvollzug auch innerhalb des Strafvollzuges Eingang gefunden zu haben.

In § 2 StVollzG wird ausdrücklich vom Vollzugsziel gesprochen.[343] Somit hat der Gesetzgeber eine eindeutige Priorität unter vielen möglichen Zielen des Vollzuges hergestellt.[344] Die frühere Konkurrenz zwischen dem „Behandlungsziel" der Resozialisierung und den Zielen der Sühne wie der Sicherheit der Allgemeinheit besteht nicht mehr.[345] Diese gesetzliche Festlegung hat zur Konsequenz, dass im Rahmen einer verantwortlichen Interessenabwägung im Zweifelsfall, auch unter Inkaufnahme von Risiken, die mit dem Resozialisierungsvollzug notwendig verbunden sind, dem Prinzip der sozialen Integration und damit dem Prinzip der Eröffnung von Freiheitsspielräumen zur Einübung von sozialer Verantwortung der Vorrang gebühren soll.[346] Der Schutz der Allgemeinheit vor weiteren Straftaten ist *auch* als Aufgabe des Vollzuges aufgeführt, nicht jedoch zum Ziel des Vollzuges selbst erklärt worden. Diese Unterschei-

---

[339] Arloth/Lückemann, § 2 Rn. 10.
[340] BT-Dr. 15/778.
[341] Vgl. die Stellungnahme der Bundesregierung zu BT-Dr. 15/778, Anl. 2.
[342] Stolle/Brandt, ZfStrVo 2004, 67ff.
[343] Dagegen war im Regierungsentwurf und im Entwurf der Strafvollzugskommission zum StVollzG 1971 noch vom Behandlungsziel die Rede.
[344] Calliess/Müller-Dietz, § 2 Rn. 4.
[345] BT-Dr. 7/918, S. 44; BT-Dr. 7/3998, S. 5 f.; LG Heilbronn, NStZ 1986, 380; Feest/Bammann/Lesting, § 2 Rn. 6.
[346] Calliess/Müller-Dietz, § 2 Rn. 4.

dung macht deutlich, dass im Zuge der Beachtung des Vollzugszieles der Resozialisierung Risiken und „mannigfaltige Unwägbarkeiten“[347] bestehen und in Kauf genommen werden müssen.

Demzufolge kann als Basis- und Minimalaufgabe des Vollzuges der Freiheitsstrafe der Schutz der Allgemeinheit vor weiteren Straftaten zumindest für die Zeit der Haft bis zur Entlassung angesehen werden, auf die die Vollzugsbehörde bei ihren Entscheidungen Rücksicht zu nehmen hat. Insofern handelt es sich bei dem Begriff „Schutz der Allgemeinheit“ in § 2 Satz 2 StVollzG um eine Generalklausel, die im Gesetz in vielfacher Hinsicht Konkretisierungen erfahren hat (vgl. §§ 10 Abs. 1, 11 Abs. 2, 13 Abs. 1 Satz 2, 31 Abs. 1 Nr. 2 und 4, 34 Abs. 1 Nr. 1, 70 Abs. 2 Nr. 1 StVollzG).

Der Vollzug dient dem Schutz der Allgemeinheit vor weiteren Straftaten zum einen dadurch, dass er verpflichtet wird, dem Gefangenen Hilfen zu geben, die ihn befähigen, künftig in sozialer Verantwortung ein Leben ohne Straftaten zu führen.[348] Zum anderen hat aber nicht nur der Täter ein Interesse an der Resozialisierung, auch die Gesellschaft selbst hat ein unmittelbares Interesse daran, dass der Täter nicht wieder rückfällig wird.

Die Stellung des in § 2 Satz 2 StVollzG genannten Schutzes der Allgemeinheit als Generalklausel erschwert die Heranziehung als Definitionshilfe für das unter anderem in § 57 Abs. 1 StGB nunmehr normierte Sicherheitsinteresse der Allgemeinheit.

Ausweislich der Begründung der Beschlussempfehlung des Rechtsausschusses des Deutschen Bundestages[349] ist bei der Strafrestaussetzungsentscheidung eine Abwägung zwischen dem Resozialisierungsinteresse des Verurteilten und dem Sicherheitsinteresse der Allgemeinheit vorzunehmen. Demgegenüber hat bei Entscheidungen der Vollzugsbehörde nach dem Strafvollzugsgesetz eine Abwägung zwischen dem Vollzugsziel (Resozialisierung) und dem Schutz der Allgemeinheit vor weiteren Straftaten stattzufinden.

Es ist davon auszugehen, dass in dem Begriff des Sicherheitsinteresses der Allgemeinheit auch der Schutz der Allgemeinheit vor weiteren Straftaten enthalten ist. Allerdings muss er darüber hinaus weitere Elemente beinhalten, da anderenfalls auf den bei Inkrafttreten des Gesetzes zur Bekämpfung von Sexualdelikten und anderen gefährlichen Straftaten bekannten Begriff in § 2 Satz 2 StVollzG hätte zurückgegriffen werden können. Dagegen hat sich der Gesetzgeber aber ausdrücklich für einen Begriff entschieden, der bislang noch keine Verwendung im Strafgesetzbuch gefunden hat.

---

[347] Calliess/Müller-Dietz, § 2 Rn. 4.
[348] BVerfGE 98, 196 (200).
[349] BT-Dr. 13/9062, S. 5.

Eine Vergleichbarkeit der Begriffe begegnet darüber hinaus weiteren Bedenken. Wie bereits dargestellt wurde, besteht bei Entscheidungen der Vollzugsbehörde ein gesetzlich festgeschriebener Vorrang des Resozialisierungsinteresses vor dem Allgemeinschutz. Eine solche Priorität besteht für § 57 Abs. 1 StGB gerade nicht; der Gesetzgeber hat vielmehr explizit das vorher nicht genannte Sicherheitsinteresse der Allgemeinheit als Abwägungskriterium in die Prognoseentscheidung aufgenommen. Insofern bedeutet aber gerade dieser im Vollzug der Freiheitsstrafe gewollte Vorrang keine vollständige Sicherung der Allgemeinheit vor weiteren Straftaten. Damit gehört die Sicherung zwar zum Wesen der Freiheitsstrafe, ist aber weder Zweck noch Ziel des Vollzuges. In Zweifelsfällen gebührt aber der Resozialisierung der Vorrang, während mögliche Sicherheitsrisiken ausdrücklich in Kauf zu nehmen sind.

Umgekehrt kann diese Argumentation aber für eine Strafrestaussetzungsentscheidung bedeuten, dass gerade aufgrund des Verzichtes auf einen Abwägungsvorrang in Zweifelsfällen Sicherheitsrisiken nicht in Kauf genommen werden, sondern eine negative Entscheidung erfolgt, um dem Sicherheitsinteresse der Allgemeinheit gerecht zu werden.

Im Rahmen der systematischen Interpretation vermag § 2 Satz 2 StVollzG zwar den in § 57 Abs. 1 StGB genannten Begriff etwas auszufüllen, Klarheit über Inhalt und Ausgestaltung des Sicherheitsinteresses der Allgemeinheit besteht aber nach wie vor nicht.

Dem Gesetzgeber ist zwar zuzugeben, dass er explizit eine Verschärfung der bedingten Entlassung nicht wollte. Allerdings ist seine Argumentation hinsichtlich der Klarstellung – wie oben aufgezeigt – nicht haltbar. Es erscheint vielmehr durchaus möglich, dass die ausdrückliche Nennung des Sicherheitsinteresses der Allgemeinheit und des bei einem Rückfall bedrohten Rechtsguts bei der Anwendung im konkreten Einzelfall durchaus die Gewichtung hin zu einer stärkeren Betonung der Sicherheit vor Rückfalltätern verschieben könnte.[350]

Aufgrund der Analyse des in § 2 Satz 2 StVollzG genannten Schutzes der Allgemeinheit im Rahmen der systematischen Interpretation spricht darüber hinaus einiges dafür, dass unter Berücksichtigung der hinter den Begriffen „Schutz der Allgemeinheit“ und „Sicherheitsinteresse der Allgemeinheit“ stehenden unterschiedlichen Abwägungsgewichtungen durch den Gesetzgeber in Zweifelsfällen bei bestehenden Sicherheitsbedenken nach Inkrafttreten des Gesetzes zur Bekämpfung von Sexualdelikten und anderen gefährlichen Straftaten eher eine negative Entscheidung über eine vorzeitige Entlassung aus dem Strafvollzug erfolgt als zuvor.

---

[350] Kudlich, JuS 1998, 667 (668).

Schließlich stellt sich aber die Frage, ob nicht vielleicht doch am Ende eine Verschärfung der Strafrestaussetzung beabsichtigt war. Denn manche Formulierung in Begründungen aus dem Parlament oder dem Bundesministerium der Justiz[351] sind durchaus als (vorwahlkampfliche) Reaktion auf die aufgeheizte öffentliche Stimmungslage zu verstehen und deuten in diese Richtung.

ii. Teleologische Interpretation

Da die bisherigen Analysen die eingangs[352] aufgeworfene Frage, ob durch das Gesetz zur Bekämpfung von Sexualdelikten und anderen gefährlichen Straftaten eine Verschärfung oder eine Klarstellung der prognostischen Voraussetzungen einer vorzeitigen Entlassung zur Bewährung erfolgte, nicht eindeutig beantwortet werden konnten, soll nochmals im Wege der teleologischen Interpretation auf die hinter einer Strafrestaussetzung stehenden Absichten und Beweggründe eingegangen werden, gerade auch im Hinblick auf bereits zitierte Formulierungen,[353] die auf eine – trotz aller gegenteiligen Beteuerungen – beabsichtigte Verschärfung hindeuten.

Im ersten Teil der Arbeit, unter Punkt B, wurde bereits die kriminalpolitische Bedeutung der Strafrestaussetzung erläutert, auf die insoweit an dieser Stelle verwiesen wird.[354]

Empirische Untersuchungen gelangen zu dem Ergebnis, dass sich das Legalverhalten von Verurteilten, deren Strafrest zur Bewährung ausgesetzt worden war, gegenüber Gefangenen, die ihre Strafe voll verbüßen mussten, eher günstiger, keinesfalls schlechter darstellt. Tendenziell sind die Rückfallquoten bei den Vollverbüßern um 10 bis 20% höher als die entsprechenden Quoten bei der Strafrestaussetzung zur Bewährung.[355] So kommt beispielsweise die Untersuchung von Baumann/Maetze/May[356] zu dem Ergebnis, dass – unter Berücksichtigung jeder neuen Verurteilung – die Rückfallquote von Probanden, die ihre Strafe voll verbüßten, bei 75% lag, während bei den vorzeitig aus der Haft Entlassenen 63% erneut straffällig wurden. Bei der auf Hessen bezogenen Untersuchung von Böhm[357] liegt die Rückfallquote bei 67% (Vollverbüßungen) zu 38% (vorzeitige Entlassungen), wobei hier nur neue Verurteilungen zu einer

---

[351] Vgl. z.B. BT-Dr. 13/8989, S. 2f; Schmidt-Jortzig, NStZ 1998, 441 (441).
[352] Siehe S. 58ff.
[353] Vgl. z.B. Fn. 351.
[354] Vgl. S. 19ff.
[355] Vgl. Böhm/Erhard, S. 150ff.
[356] MschrKr 1983, 139-148 (146).
[357] Vgl. Göppinger, S. 801.

Freiheitsstrafe berücksichtigt wurden. Auch Jehle/Heinz und Sutterer[358] stellen in ihrer Untersuchung zur Legalbewährung nach strafrechtlichen Sanktionen fest, dass Haftentlassungen nach Strafrestaussetzungen im Verhältnis zu Vollverbüßungen weniger Folgeentscheidungen nach sich ziehen: Bei zuvor verhängten unbedingten Freiheitsstrafen liegt die Rückfallquote bei den Vollverbüßungen bei 63,57%, bei den Strafrestaussetzungen bei 47,21%, bezogen auf jede Art der Folgeentscheidung. Betrachtet man hingegen nur die Folgeentscheidung einer erneuten Verurteilung zu einer Freiheitsstrafe ohne Bewährung, so liegt die Rückfallquote der Vollverbüßer bei 36,72% im Vergleich zu 19,98% bei den vorzeitig Entlassenen.

Diese empirischen Untersuchungen belegen, dass sich eine vorzeitige Haftentlassung zur Bewährung eher positiv auf das künftige Legalverhalten des Verurteilten auswirkt als eine volle Verbüßung der Strafe. Hinzu kommt, dass die Strafrestaussetzungen durch die Unterstellung der vorzeitig Entlassenen unter die Bewährungshilfe einen begleiteten Übergang in die Freiheit ermöglichen, während die Vollverbüßer, oft nur mit unzureichender Vorbereitung, entlassen werden, ohne dass sich ihnen flankierende Hilfsmaßnahmen bieten. Die gemäß § 57 Abs. 3 StGB bestehenden Möglichkeiten der Unterstellung des Verurteilten unter die Bewährungshilfe können nicht durch die Führungsaufsicht nach Vollverbüßung ersetzt werden.[359]

Der Anteil der Folgeentscheidungen nach einer bedingten Entlassung bei gleichzeitiger Bestellung eines Bewährungshelfers ist mit weniger als 40% erheblich geringer als bei fehlender Bestellung eines Bewährungshelfers (über 50%).[360]

Insofern stellt eine vorzeitige Entlassung aus der Haft unter empirischen Gesichtspunkten gerade ein sinnvolles Mittel dar, um die Gefahr einer erneuten Straffälligkeit zu minimieren.

In der Konsequenz bedeutet dies aber, dass unter anderem das bei der Prognoseentscheidung einer Strafrestaussetzung zu beachtende Kriterium des Sicherheitsinteresses der Allgemeinheit in Zweifelsfällen gerade eher für eine vorzeitige Entlassung sprechen müsste, da die allgemeine Sicherheit eben auch gewährleistet ist, wenn der Verurteilte nicht erneut straffällig wird.

---

[358] Bundesministerium der Justiz, 2003.

[359] Lackner/Kühl (25. Aufl.), § 57 Rn. 9; Jescheck/Weigend, § 79 II 4; Schöch, NJW 1998, 1257 (1260).

[360] Vgl. Jehle/Heinz/Sutterer, Abb. 4.6, S.64.

Eine solche Interpretation des Sicherheitsinteresses ist jedoch nicht mit den untersuchten Gesetzesmaterialen in Einklang zu bringen. Ein *vermehrter* Gebrauch des Instituts der Strafrestaussetzung zur Bewährung war kriminalpolitisch – gerade im Zusammenhang mit den weiteren, durch das Gesetz zur Bekämpfung von Sexualdelikten und anderen gefährlichen Straftaten vorgenommenen Gesetzesänderungen und der Historie ihres Entstehens – nicht beabsichtigt, was sich insbesondere in Begründungen aus dem Parlament und der Regierung zeigt (s.o.). Eine restriktivere Handhabung von bedingten Entlassungen führt zwar zu einer kurzfristig erhöhten Sicherheit. Langfristig gesehen kann diese aber nur durch eine schrittweise gewährte Freiheit im Wege von Strafrestaussetzungen, unterstützt durch die Bewährungshilfe, erreicht werden.

jj. Entscheidungen nach Inkrafttreten des Gesetzes zur Bekämpfung von Sexualdelikten und anderen gefährlichen Straftaten

Es wird sich zeigen, ob die Strafvollstreckungskammern den geänderten Wortlaut als willkommenen Anlass nehmen, um dem immer wieder durch spektakuläre Einzelfälle genährten Druck der Öffentlichkeit nachzugeben und aus Angst vor möglichen Rückfällen einschlägig vorbestrafter Täter die Voraussetzungen und Bedingungen einer vorzeitigen Entlassung entschieden einzugrenzen.

Eine Analyse obergerichtlicher Entscheidungen zu § 57 StGB nach Inkrafttreten des Gesetzes zur Bekämpfung von Sexualdelikten und anderen gefährlichen Straftaten belegt, dass die meisten Gerichte die Begründung des Rechtsausschusses, nach der es sich bei der Neuformulierung der Strafrestaussetzung lediglich um eine Klarstellung der bisherigen Praxis handelt, übernehmen und ihren Ausführungen voranstellen.[361]

Allerdings findet sich in fast allen Entscheidungen eine besondere Betonung und Hervorhebung der Abwägung zwischen dem Sicherheitsinteresse der Allgemeinheit und dem Resozialisierungsinteresse des Verurteilten.[362]

Nach Ansicht des OLG Saarbrücken etwa erfordert die Entscheidung über die bedingte Entlassung *jetzt* eine Abwägung zwischen dem Resozialisierungsinteresse des Rechtsbrechers und dem Sicherheitsinteresse der Allgemeinheit.[363] Vorher scheint diesem Gesichtspunkt demnach nicht so viel Bedeutung beigemessen worden zu sein.

---

[361] Vgl. OLG Stuttgart, StV 1998, 668 (668); OLG Frankfurt a.M., NStZ 1999, 346 (346).
[362] Vgl. OLG Frankfurt a.M., StV 1998, 500 (501); OLG Hamm, NStZ 1998, 376 (376).
[363] OLG Saarbrücken, NJW 1998, 438 (438).

Es sei, so die Ansicht vieler Oberlandesgerichte, im Sinne der Entscheidung des Bundesverfassungsgerichtes[364] nach wie vor bei der Entscheidung nach § 57 StGB ein gewisses Restrisiko einzugehen.[365]

Man kann sich jedoch des Eindrucks nicht erwehren, dass dieses vertretbare Restrisiko durch die Neuformulierung der Voraussetzungen einer bedingten Entlassung kleiner geworden ist. Hätte sich tatsächlich durch das Gesetz zur Bekämpfung von Sexualdelikten und anderen gefährlichen Straftaten nichts geändert, bedürfte es auch nicht der fortwährenden Betonung des „lediglich klarstellenden Charakters" der Gesetzesänderung und der wiederholten Hervorstellung der Abwägung zwischen den widerstreitenden Interessen der Allgemeinheit auf der einen und des Verurteilten auf der anderen Seite.

Das OLG Saarbrücken sieht die Zielsetzung der Neufassung in der Verbesserung des Schutzes der Bevölkerung vor Sexualdelikten und anderen gefährlichen Straftaten.[366] Eine Verbesserung kann man aber nur durch eine Veränderung, nicht jedoch durch eine Klarstellung erreichen.

Das OLG Hamm lässt in seinem Beschluss vom 11. Februar 1999 die Beantwortung der Frage dahingestellt, ob die Neufassung des § 57 Abs. 1 StGB die an die Aussetzungsvoraussetzungen zu stellenden Anforderungen verschärft oder nur einer auch schon vor der Neufassung geforderten Abwägung Rechnung getragen hat.[367] Das OLG Köln spricht in seinem Beschluss vom 28. Juni 2000 dagegen von einer „gewissen Verschärfung der Anforderungen".[368]

Die oben bereits geäußerte Befürchtung[369], dass durch die Aufnahme des Sicherheitsinteresses der Allgemeinheit in den Tatbestand des § 57 StGB mittelbar Aspekte an Bedeutung gewinnen, die nicht spezialpräventiven Ursprungs sind, scheint der Beschluss des OLG Düsseldorf vom 10. Februar 1999[370] zu bestätigen. In seinem Leitsatz stellt das Gericht fest, dass auch eine günstige Sozialprognose nicht zwingend die Aussetzung der Vollstreckung des Restes einer Freiheitsstrafe gebiete, wenn andere anerkannte Strafzwecke – vor allem die des gerechten Schuldausgleichs und der Verteidigung der Rechtsordnung – den weiteren Vollzug der Strafe erfordern.[371]

---

364 BVerfG, NStZ 1998, 373ff.

365 Vgl. OLG Düsseldorf, NStZ 1999, 478 (478); OLG Bamberg, NJW 1998, 3508 (3509); KG Berlin, NJW 1999, 1797 (1797).

366 OLG Saarbrücken, NJW 1999, 376 (376).

367 OLG Hamm, StV 1999, 216 (217).

368 OLG Köln, NStZ-RR 2000, 317 (317).

369 Vgl. S. 79ff.

370 NStZ 1999, 478.

371 Vgl. Krehl, NStZ 2000, 333-335.

Das OLG Düsseldorf bekräftigt in seinem Beschluss vom 08.12.1999[372] die Auffassung, dass hinsichtlich des Erprobungswagnisses bei der Entscheidung über eine Strafrestaussetzung nicht ausschließlich auf die spezialpräventive Aufgabe der Resozialisierung abzustellen sei. Vielmehr seien daneben auch anerkannte Strafzwecke zu beachten.

All dies macht deutlich, dass sehr wohl noch Klärungsbedarf hinsichtlich der Reichweite der Streichung der Erprobungsklausel und dem damit verbundenen Maßstab einer günstigen Sozial- bzw. Legalprognose sowie hinsichtlich der Berücksichtigung des Sicherheitsinteresses der Allgemeinheit im Rahmen dieser Prognose besteht.

Nach Auffassung des OLG München[373] kann sich aus dem Charakter der abgeurteilten Straftat das Fehlen einer günstigen Prognose i.S.d. § 57 Abs. 1 Satz 1 StGB ergeben. Wie aus den Gründen des Beschlusses deutlich wird, nimmt das Gericht ausschließlich auf die abgeurteilte Tat Bezug, ohne auf andere Gesichtspunkte für eine Sozial- bzw. Legalprognose, wie sie sich auch aus § 57 Abs. 1 Satz 2 StGB ergeben, einzugehen. Der Beschluss stellt damit ein weiteres Beispiel für die obergerichtliche Rechtsprechung hin zu einem restriktiven Verständnis der Voraussetzungen für die Strafrestaussetzung dar.[374]

Am weitgehensten äußert sich das OLG Koblenz in seinem Beschluss vom 28. Mai 1998.[375] In diesem macht das Gericht deutlich, dass es die Neufassung des § 57 StGB nicht als Klarstellung, sondern als Verschärfung der Aussetzungsvoraussetzungen versteht. Aus der Streichung der Erprobungsklausel ergebe sich, dass nunmehr in jedem Fall wahrscheinlich sein müsse, dass der Verurteilte in Freiheit keine neuen Straftaten mehr begehe. Nach bisheriger Rechtslage war – so das OLG Koblenz – das mit der Erprobung verbundene „Testrisiko" bereits dann in Kauf zu nehmen, wenn lediglich eine „Chance" für ein positives Ergebnis bestand. Dieses Risiko werde der Allgemeinheit jetzt nicht mehr von vornherein zugemutet. In der Streichung der Erprobungsklausel und ihrer Ersetzung durch die Worte: „zu erproben, ob der Verurteilte außerhalb des Strafvollzugs keine Straftaten mehr begehen wird" liege, zumindest in den Fällen, in denen bei unsicherer Prognose gewichtige Rechtsgüter bedroht sind, eine eindeutige Verschärfung der Anforderungen.

---

372 StV 2003, 679 (679), mit Anmerkung Schüler-Springorum.
373 StV 2000, 683.
374 Wolters, StV 2000, 683 (683).
375 OLG Koblenz, NStZ 1998, 591 (591).

Der BGH zeigt in seinem Beschluss vom 25.04.2003[376] eine differenziertere Betrachtungsweise. Entscheidend für die Prognose gemäß § 57 Abs. 1 Satz 2 StGB sei eine Abwägung zwischen den zu erwartenden Wirkungen des Strafvollzuges für das künftige Leben des Verurteilten in Freiheit einerseits und das Sicherheitsinteresse der Allgemeinheit andererseits. Isolierte Aussagen über die Wahrscheinlichkeit künftiger Straffälligkeit des Verurteilten sind nach Ansicht des BGH wenig hilfreich. Vielmehr müsse stets der Bezug zu den Sicherheitsinteressen der Allgemeinheit im Auge behalten werden. Dies bedeute, dass je nach der Schwere der Straftaten, die von dem Verurteilten nach Erlangung der Freiheit im Falle eines Bewährungsbruches zu erwarten stünden (vgl. § 57 Abs. 1 Satz 2 StGB) unterschiedliche Anforderungen an das Maß der Wahrscheinlichkeit für ein strafloses Leben des Verurteilten zu stellen sind.

Auch die dargestellten Entscheidungen machen deutlich, dass das Gesetz zur Bekämpfung von Sexualdelikten und anderen gefährlichen Straftaten nicht unumstritten ist und die neu gefassten Vorschriften der vorzeitigen Entlassung schon gar nicht eine einhellige Auffassung in Literatur und Rechtsprechung widerspiegeln.

c. Übertragbarkeit der Ergebnisse auf das Jugendstrafrecht?

Alle bisherigen Erörterungen bezogen sich auf die vorzeitige Entlassung aus dem Regelstrafvollzug. Allerdings wurde in § 88 Abs. 1 JGG ebenfalls auf die Erprobungsklausel verzichtet und das Sicherheitsinteresse der Allgemeinheit in die Voraussetzungen einer Strafrestaussetzung im Jugendstrafvollzug aufgenommen. Beide Elemente sind, wie die Ausführungen auf den vorherigen Seiten zeigen, nicht unumstritten und bieten genügend Ansatzpunkte für eine Verschärfung der Anforderungen an eine bedingte Entlassung. Der einzige Punkt, in dem die lediglich klarstellende Funktion der Gesetzesänderung festgestellt werden konnte, das bei einem Rückfall bedrohte Rechtsgut, hat aufgrund des generellen Verzichts auf entscheidungsrelevante Kriterien wie in § 57 Abs. 1 Satz 2 StGB keinen Eingang in § 88 JGG gefunden.

aa. Wille des Gesetzgebers

In seiner Beschlussempfehlung spricht der Rechtsausschuss des Deutschen Bundestages von einer Klarstellung der Voraussetzungen für die Strafrestaussetzung zur Bewährung. Die frühere Gesetzesfassung habe in der Öffentlichkeit zu Irritationen darüber geführt, „welche Maßstäbe die Strafvollstreckungs-

---

[376] 1 AR 266/03 StB 4/03

kammern ihrer Entscheidung über die Aussetzung des Strafrestes zugrunde legen." Aus diesem Grunde werde das geltende Recht klarer gefasst.[377]

An dieser Stelle folgt jedoch nur eine Aufzählung der §§ 57 Abs. 1 Satz 1 Nr. 2, 57 Abs. 1 Satz 2 und 67d Abs. 2 Satz 1 StGB. Der Rechtsausschuss lässt somit eine Auseinandersetzung mit der Regelung des § 88 Abs. 1 JGG vermissen, so dass nicht festgestellt werden kann, ob der Gesetzgeber auch hier eine Klarstellung beabsichtigte. Bei seinen weiteren Ausführungen zu den einzelnen Vorschriften betont der Rechtsausschuss des Deutschen Bundestages bei § 88 JGG zunächst den Erziehungsgedanken als den tragenden Grundsatz aller Verfahrens- und Reaktionsweisen im Jugendstrafrecht.[378] Gleichwohl müsse aber auch im Jugendstrafrecht der Schutz potentieller Opfer vor schweren Straftaten ausreichenden Niederschlag finden. Weiter hebt die Begründung den Stellenwert der Reststrafenaussetzung zur Bewährung als erzieherische Entscheidung hervor. Es heißt aber auch weiter: „Dennoch kann es Fälle geben, in denen vor vollständiger Verbüßung der Jugendstrafe die Entwicklung des Jugendlichen noch nicht so weit fortgeschritten ist, dass angesichts der Möglichkeit einer rückfälligen Begehung schwerster Straftaten eine vorzeitige Entlassung verantwortet werden kann." Deshalb werde das Sicherheitsinteresse der Allgemeinheit als ein Element der umfassenden Prognoseerstellung zur weiteren Entwicklung des Jugendlichen mit bewertet.

Es taucht in der Begründung zu § 88 JGG nicht ein einziges Mal der Hinweis auf die lediglich klarstellende Funktion der Gesetzesänderung auf. Dennoch kann hieraus nicht auf einen eventuellen Willen des Gesetzgebers geschlossen werden, die Strafrestaussetzung im Jugendstrafrecht zu verschärfen. Der Wortlaut des § 88 JGG wurde in Anlehnung an § 57 StGB geändert, so dass davon auszugehen ist, dass das vom Rechtsausschuss dort Gesagte ebenso für das Jugendstrafrecht gelten soll, also dass es sich bei der Neuformulierung des § 88 JGG ebenfalls lediglich um eine Klarstellung handelt.

bb. Sinn der Neuformulierung

Noch mehr als für § 57 StGB stellt sich aber für das Jugendstrafrecht die Frage, warum der Gesetzgeber eine Änderung im allgemeinen Strafrecht, deren Erforderlichkeit durch ihre Begründung eher konterkariert wird,[379] in das Jugendstrafrecht überträgt.

---

[377] Vgl. BT-Dr. 13/ 9062, S. 5.
[378] BT-Dr. 13/ 9062, S. 12.
[379] Dessecker, StV 1999, 678 (681).

Das Jugendstrafrecht - als Sonderstrafrecht für junge Rechtsbrecher - ist gekennzeichnet von der Dominanz des Erziehungsprinzips.[380] Nicht die Strafe, sondern die Erziehung steht im Vordergrund. Ebenso steht der Jugendstrafvollzug unter der erzieherischen Prämisse. Dieses in § 91 Abs. 1 JGG umschriebene Ziel des Jugendstrafvollzuges[381] kommt auch in § 88 JGG zum Ausdruck. Überwiegend wird eine spezialpräventive Ausrichtung der Entscheidung über die vorzeitige Entlassung aus dem Jugendstrafvollzug angenommen.[382] Eine Orientierung an den Aspekten von Generalprävention, Schuldausgleich, Vergeltung und Sühne wird als unzulässig betrachtet.[383] Diese Kriterien haben - im Jugendstrafrecht ohnehin sehr stark eingeschränkt - ihren Standort bei der Sanktionsandrohung sowie der Sanktionsverhängung und sind damit für die Ebene des Sanktionsvollzuges „verbraucht".[384] Die Feststellung des Bundesverfassungsgerichts: „Deshalb besteht Einigkeit darüber, dass die Schwere der Schuld, eine Sühne oder Gesichtspunkte der Generalprävention sowie der Verteidigung der Rechtsordnung nicht dazu führen dürfen, die Strafaussetzung zur Bewährung nach § 57 StGB zu verweigern."[385] muss aber erst recht für die Entlassung aus dem Jugendstrafvollzug gelten.[386]

cc. Ergebnis

Das neu in die Voraussetzungen einer Strafrestaussetzung aufgenommene Sicherheitsinteresse der Allgemeinheit stellt eine höchst unklare Begrifflichkeit dar.[387] Es wurde bereits - durch jeweilige Interpretation - die Nähe zum Maßregel- und zum Polizeirecht aufgezeigt.[388]

Das Sicherheitsinteresse der Allgemeinheit kann als Interesse der Bevölkerung verstanden werden, „sicher" zu sein, also nicht potentielles Opfer einer Straftat zu werden. Eine solche Schutzmöglichkeit besteht u.a. in dem „Festhalten" von Straftätern, die als potentiell Rückfällige eine Gefährdung der Allgemeinheit darstellen können, indem man ihnen - wenn ihr Resozialisierungsinte-

---

[380] Siehe ausführlich zum Gesetzesziel des JGG: Ostendorf (6. Aufl.), Grdl.z. §§ 1-2 Rn. 4 m.w.N.)

[381] Durch den Vollzug der Jugendstrafe soll der Verurteilte dazu erzogen werden, künftig einen rechtschaffenen und verantwortungsbewussten Lebenswandel zu führen.

[382] Feuerhelm in: Böhm-FS, S. 476.

[383] Diemer/Schoreit/Sonnen (4. Aufl.), § 88 Rn. 15.

[384] Diemer/Schoreit/Sonnen (4. Aufl.), § 88 Rn. 12.

[385] BVerfG, NJW 1994, 378.

[386] Ostendorf (6. Aufl.), § 88 Rn. 7.

[387] Vgl. S. 74ff.

[388] S. 77.

resse kleiner wiegt als das Sicherheitsinteresse der Allgemeinheit - eine vorzeitige Entlassung aus dem Strafvollzug verwehrt.

Eine solche Abwägung geschieht mittels einer Prognoseentscheidung, die niemals eine hundertprozentige Sicherheit bezüglich einer erneuten Straftatbegehung bieten kann. Ausweislich der Begründung des Rechtsausschusses wird das Sicherheitsinteresse der Allgemeinheit als ein Element der umfassenden Prognoseentscheidung zur weiteren Entwicklung des Jugendlichen mitbewertet.[389]

Auch wenn in der Literatur überwiegend die Auffassung vertreten wird, dass nicht nur bei günstiger Prognose, sondern im Allgemeinen auch im Zweifelsfall gerade aus erzieherischen Gründen die Aussetzung zur Bewährung geboten ist,[390] steht doch durch die im Widerspruch stehende Beachtung der Entwicklung des Jugendlichen auf der einen und die Berücksichtigung des Sicherheitsinteresses der Allgemeinheit auf der anderen Seite zu befürchten, dass in eben diesen Zweifelsfällen dem Sicherheitsbedürfnis auf Kosten einer vorzeitigen Entlassung des Jugendlichen der Vorrang gegeben wird. Dies kann nach Ansicht Boettichers so weit gehen, dass bei vorzeitiger Entlassung eines jugendlichen Straftäters jede festgestellte positive Entwicklung unerheblich ist, wenn äußere Umstände der Abgabe einer sonst günstigen Prognose entgegenstehen.[391]

Anknüpfungspunkt für eine Abwägung zwischen dem Resozialisierungsinteresse des Verurteilten und dem Sicherheitsinteresse der Allgemeinheit ist unter anderem die Schwere der begangenen Tat. Nur wenn die Gefahr besteht, dass der dann vorzeitig Entlassene Straftaten von besonderer Schwere und/oder Gefährlichkeit begeht, hat die Allgemeinheit ein Interesse an ihrer Sicherheit. Dies wird auch durch die Aufnahme des „bei einem Rückfall bedrohten Rechtsguts" in die entscheidungsrelevanten Faktoren der Parallelnorm des Erwachsenenstrafrechts (§ 57 Abs. 1 StGB) deutlich.

Auf eine eventuelle Straftat kann aber nur aus der einschlägigen Vorbestrafung geschlossen werden. Somit steht das Sicherheitsinteresse in Abhängigkeit zu der der Strafe zugrunde liegenden Schwere der Tat.[392]

Diese Berücksichtigung der Schwere der Tat bei der Prognoseentscheidung in § 88 JGG weist Parallelen zu der Verurteilung wegen „Schwere der Schuld" in § 17 Abs. 2 Alt. 2 JGG auf. Selbst die umstrittenen Entscheidungen des Landgerichts Bonn beziehen lediglich die Schwere der Schuld oder Sühneaspekte in die Ermessensentscheidung ein, Sicherheits- oder Sicherungsbedürf-

---

389 BT-Dr. 13/ 9062, S. 12.

390 Vgl. Eisenberg (10. Aufl.), § 88 Rn. 9a; Ostendorf (6. Aufl.), § 88 Rn. 6.

391 Boetticher, MschrKr 1998, 354 (366).

392 DAV, S. 16.

nisse der Allgemeinheit bleiben hier unberücksichtigt.[393] Wenn aber überwiegend gegen diese Entscheidungen eine Orientierung an Gesichtspunkten von Generalprävention, Schuldausgleich, Sühne und der Schwere der Schuld als unzulässig betrachtet wird, so kann auch die Schwere der Tat nicht als Kriterium für eine Entscheidung nach § 88 JGG herangezogen werden.

Insofern erscheint die Änderung bei § 88 JGG im Jugendstrafrecht als einschneidender Eingriff, der tendenziell noch schwerer wiegt als die Neufassung des § 57 Abs. 1 StGB, zumal es bisher keine Rechtsprechung gab, die die Berücksichtigung eines Sicherungs- bzw. Sicherheitsinteresses forderte.[394] Für den Deutschen Anwalts Verein besteht sogar die Gefahr, dass - soll die Schwere der Tat ein maßgebliches Kriterium für die Aussetzung des Restes der Strafe zur Bewährung sein - bei derlei Delikten der Jugendliche der Chance einer vorzeitigen Strafaussetzung in Gänze verlustig geht.[395]

Somit stellt sich die Übernahme der Neuformulierungen des § 57 StGB in § 88 JGG als nicht unproblematisch dar. Gerade wenn man die Erörterungen im Rahmen der teleologischen Interpretation zu § 57 StGB auch im Jugendstrafrecht zugrundelegt und sich die kriminalpolitische Bedeutung des Institutes der Strafrestaussetzung zur Bewährung mit ihren generell niedrigeren Rückfallquoten vor Augen führt und diese den aufgezeigten Besonderheiten des Jugendstrafrechts und auch des Jugendstrafvollzuges gegenüberstellt, ist die Neuformulierung der Voraussetzungen einer vorzeitigen Entlassung aus dem Jugendstrafvollzug in § 88 JGG als Verschärfung der bisherigen Rechtslage anzusehen, die nicht lediglich klarstellenden Charakter hatte.

Aber selbst wenn man annimmt, der Gesetzgeber habe auch für die vorzeitige Entlassung aus dem Jugendstrafvollzug keine inhaltliche Verschärfung gewollt,[396] stehen die Änderungen im Widerstreit zu dem zentralen Gesichtspunkt des Jugendstrafvollzuges - dem Erziehungsgedanken.[397] Wenn gefordert wird, dass nur das Sicherheitsbedürfnis, nicht das Sühnebedürfnis der Allgemeinheit, berücksichtigt werden darf,[398] stellt sich auch hier die Frage nach der Umsetzung dieser genauen Trennung in der Praxis.

---

[393] LG Bonn NJW 1977, 2226; StV 1984, 256.
[394] Feuerhelm in: Böhm-FS, S. 476.
[395] DAV, S. 16.
[396] Vgl. z.B. Dessecker, StV 1999, 678 (682); Diemer/Schoreit/Sonnen (4. Aufl.), § 88 Rn. 14; Ostendorf (6. Aufl.), § 88 Rn. 6.
[397] Boetticher, MschrKr 1998, 354 (366); DAV, S. 16; Feuerhelm in Böhm-FS, S. 476.
[398] So Ostendorf (6. Aufl.), § 88 Rn. 7.

Es finden sich keine aussagekräftigen veröffentlichten Entscheidungen zu § 88 JGG, die sich mit der Neuformulierung einer vorzeitigen Entlassung aus dem Jugendstrafvollzug nach Inkrafttreten des Gesetzes zur Bekämpfung von Sexualdelikten und anderen gefährlichen Straftaten auseinandersetzten.

An dieser Stelle setzt später deshalb der empirische Teil der Arbeit an, der versucht, mögliche Auswirkungen des neu gefassten § 88 JGG auf die Entlassungspraxis aufzuzeigen.

2. (Obligatorische) Begutachtung vor der bedingten Entlassung

Neben der Neuformulierung der Voraussetzungen einer Strafrestaussetzung zur Bewährung gemäß § 57 StGB und § 88 JGG enthält das Gesetz zur Bekämpfung von Sexualdelikten und anderen gefährlichen Straftaten in prozessualer Hinsicht eine Änderung des § 454 StPO.

Die Vorschrift regelt das Verfahren bei der Aussetzung der Reststrafe nach §§ 57, 57a StGB. Sie ist nach § 463 Abs. 3 StPO auf die freiheitsentziehenden Maßregeln und auf die Führungsaufsicht sinngemäß anzuwenden.[399]

a. Gegenüberstellung der alten und neuen Rechtslage

aa. Alte Rechtslage

Bisher war nur bei der Aussetzung einer lebenslangen Freiheitsstrafe eine Begutachtung des Verurteilten vorgesehen. Nach § 454 Abs. 1 Satz 5 StPO a.F. durfte das Gericht die Vollstreckung des Restes der lebenslangen Freiheitsstrafe nur aussetzen, wenn es zuvor das Gutachten eines Sachverständigen über den Verurteilten, namentlich darüber eingeholt hat, ob keine Gefahr mehr besteht, dass dessen durch die Tat zutage getretene Gefährlichkeit fortbesteht.

bb. Neue Rechtslage

Durch das Gesetz zur Bekämpfung von Sexualdelikten und anderen gefährlichen Straftaten wurde § 454 Abs. 1 Satz 5 StPO aufgehoben und nach Abs. 1 folgender Abs. 2 eingefügt:

> „Das Gericht holt das Gutachten eines Sachverständigen über den Verurteilten ein, wenn es erwägt, die Vollstreckung des Restes
>
> 1. der lebenslangen Freiheitsstrafe auszusetzen oder

[399] Meyer-Goßner, § 454 Rn. 1.

2. einer zeitigen Freiheitsstrafe von mehr als zwei Jahren wegen einer Straftat der in § 66 Abs. 3 StGB bezeichneten Art auszusetzen und nicht auszuschließen ist, dass Gründe der öffentlichen Sicherheit einer vorzeitigen Entlassung des Verurteilten entgegenstehen.

Das Gutachten hat sich namentlich zu der Frage zu äußern, ob bei dem Verurteilten keine Gefahr mehr besteht, dass dessen durch die Tat zutage getretene Gefährlichkeit fortbesteht (...).“

Damit wurde die Begutachtungspflicht vor einer Strafrestaussetzung erheblich ausgeweitet:

Neben der unverändert gebliebenen Pflicht zur Gutachterbestellung bei der Aussetzung einer lebenslangen Freiheitsstrafe ist seit Inkrafttreten des Gesetzes zur Bekämpfung von Sexualdelikten und anderen gefährlichen Straftaten darüber hinaus eine Begutachtung erforderlich, wenn das Gericht erwägt, die Vollstreckung einer zeitigen Freiheitsstrafe von mehr als zwei Jahren wegen eines Verbrechens oder wegen einer Straftat nach den §§ 174 bis 174c, 176, 179 Abs. 1 bis 3, §§ 180, 182, 224, 225 Abs. 1 oder 2 oder nach § 323a StGB, soweit die im Rausch begangene Tat ein Verbrechen oder eine der vorgenannten rechtswidrigen Taten ist, auszusetzen und nicht auszuschließen ist, dass Gründe der öffentlichen Sicherheit einer vorzeitigen Entlassung entgegenstehen.

b. Wille des Gesetzgebers

Der Gesetzgeber wollte mit der Ausweitung der Begutachtungspflicht den Richter in die Lage versetzen, mit Hilfe eines fundierten wissenschaftlich begründeten (psychiatrischen und/oder psychologischen, kriminologischen oder soziologischen) Gutachtens die Art der von dem Verurteilten drohenden Straftaten und das mit der vorzeitigen Entlassung verbundene Risiko wesentlich zuverlässiger einzuschätzen.[400]

Die Verpflichtung des Gerichts zur Einholung eines Sachverständigengutachtens beschränkt sich dabei nicht auf Sexualstraftäter. Der Rechtsausschuss hebt in seinem Bericht hervor, dass dem erhöhten Sicherungsbedürfnis der Allgemeinheit bei all jenen gefährlichen Verurteilten Rechnung getragen werden sollte, die wegen schwerwiegender Delikte mit Freiheitsstrafen belegt wurden. Wie bei § 66 Abs. 3 StGB wertet der Entwurf als Indiz für die Gefährlichkeit des Verurteilten die Begehung eines Verbrechens oder einer der anderen in dieser Vorschrift genannten Straftaten.[401]

---

[400] BT-Dr. 13/ 9062, S. 14.
[401] BT-Dr. 13/ 9062, S. 14.

c. Konsequenzen

Vor der Entscheidung über die Strafrestaussetzung sind jetzt folgende Überlegungen anzustellen:

Das Gericht erwägt nicht die Strafaussetzung, sei es aus Gründen von einer von ihm getroffenen ungünstigen Prognose oder aus anderen Gründen. Dann bedarf es nicht der Begutachtung.[402] Dies ergibt sich aus dem Sinn und Zweck der Einschaltung eines Sachverständigen und den Gesetzesmaterialien.[403]

Eine Begutachtung ist ebenso nicht erforderlich, wenn das Gericht zwar die vorzeitige Entlassung erwägt, aber ausschließen kann, dass Gründe der öffentlichen Sicherheit einer vorzeitigen Entlassung des Verurteilten entgegenstehen. Dies ist immer dann anzunehmen, wenn bei dem Verurteilten keine Gefahr mehr besteht, dass dessen durch die Tat zutage getretene Gefährlichkeit fortbesteht, wenn also alle für die Prognoseentscheidung heranzuziehenden Umstände zweifelsfrei die Beurteilung zulassen, dass vom Verurteilten praktisch keine Gefahr für die öffentliche Sicherheit mehr ausgeht.[404]

Nach anderer Meinung soll hingegen bei beabsichtigter Aussetzung grundsätzlich ein Sachverständigengutachten eingeholt werden.[405]

Eine solche Auslegung verstößt jedoch gegen den Wortlaut des § 454 Abs. 2 StPO n.F. Die hierin enthaltene Bedingung „wenn" bezieht sich sowohl auf die Erwägung der Aussetzung als solche als auch auf die entgegenstehenden Gründe der öffentlichen Sicherheit. Die Verpflichtung zur Einholung eines Sachverständigengutachtens steht damit unter dem ausdrücklichen Vorbehalt, dass Gründe der öffentlichen Sicherheit einer vorzeitigen Entlassung des Verurteilten entgegenstehen.[406] Das sich hieraus ergebende Verhältnis von Regel und Ausnahme verliert jedoch seinen, auf die Verhältnisse des einzelnen Falles bezogenen Sinn, sofern eine psychologisch-psychiatrische Begutachtung selbst dann vorzunehmen ist, wenn konkrete Anhaltspunkte für die Notwendigkeit einer dahingehenden besonderen Sachaufklärung fehlen. Wäre es dem Gesetzgeber aber um den Ausschluss bloß theoretischer Zweifel gegangen, so hätte es eines Vorprüfungsvorbehaltes erst gar nicht bedurft.[407]

---

[402] Vgl. BGH, NJW 2000, 1663 (1664).

[403] Vgl. BT-Dr. 13/ 8586, S. 10; ebenso Rotthaus, NStZ 1998, 598 (599).

[404] OLG Karlsruhe, StV 2000, 156 (157); OLG Köln, StV 2000, 155 (155); Cramer, NStZ 1998, 640 (640).

[405] Vgl. OLG Frankfurt, NStZ 1998, 639(639); OLG Hamm, NJW 1999, 2453 (2453) m.w.N; Feuerhelm, Böhm-FS, S. 474.

[406] Vgl. BT-Dr. 13/ 7559, S. 20.

[407] Cramer, NStZ 1998, 640 (640).

Folglich ist eine Begutachtung in jedem Fall erforderlich, wenn das Gericht die vorzeitige Entlassung bei einer Verurteilung zu mindestens zwei Jahren Freiheitsstrafe wegen einer Straftat der in § 66 Abs. 3 Satz 1 StGB bezeichneten Art in Betracht zieht, entgegenstehende Sicherheitsinteressen jedoch nicht auszuschließen vermag.

Lässt sich die geänderte Formulierung der materiell-rechtlichen Normen der Strafrestaussetzung noch als „Akt symbolischer Gesetzgebung"[408] qualifizieren, so enthält die Einfügung von Abs. 2 in § 454 StPO den Kern der Änderungen im Bereich der Reststrafenaussetzung.[409] Die Formulierung des § 454 Abs. 2 Satz 1 Nr. 2 StPO n.F. legt die Vermutung nahe, dass es kaum Fälle geben wird, in denen die Strafvollstreckungskammer „ausschließen" kann, dass Gründe der öffentlichen Sicherheit einer vorzeitigen Entlassung entgegenstehen. Diese Einschätzung wird von der überwiegenden Auffassung in der Literatur geteilt.[410] „Völlige Sicherheit ist nicht herstellbar."[411]

Folglich wird also die Gutachterbestellung die Regel werden. Die Statistik weist jährlich ca. 4.000[412] Verurteilte aus, bei denen eine aufwändige und teure Begutachtung eingeleitet werden muss, weil die Sachverständigen sehr selten jegliche Gefahr einschlägiger Rückfälligkeit ausschließen können.[413] Angesichts dieser hohen Anzahl begutachtungspflichtiger Fälle steht aber zu befürchten, dass es aufgrund zu geringer Kapazitäten an geeigneten Sachverständigen de facto zu einer erheblichen Verschiebung der Aussetzungsentscheidungen nach hinten kommen wird.

Die Gesetzesmaterialien machen deutlich, dass auch der Gesetzgeber die hiermit verbundenen praktischen Schwierigkeiten erkannt hat: „Die somit vorgeschlagene deutlich stärkere Beteiligung von Sachverständigen im Aussetzungsverfahren wird zwar nur mit gewissen Schwierigkeiten zu realisieren sein, da es bereits jetzt zu wenige Gutachter mit der erforderlichen hohen diagnostischen und kriminalprognostischen Kompetenz gibt."[414] Es heißt aber auch weiter: „Wegen der dringenden rechtspolitischen Notwendigkeit, die von einem Verurteilten ausgehende Gefahr zuverlässiger als bisher einzuschätzen, müssen

---

408 Eisenberg/Hackethal, ZfStrVo 1998, 196 (201).

409 Vgl. Schüler-Springorum, StV 1998, 669 (669).

410 Boetticher, MschrKr 1998, 354 (367); Feuerhelm, Böhm-FS, S. 474; Schöch, NJW 1998, 1257 (1259); Ostendorf, NJW 2000, 1090 (1091); Rotthaus, NStZ 1998, 597 (599).

411 Mauthe, DRiZ 1999, 275

412 Nachweise bei Schöch, NJW 1998, 1257 (1259).

413 Schöch, NJW 1998, 1257 (1259).

414 BT-Dr. 13/ 9062, S. 14.

solche Belastungen der Strafjustiz ebenso in Kauf genommen werden wie die mit der stärkeren Beteiligung von Sachverständigen verbundenen organisatorischen Schwierigkeiten."[415]

Damit droht aber, unabhängig davon, ob eine Verschärfungsabsicht bei der Strafrestaussetzung vorlag,[416] eine drastische Verschiebung hin zur Nichtaussetzung.[417]

Darüber hinaus hat sich das Gutachten gem. § 454 Abs. 2 Satz 2 StPO n.F. namentlich zu der Frage zu äußern, ob bei dem Verurteilten keine Gefahr mehr besteht, dass dessen durch die Tat zutage getretene Gefährlichkeit fortbesteht. Diese Formulierung wurde dem alten § 454 Abs. 1 Satz 5 StPO entnommen, der sich allerdings auf die Aussetzung der weiteren Vollstreckung der lebenslangen Freiheitsstrafe bezog (s.o.).

Es fehlt leider eine verbindliche Definition des bei der bedingten Entlassung maßgeblichen Begriffs der „Gefährlichkeit".[418] Die Formulierung enthält zudem eine sprachlich und gedanklich wenig überzeugende Gefahrverdoppelung („Gefahr der Gefährlichkeit").[419]

Ein vom Gesetzgeber gefordertes, derart hohes Prognoseniveau ist bei lebenslanger Freiheitsstrafe gerechtfertigt, weil hier das Basisrisiko einer erneuten Tötung ohnehin sehr viel geringer ist, nicht aber bei den vielen sonstigen Gefangenen mit anderen Delikten, von denen nur wenige Idealtypen völlig risikofrei entlassen werden können.[420]

Aufgrund dieser gesetzlichen Vorgaben sowie aus Praktikabilitätsgründen erscheint die Neuregelung der prozessualen Vorschrift des § 454 StPO zusammen mit der bereits oben erörterten Umformulierung der materiellen Voraussetzungen einer Strafrestaussetzung in § 57 StGB als sehr problematisch.[421]

In ersten Reaktionen auf die durch das Gesetz zur Bekämpfung von Sexualdelikten und anderen gefährlichen Straftaten zurückzuführende Änderung wird deshalb auch von einer „quasi Abschaffung" der vorzeitigen Entlassung[422] oder noch weitgehender von einer unverhältnismäßigen Regelung[423] gesprochen.

---

[415] BT-Dr. 13/ 9062, S. 14.

[416] Vgl. S. 58f..

[417] Volckart, R&P 1998, 3 (9).

[418] Feuerhelm, Böhm-FS, S. 474.

[419] Kröber, NStZ 1999, 593 (594).

[420] Nedopil, MschrKr 1998, 44 (48); Schöch, NJW 1998, 1257 (1259).

[421] Dennoch sehen Hammerschlag/Schwarz, NStZ 1998, 321 (324) keine Veränderung der materiellen Aussetzungskriterien für eine Strafrestaussetzung zur Bewährung.

[422] Boetticher, MschrKr 1998, 354 (367).

[423] Schöch, NJW 1998, 1257 (1259).

d. Begutachtungspflicht auch im Jugendstrafrecht?

Die aufgezeigte Problematik würde sich verschärfen, wenn auch im Jugendstrafrecht eine Pflicht zur Heranziehung eines Gutachters bestünde.

In § 454 StPO selbst findet sich kein Hinweis auf die Anwendbarkeit der Vorschrift im Jugendstrafrecht. § 454 Abs. 2 StPO setzt vom Wortlaut her die Verurteilung zu einer lebenslangen oder zeitigen Freiheitsstrafe als Voraussetzung voraus.

Das Jugendstrafrecht enthält jedoch ein eigenständiges spezialpräventives Sanktionensystem. Gemäß § 17 Abs. 1 JGG ist die Jugendstrafe Freiheitsentzug in einer Jugendstrafanstalt. Neben der unterschiedlichen Bezeichnung ist die Jugendstrafe jedoch auch inhaltlich eine von der Freiheitsstrafe des Erwachsenenstrafrechts „wesensverschiedene“[424] Sanktion. Sie ist nach ihrer Zielsetzung, ihren Voraussetzungen und ihrer Bemessung nicht unmittelbar mit der Freiheitsstrafe des allgemeinen Strafrechts vergleichbar. Die Jugendstrafe ist zwar der Freiheitsstrafe gleichzusetzen, wenn ein Freiheitsentzug Voraussetzung für die Sanktionsverschärfungen nach dem Erwachsenenstrafrecht,[425] z.B. für die Sicherungsverwahrung,[426] ist. Hier geht es aber um eine Vollstreckungsentscheidung aus einer vorangegangenen Sanktionierung.[427]

Darüber hinaus differenziert der Gesetzgeber bei den durch das Gesetz zur Bekämpfung von Sexualdelikten und anderen gefährlichen Straftaten ebenfalls vorgenommenen Änderungen des Bundeszentralregistergesetzes sehr wohl zwischen Verurteilungen zu einer Freiheitsstrafe und Verurteilungen zu einer Jugendstrafe.

Wenn auch im Aussetzungsverfahren bei Jugendlichen und Heranwachsenden eine Begutachtungspflicht beabsichtigt gewesen wäre, hätte der Gesetzgeber - wie bei den Änderungen im BZRG - eine deutliche Unterscheidung zwischen Freiheits- und Jugendstrafen vornehmen können.

Insofern findet § 454 StPO vom Wortlaut her keine direkte Anwendung auf die Strafrestaussetzungsentscheidung gemäß § 88 JGG.

Aber auch in § 88 JGG findet sich keine ausdrückliche Regelung einer Begutachtungspflicht.

Für eine Begutachtungspflicht auch im Jugendstrafverfahren könnte § 82 Abs. 1 Satz 2 JGG sprechen. Danach nimmt der Jugendrichter als Vollstreckungsleiter auch die Aufgaben wahr, welche die StPO der Strafvollstre-

---

[424] BGHSt 10, 100 (103); 15, 224 (225f.); BGH StV 1981, 405 (406); Schaffstein/Beulke, S. 140ff; Brunner/ Dölling (11. Aufl.), § 178 Rn. 1; Eisenberg (10. Aufl.), § 17 Rn. 4ff.

[425] Ostendorf (6. Aufl.), § 31 Rn. 5.

[426] Lackner/Kühl (25. Aufl.), § 66 Rn. 5.

[427] Ostendorf, NJW 2000, 1090 (1091).

ckungskammer zuweist. Für Entscheidungen nach § 454 StPO ist die Strafvollstreckungskammer zuständig (vgl. § 78a GVG, § 652a StPO). Wenn aber der Vollstreckungsleiter kraft gesetzlicher Zuweisung die Aufgaben wahrzunehmen hat, für welche nach der StPO die Strafvollstreckungskammer zuständig ist, so könnte es auch seine Aufgabe sein, zwingend ein Sachverständigengutachten über den Verurteilten einzuholen, wenn die Voraussetzungen des § 454 Abs. 2 Satz 1 Nr. 2 StPO gegeben sind.[428]

Eine solche Argumentation verkennt jedoch die Zielrichtung des § 82 JGG: Abweichend vom allgemeinen Strafverfahrensrecht, nach dem die Strafvollstreckung gemäß § 451 StPO durch die Staatsanwaltschaft als Vollstreckungsbehörde bzw. gemäß § 462a StPO durch die Strafvollstreckungskammer erfolgt, ist der Jugendrichter nach § 82 Abs. 1 JGG einheitlich Vollstreckungsleiter. Ziel dieser Vorschrift ist die rasche, unbürokratische und dennoch kompetente Durchführung der Vollstreckung, die bei einer Einheit des Erkenntnis- und Vollstreckungsverfahrens zu erreichen ist.[429]

Damit handelt es sich bei § 82 Abs. 1 JGG lediglich um eine Kompetenznorm, die nichts über die Anwendbarkeit von Regelungen der StPO im Jugendstrafverfahren aussagt. Insofern kann auf ihrer Grundlage auch nicht die Pflicht zur Heranziehung eines Gutachters vor einer Entlassungsentscheidung bei Jugendlichen und Heranwachsenden begründet werden.

Eine Erstreckung der Begutachtungspflicht auf das Jugendstrafverfahren könnte sich aber über § 2 JGG ergeben.

Gemäß § 2 JGG gelten die allgemeinen Vorschriften nur, soweit im JGG nichts anderes bestimmt ist. Mithin wird hiermit eine Vorrangigkeit des JGG entweder aufgrund negativer gesetzlicher Regelung (vgl. §§ 79 bis 81 JGG) oder aufgrund positiver gesetzlicher Regelung (d.h. überall dort, wo eine Bestimmung im JGG vom Wortlaut und Sinngehalt her eine bestimmte Regelung trifft, die von der strafrechtlichen Regelung für Erwachsene abweicht, geht diese Bestimmung vor) begründet.[430] Ziel der Vorschrift ist damit die Klarstellung und zugleich die Sicherung des Vorranges der Sondervorschriften für Jugendliche und Heranwachsende.[431]

Eine Anwendbarkeit des § 454 StPO auf das Jugendstrafverfahren setzt demnach voraus, dass das JGG keine abschließende andere Bestimmung enthält.

---

[428] Vgl. Erdmann-Degenhardt, SchlHA 1999, 293 (296).

[429] Diemer/Schoreit/Sonnen (4. Aufl.), § 82 Rn. 1; Ostendorf (6.Aufl.), Grdl. zu §§ 82-85, Rn. 3.

[430] Ostendorf (6. Aufl.), § 2 Rn. 2, 3.

[431] Diemer/Schoreit/Sonnen (4. Aufl.), § 2 Rn. 1.

§ 88 JGG enthält sowohl materiell-rechtliche als auch formell-rechtliche Voraussetzungen für eine Entlassung auf Bewährung. Der Gesetzgeber hat mit dem Gesetz zur Bekämpfung von Sexualdelikten und anderen gefährlichen Straftaten die Voraussetzungen für die Entlassung auf Bewährung aus dem Jugendstrafvollzug nur teilweise neu formuliert; weitergehende Änderungen hat er nicht vorgenommen.[432]

§ 88 Abs. 4 JGG regelt unverändert das Verfahren einer Strafrestaussetzung. Demnach entscheidet der Vollstreckungsleiter nach Anhören des Staatsanwaltes und des Vollzugsleiters. Eine unter bestimmten Voraussetzungen zwingende Begutachtung ist nicht vorgesehen.

Die in § 88 Abs. 4 JGG genannten Beteiligungsrechte regelt im allgemeinen Vollstreckungsverfahren die ebenfalls unverändert geltende Vorschrift des § 454 Abs. 1 Satz 2 StPO; die neuartige Begutachtungspflicht wurde vom Gesetzgeber unabhängig von den Anhörungsrechten geregelt.[433]

§ 88 Abs. 4 JGG ist durch das Gesetz zur Bekämpfung von Sexualdelikten und anderen gefährlichen Straftaten nicht geändert worden. Hätte der Gesetzgeber auch für die Entlassung auf Bewährung aus dem Jugendstrafvollzug die vorherige Einschaltung eines Gutachters gewollt, hätte man diesem Willen auch in einer Änderung des § 88 JGG hinsichtlich verfahrensrechtlicher Regelungen Ausdruck verleihen können.[434]

§ 88 Abs. 1 JGG formuliert vom allgemeinen Strafrecht abweichende Aussetzungskriterien; insbesondere die Mindestverbüßungszeiten weichen deutlich voneinander ab. Der Gesetzgeber hat damit den Besonderheiten des Jugendstrafrechts, vor allem größerer Flexibilität, Rechnung getragen.[435] Da auch die Frage nach einer Begutachtung während des gesamten Gesetzgebungsverfahrens nicht thematisiert wurde, kann darauf geschlossen werden, dass der Gesetzgeber die unterschiedlichen Voraussetzungen bei der bedingten Entlassung aus dem Jugendstrafvollzug auf der einen und aus dem Erwachsenenstrafvollzug auf der anderen Seite beibehalten wollte.

Dass eine Begutachtungspflicht im Jugendstrafverfahren nicht statuiert wurde, spricht demnach dafür, dass eine solche Pflicht gerade nicht beabsichtigt war.[436]

Im Jugendstrafverfahren finden sich demnach abschließende Regelungen für das Verfahren bei der Strafrestaussetzung; ein Rückgriff auf § 454 Abs. 2 StPO ist demnach gemäß § 2 JGG abzulehnen.

---

[432] Vgl. BT-Dr. 13/ 9062, S. 12.
[433] Dessecker, StV 1999, 678 (682).
[434] Ostendorf, NJW 2000, 1090 (1091).
[435] Ostendorf (6. Aufl.), Grdl. z. §§ 88-89a, Rn. 3.
[436] Dessecker, StV 1999, 678 (682).

Für eine solche abschließende Regelung lassen sich weiter die parallelen Formulierungen in § 454a Abs. 2 Satz 1 StPO und § 88 Abs. 3 JGG anführen.

Der Rechtsausschuss nimmt in seiner Begründung zu § 454a StPO ausdrücklich Bezug auf die parallele Vorschrift des § 88 Abs. 3 Satz 2 JGG.[437] Solche parallelen Bestimmungen wären überflüssig, gälten die allgemeinen Vollstreckungsnormen auch für die Aussetzung einer restlichen Jugendstrafe.[438]

Weiterhin lassen sich gegen eine Begutachtungspflicht Praktikabilitätseinwände erheben.

Die Einschaltung eines Gutachters bedeutet immer eine Verfahrensverzögerung.[439] Eine Verfahrensverzögerung steht aber im Widerspruch zu dem gerade im Jugendstrafrecht geltenden Beschleunigungsgrundsatz.[440] Das JGG ist gerade mit Rücksicht auf die vielfach noch offenen Entwicklungsmöglichkeiten des jungen Menschen auf Flexibilität angelegt. Eine Gefährlichkeitsprognose muss deshalb diese Entwicklung mit einbeziehen. Dementsprechend ist „nur" eine begründete positive Prognose gefordert.[441]

e. Ergebnis

Die Begutachtungspflicht des § 454 Abs. 2 StPO gilt daher nicht im Zusammenhang mit der Aussetzung einer restlichen Jugendstrafe zur Bewährung.[442]

---

437 BT-Dr. 13/ 9062, S. 15.

438 Dessecker, StV 1999, 678 (682).

439 Vgl. Erdmann-Degenhardt, SchlHA 1999, 293 (297f.).

440 BGH StV 1999, 661.

441 Schönberger, NStZ 1999, 103; Dessecker, StV 1999, 678 (682); Ostendorf, NJW 2000, 1090 (1091).

442 Ebenso OLG Frankfurt, NStZ-RR 1999, 91 (91) für die Vollziehung einer Jugendstrafe nach den Vorschriften der Erwachsenenstrafvollstreckung (§ 85 Abs. 6 JGG).

4. Teil: Die empirische Untersuchung

A. Fragestellung der empirischen Untersuchung

§ 88 JGG normiert die Voraussetzungen für eine vorzeitige Entlassung zur Bewährung aus dem Jugendstrafvollzug.

Wie beschrieben, ist der Wortlaut der Vorschrift durch das Gesetz zur Bekämpfung von Sexualdelikten und anderen gefährlichen Straftaten geändert worden und hat die Frage aufgeworfen, ob damit die Bedingungen für eine Strafrestaussetzungsentscheidung verschärft wurden oder lediglich eine Umformulierung – ohne inhaltliche Veränderung – erfahren haben.

Die folgende empirische Untersuchung dient der Darstellung der Auswirkungen des beschriebenen Gesetzes auf die Entlassungspraxis der an der Entscheidung über die vorzeitige Entlassung aus dem Jugendstrafvollzug beteiligten Stellen, insbesondere des Vollstreckungsleiters.

Vor diesem Hintergrund stellt sich zunächst die Frage, wie die Entlassungsstruktur vor der Gesetzesänderung ausgesehen hat. Wie viele Gefangene wurden vorzeitig entlassen, zu welchem Zeitpunkt ihrer Haft wurden die Verurteilten bedingt entlassen, welcher Anteil konnte das Gefängnis erst zum Strafende verlassen usw.?

Vergleichend dazu wird die Struktur der Entlassungen nach Inkrafttreten des Gesetzes zur Bekämpfung von Sexualdelikten und anderen gefährlichen Straftaten untersucht: Hat sich der Anteil der vorzeitig Entlassenen im Verhältnis zu den Vollverbüßern geändert, hat sich der bedingte Entlassungszeitpunkt (nach hinten) verschoben usw.?

Daran anschließend soll erörtert werden, ob die sich möglicherweise ergebenden Differenzen auf die veränderten gesetzlichen Bedingungen zurückzuführen sind. Es stellt sich also die Frage nach der Implementierung des Gesetzes zur Bekämpfung von Sexualdelikten und anderen gefährlichen Straftaten in der vollstreckungsrechtlichen Praxis des § 88 JGG.

Dafür ist es zunächst erforderlich, die wesentlichen Entscheidungskriterien des ersten Untersuchungszeitraumes aufzuzeigen, also z.B. welche Gefangenen wurden vorzeitig entlassen, welche Rahmenbedingungen (Schwere des Delikts, Vorverurteilungen, Verhalten im Vollzug etc.) beeinflussten die Entscheidung?

Erst wenn diese Kriterien herausgestellt worden sind, kann in einer vergleichenden Analyse (unter Beachtung der gleichen Rahmenbedingungen) die Entlassungspraxis nach Inkrafttreten des Gesetzes zur Bekämpfung von Sexualdelikten und anderen gefährlichen Straftaten untersucht und mögliche Änderungen, die auf dieses Gesetz zurückzuführen sind, herausgestellt werden.

B. Methodische Grundfragen und Datenbasis

Für die erfahrungswissenschaftliche Erfassung der Entscheidungskriterien einer vorzeitigen Entlassung bieten sich zum einen die Befragung und zum anderen die Aktenanalyse an.

I. Methoden der Datenerhebung

1. Befragung

Die Befragung ist ein formalisiertes Instrument der empirischen Sozialforschung, mit dem sozialwissenschaftliche Sachverhalte gemessen werden sollen.[443]

Der Vollstreckungsleiter entscheidet gemäß § 88 Abs. 4 JGG nach Anhörung der Staatsanwaltschaft und des Vollzugsleiters über eine vorzeitige Entlassung aus dem Jugendstrafvollzug. Er ist somit die „zentrale" Gestalt einer Strafrestaussetzungsentscheidung. Insoweit bietet sich grundsätzlich eine Befragung des Vollstreckungsleiters an.

Allerdings ist der Vollstreckungsleiter nur in den seltensten Fällen auch als Richter mit dem Verfahren, das zu der Verurteilung geführt hat, vertraut. Es kann vielmehr gemäß § 84 JGG zu einem Wechsel der Zuständigkeiten gekommen sein. Der Vollstreckungsleiter kennt demnach den Gefangenen oft bis zu dem Zeitpunkt der Anhörung nicht persönlich, er ist somit vor allem – neben objektiven Kriterien wie begangenes Delikt, verbüßte Strafzeit etc. – auf die Stellungnahme der Anstalt in seiner Entscheidungsfindung angewiesen.

Jede Strafrestaussetzung (oder ihre Versagung) ist eine Entscheidung im Einzelfall. Allein aus der Befragung des Vollstreckungsleiters kann deshalb schlecht auf seine generelle Entscheidungspraxis geschlossen werden, zumal ihm sicherlich einige prägnante Fälle besonders präsent sind, die das Bild der Entscheidungsfindung allein auf der Interviewebene verzerren würden.

Der Arbeit geht es im Schwerpunkt um die Auswirkungen des Gesetzes zur Bekämpfung von Sexualdelikten und anderen gefährlichen Straftaten auf § 88 JGG. Es werden zwei Zeiträume miteinander verglichen, die mehrere Jahre auseinander liegen (s.u.). Zwischenzeitlich kann es aber zu einem Dezernatswechsel gekommen sein, so dass mittels einer Befragung nicht die Entlassungspraxis vor und nach der Gesetzesänderung durch einen Vollstreckungsleiter aufgezeigt werden könnte.

Als letztes Argument gegen eine ausschließliche Befragung sei angeführt, dass Jugendstrafanstalten häufig zentrale Einrichtungen sind und somit oftmals

---

[443] Kromrey, S. 269.

einen sehr großen regionalen Bereich abdecken, für den nur wenige Vollstreckungsleiter zuständig sind. Dies macht eine quantitative Befragung unmöglich, die aber für eine von persönlichen Ansichten und Meinungen unverzerrte Darstellung der Entlassungspraxis von Bedeutung ist.

Folglich bietet sich die Befragung nicht als ausschließliches Instrument zur Erfassung der Entscheidungskriterien an. Als ein ergänzendes Kriterium sind begleitende Gespräche mit den Vollstreckungsleitern jedoch durchaus sinnvoll und sollen für die Untersuchung genutzt werden.

2. Aktenanalyse

Für eine empirische Erhebung der Kriterien einer Strafrestaussetzungsentscheidung im Jugendstrafrecht kommt weiter die Aktenanalyse in Betracht.

Akten stellen – im Gegensatz zu Urkunden, die eine für sich stehende Einheit sind – erst als unter sachlichen und chronologischen Gesichtspunkten angelegte Sammlung von Einzelschriftstücken eine Einheit dar, die verstehbar wird.[444] Man kann die Aktenanalyse als Auswertung von amtlichen Schriftstücken umschreiben, die kriminologisch relevante Informationen enthalten können.[445] Die Aktenanalyse ist eine Art der quantitativen Dokumentenanalyse,[446] sie ist als Instrument zur Datengewinnung nicht ohne Probleme und damit auch nicht unumstritten.[447]

Die Aktenanalyse bietet gute Möglichkeiten für die Erhebung erheblicher Datenmengen mit ökonomischen Mitteln.[448] Ein weiterer Vorteil der Analyse von Akten staatlicher Stellen besteht in dem standardisierten Aufbau.[449] Insofern enthält jede Akte im Großen und Ganzen identische Informationen, was zu einer Erleichterung der Vergleichbarkeit der erhobenen Daten führt. Darüber hinaus dokumentiert die Akte zumeist einen langen Zeitraum sowie eine Fülle von Einzelinformationen.[450]

Bedenken gegen eine Aktenanalyse lassen sich vor allem daraus herleiten, dass Akten die Wirklichkeit infolge selektiver Wahrnehmung der Realität durch die „Aktenproduzenten"[451] und gefilterter Fixierung des Wahrgenommenen in der Akte nur unvollständig und zudem durch die Sichtweise der Aktenersteller

---

[444] Von Moers, S. 142.
[445] Dölling in: Kury, S. 266.
[446] Von Moers, S. 142 m.w.N.
[447] Grosch, S. 177.
[448] Dölling in: Kury, S. 269.
[449] Zum Aufbau der Gefangenenpersonalakten siehe S. 110f.
[450] Grosch, S. 177.
[451] Dölling in: Kury, S. 269.

verzerrt wiedergeben. Welche Ereignisse in die Akte Eingang finden und welche nicht, hängt – von gewissen steuernden Vorgaben durch Aktenordnungen und Verwaltungsvorschriften abgesehen – demnach ganz wesentlich von der Wahrnehmung und Filterung des Aktenerstellers ab. Es besteht die Gefahr der Entwicklung einer Eigendynamik der Akten.

Des Weiteren spiegeln die Akten im Allgemeinen nur Informationen wider, die zur Legitimation von Entscheidungen notwendig sind; sie zeigen aber nicht unbedingt, wie diese Entscheidungen zustande gekommen sind.

Dennoch bildet gerade diese Aktenwirklichkeit des Verurteilten, für den die Gefangenenpersonalakte angelegt wird, die Grundlage für das Handeln der Entscheidungs-, Vollzugs- und Behandlungsinstanzen im Rahmen des Strafvollzuges. Insofern erscheint es gerechtfertigt, die Begründungskriterien der bei der Entlassungsentscheidung beteiligten Stellen mit Hilfe einer Aktenanalyse zu untersuchen. Dem oben aufgezeigten Nachteil der Selektivität ist jedoch bei der Interpretation spezifischer Ergebnisse Rechnung zu tragen.

II. Datengrundlage

1. Gefangenenpersonalakten

Daten, die für eine Entscheidung über eine vorzeitige Entlassung relevant sein könnten, also z.B. Angaben zum Status sowie zur Sozial-, Leistungs- und Legalbiographie des Verurteilten, ferner zum Geschehen im objektiven Haftverlauf, wurden im Rahmen der vorliegenden Arbeit aus der Gefangenenpersonalakte des Verurteilten erhoben.

Aufbau und Inhalt der Gefangenenpersonalakte richtet sich nach Nr. 59 der Vollzugsgeschäftsordnung.[452] Die Unterteilung der Gefangenenpersonalakten erfolgt danach in drei Heftnadeln:

Die erste Heftnadel, die Personalnadel, enthält folgende Formblätter:

- Personalblatt
- Personalbeschreibung
- Ergebnis ärztlicher Untersuchungen
- Vermerk über das Ergebnis der Vorstellung beim Anstaltsleiter, dazu ggf. Unterlagen über die Aufstellung und Durchführung des Vollzugsplanes
- Lebenslauf
- Fragebogen

[452] Abgedruckt in Piller/Herrmann, 1989, Nr. 2 p.

- Übersicht über Vollzugsmaßnahmen, dazu ggf. das Ergebnis einer Prüfung der Außenarbeitsfähigkeit (betrifft u.a. die Ergebnisse der Zugangsuntersuchung, den Verlauf schulischer und beruflicher Ausbildung, Arbeitseinsätze sowie weitere Erziehungspläne)
- Übersicht über Ausgang und Urlaub

In der zweiten Heftnadel, der Gerichtsnadel, finden sich die Einweisungsunterlagen:

- Aufnahmeersuchen zum Strafantritt, Strafregisterauszüge, gerichtliche Entscheidungen und Beschlüsse, JGH-Berichte, Überhaftersuchen, Strafzeitberechnungen, Schriftwechsel über eine Herausnahme aus dem Jugendstrafvollzug, Entlassungsersuchen u.ä.

Die dritte Heftnadel, die Haftnadel, enthält die sonstigen Schriftstücke in der Reihenfolge ihres Entstehens:

- Anträge des Insassen, Beschwerden, Disziplinarmeldungen, Beobachtungsbögen etc.

2. Variablenkatalog/ Fragebogen

Auf dieser Basis wurde für die Aktenanalyse ein umfangreicher Erhebungsbogen erstellt. Er gliedert sich in zwei Abschnitte:

Im ersten Abschnitt befinden sich Angaben zum Gefangenen, also Daten zur Person, zum Strafgrund, eventuelle Vorbelastungen, die Lebensumstände vor der Haft sowie Daten zum Haftverlauf, zum Verhalten im Vollzug und die voraussichtlichen Lebensumstände nach der Haft.

Im zweiten Abschnitt findet sich der Katalog der Entscheidungs- und Begründungskriterien mit der Stellungnahme der Anstalt und – wenn vorhanden – der Staatsanwaltschaft zum Antrag auf vorzeitige Entlassung sowie die Entscheidung des Vollstreckungsleiters, eventuelle psychologische Stellungnahmen und psychiatrische Gutachten, ferner Rechtsmittel gegen Beschlüsse des Vollstreckungsleiters und etwaige frühere Anträge des Verurteilten.

III. Die Untersuchungsgrundlage

1. Begriff der Entlassung

Grundlage für die Untersuchung der Gefangenenpersonalakten bilden die Entlassungen aus dem Jugendstrafvollzug. Dabei umfasst der Begriff der Entlassung sowohl Probanden, die nach der Vollverbüßung ihrer Strafe zum Endtermin entlassen wurden als auch die gemäß § 88 JGG vorzeitig zur Bewährung Entlassenen. Darüber hinaus fallen unter den Begriff der Entlassung aber auch die Fälle, in denen gemäß § 456a StPO bei Auslieferung oder Ausweisung von der weiteren Vollstreckung abgesehen wird sowie die Unterbrechung der Vollstreckung für eine stationäre Drogentherapie gemäß § 35 BtMG.

Die beiden letzten „Entlassungsarten" finden zunächst nur deshalb Berücksichtigung, da sie – anders als z.B. die Verlegung oder die Herausnahme aus dem Jugendstrafvollzug – ebenfalls eine (vorzeitige) Beendigung des Strafvollzuges bewirken können. In der weiteren Untersuchung sind sie jedoch von wenig Relevanz.

Zwar steht das Absehen von der weiteren Strafvollstreckung bei Ausländern im Ermessen der Vollstreckungsbehörde; allerdings sieht § 456a Abs. 1 StPO dieses nur vor, wenn bestandskräftige Maßnahmen i.S.v. § 2ff. IRG (Auslieferung), §§ 55ff. AufenthG (§§ 45ff AuslG a.F.; Ausweisung), § 58 AufenthG (§ 49 AuslG a.F.; Abschiebung), § 57 AufenthG (§ 61 AuslG a.F.; Zurückschiebung) oder § 58 Abs. 2 AufenthG (§ 42 AuslG a.F.; Pflicht zur Ausreise) angeordnet sind.[453] Insofern steht hier nicht eine vollstreckungsrechtliche, sondern eine ausländerrechtliche Entscheidung im Vordergrund, die für eine Analyse der Entscheidungskriterien einer Strafrestaussetzung nicht von großer Bedeutung ist.

Ebenso stehen bei einer Zurückstellung der Strafvollstreckung nach § 35 BtMG andere Gesichtspunkte im Vordergrund. Gemäß § 35 BtMG kann die Vollstreckungsbehörde unter den dort genannten Voraussetzungen die Vollstreckung der Strafe, des Strafrestes oder der Maßregel der Unterbringung in einer Entziehungsanstalt zurückstellen. Anders als bei einer vorzeitigen Entlassung gemäß § 88 JGG geht es hier jedoch nicht primär um die Resozialisierung des Straffälligen außerhalb des Strafvollzuges, sondern vor allem um die Heilung der Drogensucht. Zielrichtung ist die Vermeidung der Haftzeiten von Drogenabhängigen und die Vermittlung möglichst vieler drogenabhängiger Verurteilter ohne Strafvollzug direkt in die Therapie. Bei Unvermeidbarkeit von Haft gilt es, die Haftzeiten zu verringern, Therapiezeiten zu verlängern, durch Drogenhilfe und Drogenberatung und durch schrittweise Lockerung des Vollzuges Therapiebereitschaft zu wecken und zu fördern und dadurch eine extramurale, ambulante oder stationäre Therapie vorzubereiten.[454] Insofern spielt die Untersuchungsgruppe der Zurückstellungen wegen einer Drogenbehandlung i.S.d. § 35 BtMG für die hier aufgeworfene Fragestellung keine zentrale Rolle.

---

[453] Meyer-Goßner, § 456a Rn. 3.
[454] Körner, § 35 Rn. 2.

Als Untersuchungsgrundlage kommen für den Begriff der Entlassung demnach nur Gefangenenpersonalakten von Verurteilten in Betracht, die ihre Strafe voll verbüßt haben bzw. die gemäß § 88 JGG vorzeitig entlassen worden sind.

2. Untersuchungszeitraum

Für die Aktenanalyse wurden die Gefangenenpersonalakten der Entlassungen in den Jahren 1996 und 1999/2000 herangezogen.

Der erste Untersuchungszeitraum umfasst das Jahr 1996. Dieses Jahr wurde zum einen für die Analyse ausgewählt, weil umfassendes Datenmaterial des Kriminologischen Dienstes der ersten untersuchten Anstalt, der JVA Adelsheim, vorhanden war, das freundlicherweise zur Verfügung gestellt wurde. Zum anderen ist der Untersuchungszeitraum so weit von der Gesetzesänderung und der Diskussion um rückfällig gewordenen Straftäter entfernt, dass eine – zumindest von diesen Kriterien – unbeeinflusste Entlassungspraxis aufgezeigt werden kann.

Der Vergleichszeitraum umfasst die Monate Juli bis Dezember 1999 und Januar bis Juni 2000. Es ist sicherlich ungewöhnlich, einen Einjahreszeitraum über den Jahreswechsel zu wählen. Dieser Auswahl lag jedoch zunächst auch wieder das vorhandene Datenmaterial des Kriminologischen Dienstes der JVA Adelsheim zugrunde. Darüber hinaus sollte ein Zeitraum gewählt werden, der einen gewissen zeitlichen Abstand zwischen dem Inkrafttreten des Gesetzes zur Bekämpfung von Sexualdelikten und anderen gefährlichen Straftaten und der Untersuchung gewährleistete, um so einigermaßen sicher sein zu können, dass die aufgezeigte Entlassungspraxis nicht mehr von der öffentlichen und fachlichen Diskussion um die Neuformulierung der Strafrestaussetzung beeinflusst ist.

3. Auswahl hinsichtlich der Schwere der Verurteilung

Aufgrund der zu großen Anzahl von Akten pro untersuchtem Zeitraum, die eine Analyse in einem akzeptablen Zeitraum unmöglich gemacht hätte,[455] wurde eine Auswahl hinsichtlich der Schwere der Verurteilung getroffen. Dafür bot sich eine Grenzziehung bei Verurteilungen zu mindestens zwei Jahren Jugendstrafe an.

Das Gesetz zur Bekämpfung von Sexualdelikten und anderen gefährlichen Straftaten selbst nennt an mehreren Stellen diese Mindestverurteilungszeit:

---

[455] 1996 wurden aus der JVA Adelsheim insg. 284 Verurteilte entlassen, 1999/2000 waren es sogar 362. Die JA Hameln entließ 1996 292 Verurteilte, 1999/2000 waren es 405!

Gemäß § 66 Abs. 3 StGB kann das Gericht neben der Strafe die Sicherungsverwahrung anordnen, wenn „jemand wegen eines Verbrechens oder wegen einer Straftat nach den §§ 174 bis 174c, 179 Abs. 1 bis 3, §§ 180, 182, 224, 225 Abs. 1 oder 2 oder nach § 323a, soweit die im Rausch begangene Tat ein Verbrechen oder eine der vorgenannten rechtswidrigen Taten ist, zu zeitiger Freiheitsstrafe von mindestens **zwei Jahren** verurteilt“ wird (...).

§ 7 Abs. 4 StVollzG besagt, dass „bei Gefangenen, die wegen einer Straftat nach den §§ 174 bis 180 des Strafgesetzbuches zu Freiheitsstrafen von mehr als **zwei Jahren** verurteilt worden sind“, über eine Verlegung in eine sozialtherapeutische Anstalt jeweils nach Ablauf von sechs Monaten neu zu entscheiden ist.

Ebenso sieht § 9 Abs. 1 StVollzG die Verlegung von Gefangenen in eine sozialtherapeutische Anstalt vor, „wenn er wegen einer Straftat nach den §§ 174 bis 180 oder 182 des Strafgesetzbuches zu zeitiger Freiheitsstrafe von mehr als **zwei Jahren** verurteilt worden ist (...)“.

§ 454 Abs. 2 Nr. 2 StPO schließlich ordnet das Gutachten eines Sachverständigen an, „wenn es erwägt, die Vollstreckung des Restes einer zeitigen Freiheitsstrafe von mehr als **zwei Jahren** wegen einer Straftat der in § 66 Abs. 3 S. 1 des Strafgesetzbuches bezeichneten Art auszusetzen (...)“.

Die genannten Vorschriften verfolgen zwar unterschiedliche Intentionen,[456] dennoch ist ihnen gemeinsam, dass sie Verurteilungen im nicht ganz unbedeutenden Bereich betreffen. Insofern sollen diese mit dem Rechtsausschuss des Deutschen Bundestages als Indiz für eine gewisse Gefährlichkeit des Verurteilten gewertet werden.[457]

Dies gilt insbesondere im Jugendstrafrecht. 1996 wurden 15.146 Verurteilungen mit Hauptstrafe nach Jugendstrafrecht ausgesprochen. 1.610, also lediglich 11%, lagen über zwei Jahre.

Die hier in Rede stehende Gesetzesänderung betrifft überwiegend Sexual- und andere gefährliche Delikte. Die Auswirkungen werden folglich vor allem höhere Strafrahmen betreffen, so dass für die Analyse der Gefangenenpersonalakten eine Grenzziehung bei mindestens zweijährigen Verurteilungen gerechtfertigt erscheint.

---

[456] Vgl. z.B. für § 9 StVollzG: Konrad, ZfStrVO 1998, 265 (268).
[457] BT-Dr. 13/9062, S. 14.

C. Untersuchte Anstalten

Für die Analyse der Gefangenenpersonalakten wurden die Jugendstrafanstalten Adelsheim, Hameln und Hahnöfersand ausgewählt.

I. JVA Adelsheim

Die Justizvollzugsanstalt Adelsheim ist die zentrale Strafanstalt für männliche Jugendstrafgefangene in Baden-Württemberg. Sie wurde 1974 im badisch-fränkischen Landstädtchen Adelsheim, an der Peripherie des Bundeslandes, eröffnet.

Die JVA Adelsheim erstreckt sich über ein 10 ha großes Hanggelände, umgeben von einer 1.500 m langen und 5,5 m hohen Mauer. 1979 kamen die Gerichtsgefängnisse Mosbach und Tauberbischofsheim als Außenstellen hinzu. In Mosbach können bis zu 18 Jugendstrafgefangene als Freigänger im offenen Vollzug untergebracht werden. Tauberbischofsheim bietet Platz für 24 Untersuchungshaftgefangene über 21 Jahren.

Die JVA Adelsheim selbst verfügt über eine Kapazität von 419 Haftplätzen, die sich folgendermaßen aufteilen: Die zentrale Zugangsabteilung besitzt 42 Plätze. Im geschlossenen Vollzug stehen 185 Plätze zur Verfügung. 144 Gefangene können ihre Strafe im halboffenen Vollzug (ohne Gitter, mit mehr Selbstverantwortung) verbüßen. Darüber hinaus existieren 48 Plätze für den Vollzug der U-Haft an unter 21-Jährigen.

1997 erfolgte der Aufbau einer sozialtherapeutischen Abteilung mit 20 Plätzen. Sie ist zuständig für junge Gewalt- und Sexualstraftäter, die therapeutische Hilfe brauchen, um künftig ein straffreies Leben zu führen.

Gemäß § 91 JGG, der die Aufgaben des Jugendstrafvollzuges benennt, steht in der JVA Adelsheim die schulische und berufliche Aus- und Fortbildung im Vordergrund. Die Anstalt verfügt über eine Schule sowie über eine arbeitstherapeutische Gruppe. Darüber hinaus werden Förderlehrgänge oder die Arbeit in Unternehmerbetrieben angeboten. Vollausbildungen sind in insgesamt 16 Berufsrichtungen möglich.

Schließlich verfügt die JVA Adelsheim über diverse Gruppen- und Sportangebote in der Freizeit.

II. JA Hameln

Die Jugendanstalt Hameln ist die einzige geschlossene Jugendanstalt in Niedersachsen und die größte Jugendvollzugseinrichtung in Deutschland. Ebenso wie die JVA Adelsheim ist sie für männliche Jugendstrafgefangene zuständig.

Die JA Hameln wurde 1980 als Bundesmodelleinrichtung eröffnet. 17 Jahre später erhielt sie ihre neue effektive Außensicherungsanlage, 1999 erfolgte die Erweiterung der Kapazität durch den Bau von 100 neuen Haftplätzen.

Die Anstalt erstreckt sich über ca. 20 ha Gesamtfläche. Sie verfügt über 730 Haftplätze. Es gibt keinen einheitlichen Vollzug, sondern 16 eigenständige spezialisierte Vollzugsabteilungen. Als wichtigste sind hier zu nennen: Die Aufnahmeabteilung mit 62 Plätzen, die sich mit der Erziehungs- und Behandlungsplanung, Diagnostik sowie mit der Zuweisung in die weiteren Abteilungen der Anstalt befasst, die sozialtherapeutische Abteilung mit 31 Plätzen, die sich im Schwerpunkt mit der Behandlung von Straftätern mit Gewalt- und Tötungsdelikten auseinandersetzt. Darüber hinaus gibt es eine zweite Sozialtherapie für die Behandlung von Sexualstraftätern mit 25 Plätzen. 62 Plätze stehen in der Abteilung für besondere Betreuung und Sicherung zur Verfügung sowie 18 Haftplätze in der Orientierungsabteilung Zugang für die Unterbringung von Gefangenen bei Gewalt gegen MitarbeiterInnen oder Mitgefangene und bei Drogenhandel oder Ausbruchsversuchen. Die Abteilung des offenen Vollzuges bietet 72 Haftplätze. Schließlich wird in der JA Hameln noch Untersuchungs- und Abschiebehaft mit insgesamt 120 Plätzen vollstreckt.

Die Anstalt verfügt über zahlreiche Behandlungs- und Beratungsangebote. Ein weiterer vollzuglicher Schwerpunkt liegt in der Arbeit und Aus- und Fortbildung der Gefangenen. Auch hier werden neben Berufsvorbereitungen Vollausbildungen in zwölf Berufen ermöglicht. Es bestehen zahlreiche Sport- und Freizeitangebote.

III. JA Hahnöfersand

In der Jugendanstalt Hahnöfersand verbüßen männliche Jugendliche, Heranwachsende und Jungerwachsene aus dem Bundesland Hamburg Jugendstrafen und Anschluss-Erwachsenenstrafen. Die Anstalt bietet alle Vollzugsformen, d.h. es gibt dort einen geschlossenen, einen differenziert offenen und einen Freigängerbereich.

Die Jugendanstalt Hahnöfersand wurde 1920 als Reformanstalt begründet und hatte daher eine wichtige Funktion für die Entwicklung des deutschen Jugendstrafvollzuges. Sie befindet sich auf der gleichnamigen Marschinsel in der Unterelbe. Staatsrechtlich gehört Hahnöfersand zu dem Bundesland Niedersachsen und ist Teil der Gemeinde Jork.

Die Anstalt verfügt über 136 Haftplätze im offenen und über 90 Haftplätze im geschlossenen Bereich. Die jungen Gefangenen sind in Erziehungsgruppen, die zurzeit maximal 15 Personen umfassen, untergebracht. Die Erziehungsgruppe ist die zentrale Einrichtung, die die individuellen vollzuglichen Maßnahmen plant und umsetzt.

Die JA Hahnöfersand bietet zahlreiche Behandlungs- und Beratungs- sowie Arbeits-, Aus- und Fortbildungsangebote. Neben verschiedenen sportlichen Angeboten gibt es die unterschiedlichsten Freizeitgruppen.

D. Datenauswertung

I. JVA Adelsheim

1. Struktur der Entlassungen aus der JVA Adelsheim

a. Untersuchungszeitraum 1996

Aus der JVA Adelsheim wurden 1996 insgesamt 284 Gefangene aus dem Jugenstrafvollzug entlassen. Von diesen wurden 106 zu einer Jugendstrafe von mindestens zwei Jahren verurteilt. Fehlende Akten waren in diesem Zeitraum nicht zu beklagen, so dass auch tatsächlich 106 Gefangenenpersonalakten unter Zuhilfenahme des standardisierten Fragebogens einer Analyse zugänglich waren. Damit betrug der Anteil der tatsächlich überprüften Akten an allen Entlassungen des Jahres 1996 aus dem Jugendstrafvollzug 37%.

Die folgende Tabelle zeigt eine Übersicht über die Entlassungsstruktur der untersuchten Gefangenenpersonalakten der JVA Adelsheim im Jahr 1996.

Tab. 1: Die Entlassungen des Jahres 1996 aus der JVA Adelsheim

Entlassungen bei Verurteilungen zu mindestens zwei Jahren Jugendstrafe		
	Absolut	%
Entlassungen insgesamt	106	
Fehlende Akten	0	
Tatsächlich überprüfte Akten	106	100
Davon:		
Vollverbüßung	1	1
Vorzeitige Entlassung, § 88 JGG	82	78
Abschiebung, § 456a StPO	10	9
Drogentherapie, § 35 BtMG	13	12

Aus dieser Tabelle ist ersichtlich, dass im Jahr 1996 78% der Gefangenen gemäß § 88 JGG vorzeitig entlassen wurden, ein Prozent der Verurteilten verließ die JVA erst nach der Vollverbüßung der Strafe. 9% der Gefangenen wurden gemäß § 456a StPO abgeschoben und bei 12% der Verurteilten wurde die Haft für die Aufnahme einer stationären Drogentherapie gemäß § 35 BtMG unterbrochen.

Bei diesem Ergebnis ist zu berücksichtigen, dass Grundlage der Untersuchung nur Verurteilungen zu mindestens zwei Jahren Jugendstrafe waren (s.o.). Betrachtet man dagegen alle Entlassungen des Jahres 1996 aus der JVA Adelsheim, wurden lediglich 67% der Gefangenen vorzeitig entlassen, die Quote der Vollverbüßungen betrug hingegen 13%. Die höhere Quote von Strafrestaussetzungen bei Verurteilungen zu mindestens zwei Jahren Jugendstrafe lässt sich damit erklären, dass aufgrund der längeren Haftzeit mehr Zeit für eine auf den Gefangenen ausgerichtete Erziehungs- und Behandlungsplanung und dementsprechend bessere Möglichkeiten der Entlassungsvorbereitung zur Verfügung stehen. Umgekehrt ist aus diesen Gründen auch der höhere Anteil der Vollverbüßungen bei kürzeren Jugendstrafen zu erklären, zumal § 88 Abs. 2 Satz 1 JGG eine Mindestverbüßungszeit von sechs Monaten vorsieht.

b. Untersuchungszeitraum 1999/2000

Im Vergleichszeitraum der Monate Juli bis Dezember 1999 und Januar bis Juni 2000 wurden insgesamt 362 Gefangene aus dem Jugendstrafvollzug entlassen, 179 von ihnen waren zu einer Jugendstrafe von mindestens zwei Jahren verurteilt worden. In diesem Zeitraum waren leider drei Akten nicht auffindbar; mithin konnten 176 Gefangenenpersonalakten untersucht werden. Damit betrug der Anteil der tatsächlich überprüften Akten an allen Entlassungen aus dem Jugendstrafvollzug 49%.

Die nächste Tabelle zeigt eine Übersicht über die Entlassungsstruktur der untersuchten Gefangenenpersonalakten der JVA Adelsheim 1999/2000.

Tab. 2: Die Entlassungen des Jahres 1999/2000 aus der JVA Adelsheim

Entlassungen bei Verurteilungen zu mindestens zwei Jahren Jugendstrafe		
	Absolut	%
Entlassungen insgesamt	179	
Fehlende Akten	3	
Tatsächlich überprüfte Akten	176	100
Davon:		
Vollverbüßung	11	6
Vorzeitige Entlassung, § 88 JGG	107	61
Abschiebung, § 456a StPO	32	18
Drogentherapie, § 35 BtMG	26	15

1999/2000 wurden 61% der Gefangenen gemäß § 88 JGG vorzeitig entlassen, 6% der Gefangenen verbüßten ihre Strafe bis zum Festabgang. 18% der Verurteilten wurden gemäß § 456a StPO nach Teilverbüßung ihrer Strafe abgeschoben und 15% der Gefangenen begaben sich in eine stationäre Drogentherapie gemäß § 35 BtMG.

c. Vergleich der Untersuchungszeiträume

Der Vergleich der untersuchten Zeiträume zeigt, dass der Anteil der Strafrestaussetzungen von 78% auf 61%, mithin um 17%-Punkte gefallen ist. Umgekehrt nahmen die Vollverbüßungen um 5%-Punkte von 1% auf 6% zu. Die Quote der Abschiebungen gemäß § 456a StPO stieg von 9% auf 18%, ebenso die der Drogentherapie i.S.d. § 35 BtMG von 12% auf 15%.

Abb. 5: Vergleich der Entlassungen aus der JVA Adelsheim 1996 und 1999/2000

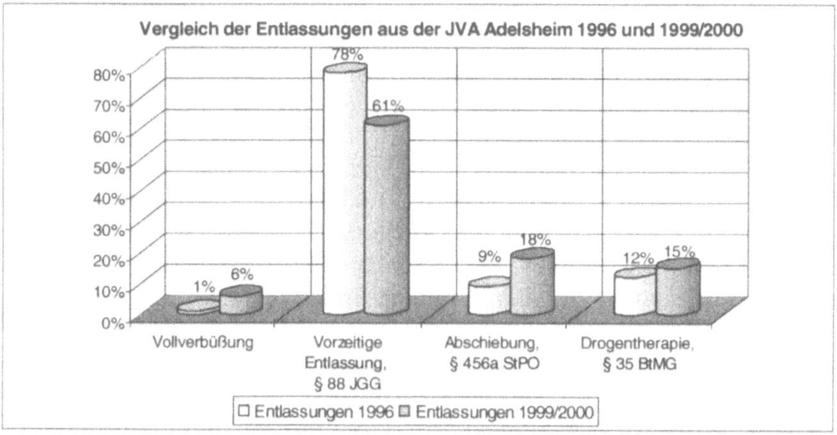

Im Ergebnis lässt sich demnach festhalten, dass im zweiten Untersuchungszeitraum prozentual deutlich weniger Gefangene (-22%) vorzeitig entlassen wurden, während die Zahl der Vollverbüßungen (um 500%!) in dieser Periode erheblich anstieg. Damit scheint eine restriktivere Entlassungspraxis in der JVA Adelsheim seit Inkrafttreten des Gesetzes zur Bekämpfung von Sexualdelikten und anderen gefährlichen Straftaten erkennbar.

2. Zeitpunkt der vorzeitigen Entlassungen gemäß § 88 JGG

Da sich die vorliegende Arbeit mit den Auswirkungen der Änderung des § 88 JGG auf die vorzeitige Entlassung beschäftigt, stehen im Folgenden nicht mehr die unterschiedlichen Entlassungsarten im Mittelpunkt. Vielmehr wird innerhalb der Gruppe der auf Grundlage des § 88 JGG vorzeitig Entlassenen der Zeitpunkt der Entlassung einer näheren Betrachtung unterzogen.

Da im Jugendstrafrecht im Gegensatz zum Erwachsenenstrafrecht – abgesehen von der sich aus § 88 Abs. 2 JGG ergebenden Regelung, wonach vor Verbüßung von sechs Monaten die Aussetzung der Vollstreckung des Restes der Jugendstrafe nur aus besonders wichtigen Gründen angeordnet werden darf und bei einer Jugendstrafe von mehr als einem Jahr nur zulässig ist, wenn der Verurteilte mindestens ein Drittel der Strafe verbüßt hat – keine obligatorischen Entlassungszeiten vorgesehen sind und insofern nicht nur die Frage, ob ein Gefangener vorzeitig entlassen werden kann und soll, sondern auch, wann dies geschehen soll, eine Ermessensentscheidung des Vollstreckungsleiters darstellt, ist es von Interesse, den Entlassungszeitpunkt anhand der aus der Gefangenenpersonalakte entnommenen Daten zu analysieren und beide Untersuchungszeiträume miteinander zu vergleichen.

Es wurden vier Zeitangaben gewählt, nach denen der Gefangene vorzeitig entlassen werden kann: nach der Verbüßung von einem Drittel, nach der Hälfte, nach sieben Zwölfteln und nach zwei Dritteln des im Urteil festgesetzten Strafmaßes.

Die Wahl des ersten Zeitpunktes, die Verbüßung von einem Drittel, ergibt sich aus dem Gesetz: Gemäß § 88 Abs. 2 JGG muss der Verurteilte bei einer Jugendstrafe von mehr als einem Jahr mindestens ein Drittel der Strafe verbüßt haben, ehe die Vollstreckung des Restes zur Bewährung ausgesetzt werden kann. Weitere Termine für eine vorzeitige Entlassung sind dagegen in § 88 JGG nicht vorgesehen. Die Strafrestaussetzung steht nach Beachtung dieser Mindestverbüßungszeit im Ermessen des Vollstreckungsleiters.

Die Wahl des zweiten Zeitpunktes, nach Verbüßung der Hälfte der Strafe, lehnt sich an die Halbstrafenaussetzung in § 57 Abs. 2 StGB für den Erwachsenenstrafvollzug an.

Der nächste Zeitpunkt, die Entlassung nach Verbüßung von sieben Zwölfteln der Strafe, stellt eine baden-württembergische Besonderheit dar. Der erste Vollstreckungsleiter der 1974 errichteten Jugendstrafanstalt Adelsheim führte den sog. „Sieben-Zwölftel-Zeitpunkt“ ein. Dabei handelt es sich um die Mitte zwischen der Entlassung nach der Hälfte (6/12) und nach zwei Dritteln (8/12). Dieser Sieben-Zwölftel-Zeitpunkt hat über die JVA Adelsheim hinaus in ganz Baden-Württemberg im Jugendstrafvollzug Anwendung gefunden.

Die letzte Zeitangabe, die Entlassung nach Verbüßung von zwei Dritteln der Strafe, wurde schließlich wieder dem Erwachsenenstrafrecht entnommen: § 57 Abs. 1 StGB sieht als Regelentlassungszeitpunkt die Verbüßung von zwei Dritteln der ausgeurteilten Strafe vor.

a. Untersuchungszeitraum 1996

Die folgende Abbildung zeigt den Zeitpunkt der vorzeitigen Entlassung gemäß § 88 JGG aus der JVA Adelsheim 1996. Sie soll einen Überblick über die prozentuale Verteilung auf die einzelnen Entlassungszeitpunkte geben.

Abb. 6: Zeitpunkt der vorzeitigen Entlassungen gemäß § 88 JGG aus der JVA Adelsheim 1996

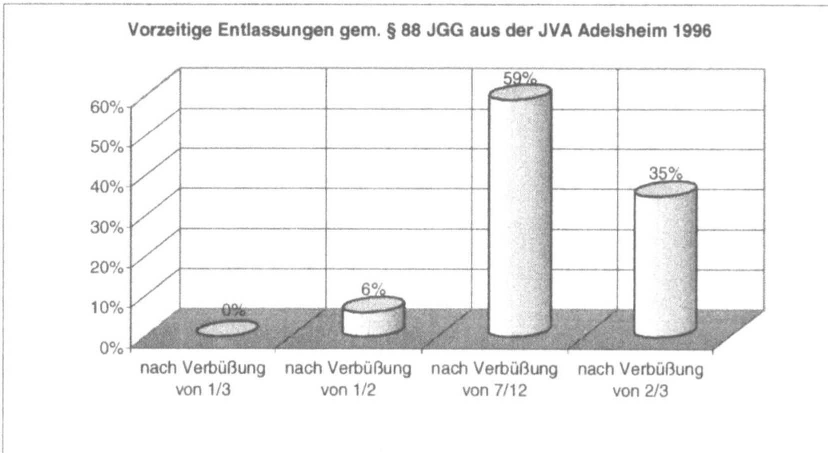

Aus dieser Abbildung wird ersichtlich, dass im ersten Untersuchungszeitraum (1996) kein Gefangener nach Verbüßung von einem Drittel der Strafe vorzeitig entlassen wurde, 6% der Gefangenen verließen die JVA nach Verbüßung der Halbstrafe. Bei über der Hälfte der Verurteilten, nämlich bei 59%, wurde die Vollstreckung des Restes der Jugendstrafe nach Verbüßung von sieben Zwölfteln der Strafe ausgesetzt. Immerhin noch 35% der Gefangenen, also mehr als ein Drittel, wurden jedoch erst nach Verbüßung von zwei Dritteln ihrer Strafe gemäß § 88 JGG vorzeitig entlassen.

b. Untersuchungszeitraum 1999/2000

Betrachtet man die Entlassungszeitpunkte im Vergleichszeitraum, zeigt sich zunächst im unteren Bereich keine Veränderung, wie sich aus Abbildung 7 ergibt.

Wiederum wurde kein Gefangener nach Verbüßung von einem Drittel seiner Strafe vorzeitig entlassen, obwohl § 88 JGG diese Möglichkeit ja ausdrücklich vorsieht. Ebenfalls 6% wurden nach Verbüßung der Hälfte ihrer Strafe entlassen.

Im Jahr 1999/2000 wurde aber nur noch in 41% der Fälle die Vollstreckung der Reststrafe nach Verbüßung von sieben Zwölfteln der Strafe ausgesetzt. 53% der Gefangenen konnte die JVA erst nach Verbüßung von zwei Dritteln der Strafe verlassen.

Abb. 7: Zeitpunkt der vorzeitigen Entlassungen gemäß § 88 JGG aus der JVA Adelsheim 1999/2000

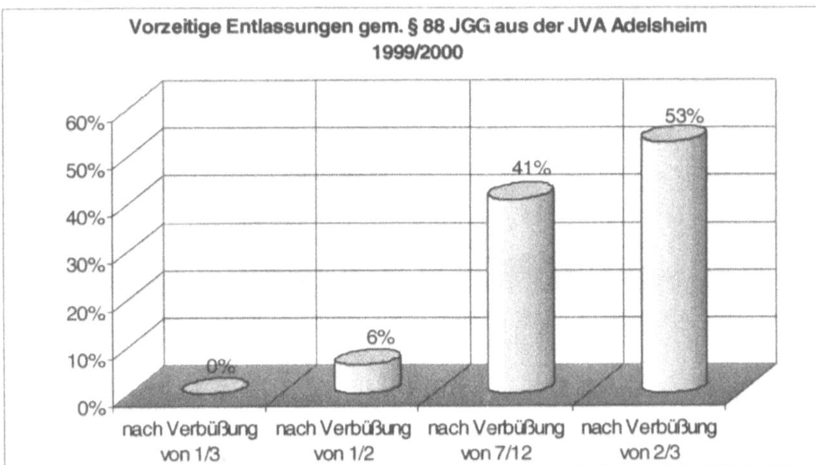

c. Vergleich der Untersuchungszeiträume

Damit lässt sich für die JVA Adelsheim tatsächlich eine restriktivere Aussetzungspraxis innerhalb der beiden Vergleichszeiträume feststellen: 1999/2000 ist nicht nur ein genereller Rückgang der Strafrestaussetzungsentscheidungen um 22% (von 78% auf 61%) zu verzeichnen, es liegt auch innerhalb der Gruppe der vorzeitigen Entlassungen eine erkennbare Verschiebung des Aussetzungszeitpunktes hin zum Festabgangstermin vor, wie Abbildung 8 noch einmal verdeutlicht.

Hierbei ist auch zu berücksichtigen, dass für die JVA Adelsheim keine äußeren Umstände bekannt sind, die dieses Ergebnis beeinflusst haben könnten. Sowohl 1996 als auch 1999/2000 war der gleiche Jugendrichter am Amtsgericht Adelsheim als Vollstreckungsleiter tätig.

Aufgrund der festgestellten geringen Verfahrensbeteiligung der Staatsanwaltschaft[458] können überdies eventuelle, durch Dezernats- Um- oder Neubesetzungen bedingte Änderungen ebenfalls ausgeschlossen werden. Ebenso gab es während dieses Zeitraumes keine ministeriellen Erlasse, die auf die Entscheidung über eine Strafrestaussetzung Einfluss nehmen konnten.

Abb. 8: Vergleich der vorzeitigen Entlassungszeitpunkte gemäß § 88 JGG aus der JVA Adelsheim 1996 und 1999/2000

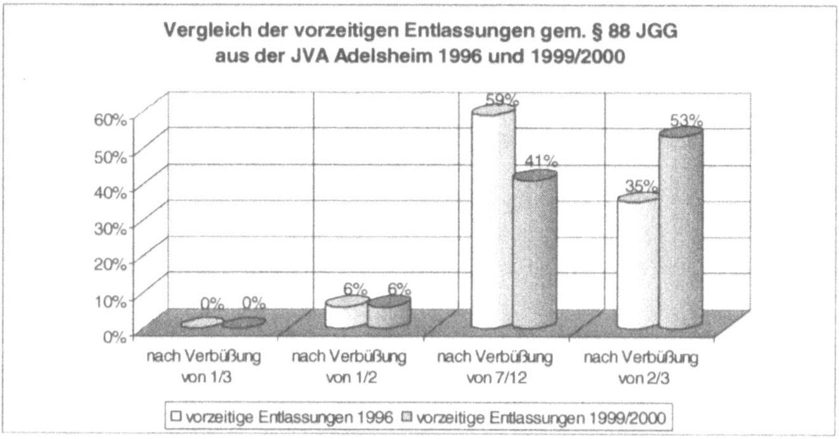

II. JA Hameln

1. Struktur der Entlassungen aus der JA Hameln

a. Untersuchungszeitraum 1996

Aus der JA Hameln wurden 1996 insgesamt 292 Gefangene aus dem Jugendstrafvollzug entlassen. Von diesen wurden 148 zu einer Jugendstrafe von mindestens zwei Jahren verurteilt. Drei Akten dieses Zeitraumes waren leider nicht auffindbar, so dass insgesamt 145 Gefangenenpersonalakten unter Zuhilfenahme des standardisierten Fragebogens einer Analyse zugänglich waren. Damit betrug der Anteil der tatsächlich überprüften Akten an allen Entlassungen des Jahres 1996 aus dem Jugendstrafvollzug 50%.

Die folgende Tabelle zeigt eine Übersicht über die Entlassungsstruktur der untersuchten Gefangenenpersonalakten der JA Hameln im Jahr 1996.

---

[458] Siehe unten, S. 145 und 148.

Tab. 3: Die Entlassungen des Jahres 1996 aus der JA Hameln

Entlassungen bei Verurteilungen zu mindestens zwei Jahren Jugendstrafe		
	Absolut	%
Entlassungen insgesamt	148	
Fehlende Akten	3	
Tatsächlich überprüfte Akten	145	100
Davon:		
Vollverbüßung	36	25
Vorzeitige Entlassung, § 88 JGG	66	46
Abschiebung, § 456a StPO	25	17
Drogentherapie, § 35 BtMG	18	12

Aus dieser Tabelle ist ersichtlich, dass im Jahr 1996 46% der Gefangenen gemäß § 88 JGG vorzeitig entlassen wurden, 25% der Verurteilten verließen die JA erst nach der Vollverbüßung ihrer Strafe. 17% der Gefangenen wurden gemäß § 456a StPO abgeschoben und bei 12% der Verurteilten wurde die Haft für die Aufnahme einer stationären Drogentherapie gemäß § 35 BtMG unterbrochen.

b. Untersuchungszeitraum 1999/2000

Im Vergleichszeitraum der Monate Juli bis Dezember 1999 und Januar bis Juni 2000 wurden insgesamt 405 Gefangene aus dem Jugendstrafvollzug entlassen, 200 von ihnen waren zu einer Jugendstrafe von mindestens zwei Jahren verurteilt worden. Auch in diesem Zeitraum waren leider drei Akten nicht auffindbar; mithin konnten 197 Gefangenenpersonalakten untersucht werden. Damit betrug der Anteil der tatsächlich überprüften Akten an allen Entlassungen aus dem Jugendstrafvollzug 49%.

Tabelle 4 zeigt eine Übersicht über die Struktur der Entlassungen der untersuchten Gefangenenpersonalakten der JA Hameln 1999/2000.

1999/2000 wurden 35% der Gefangenen gemäß § 88 JGG vorzeitig entlassen, 39% der Gefangenen verbüßten ihre Strafe bis zum Festabgang. In der absoluten Zahl von 77 Gefangenen, die ihre Strafe voll verbüßten, sind auch die Daten zweier Verurteilter enthalten, deren Strafe aufgrund von Gnadenerlassen des Niedersächsischen Justizministeriums[459] vorzeitig ausgesetzt wurde, bei dem einen Gefangenen um 18 Tage, bei dem anderen um 23 Tage. Da in diesen Fäl-

[459] RV des Niedersächsischen Ministeriums für Justiz vom 15.10.1999; 4250-305.118.

len der Strafrest nicht gemäß § 88 JGG zur Bewährung ausgesetzt wurde, sondern den Verurteilten die Strafe ohne Auferlegung von Bewährungszeiten oder Auflagen/Weisungen im Rahmen der Bewährung erlassen wurde, gleicht diese Art der Entlassung eher derjenigen zum Endstrafentermin, so dass diese beiden Fälle in der o.a. Tabelle den Vollverbüßungen zugerechnet wurden.

11% der Verurteilten wurden gemäß § 456a StPO nach Teilverbüßung ihrer Strafe abgeschoben und 15% der Gefangenen begaben sich in eine stationäre Drogentherapie gemäß § 35 BtMG.

Tab. 4: Die Entlassungen des Jahres 1999/2000 aus der JA Hameln

Entlassungen bei Verurteilungen zu mindestens zwei Jahren Jugendstrafe		
	Absolut	%
Entlassungen insgesamt	200	
Fehlende Akten	3	
Tatsächlich überprüfte Akten	197	100
Davon:		
Vollverbüßung	77	39
Vorzeitige Entlassung, § 88 JGG	69	35
Abschiebung, § 456a StPO	22	11
Drogentherapie, § 35 BtMG	29	15

c. Vergleich der Untersuchungszeiträume

Der Vergleich der untersuchten Zeiträume zeigt, dass der Anteil der Strafrestaussetzungen von 46% auf 35%, mithin um 11%-Punkte gefallen ist. Dagegen nahmen die Vollverbüßungen um 14%-Punkte von 25% auf 39% zu. Damit sind in der JA Hameln im zweiten Untersuchungszeitraum mehr Vollverbüßungen als vorzeitige Entlassungen zu verzeichnen. Die Quote der Abschiebungen gemäß § 456a StPO fiel von 17% auf 11%, dagegen stieg die Quote der Drogentherapie im Sinne des § 35 BtMG von 12% auf 15%.

Demnach wurden 1999/2000 deutlich weniger Gefangene (-24%) vorzeitig entlassen, während die Zahl der Vollverbüßungen um 56% anstieg. Damit ist auch in der JA Hameln eine deutlich restriktivere Entlassungspraxis seit Inkrafttreten des Gesetzes zur Bekämpfung von Sexualdelikten und anderen gefährlichen Straftaten erkennbar, wie Abbildung 9 noch einmal verdeutlicht.

Abb. 9: Vergleich der Entlassungen aus der JA Hameln 1996 und 1999/2000

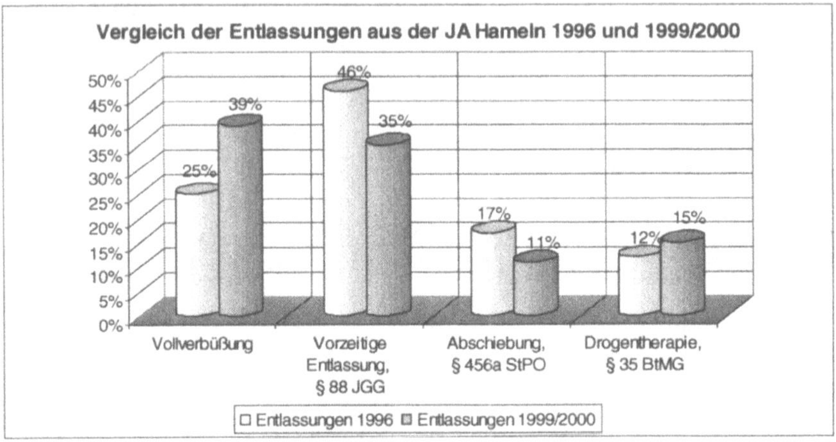

2. Zeitpunkt der vorzeitigen Entlassungen gemäß § 88 JGG

a. Untersuchungszeitraum 1996

Abbildung 10 zeigt den Zeitpunkt der vorzeitigen Entlassungen gemäß § 88 JGG aus der JA Hameln im Jahr 1996. Sie gibt einen Überblick über die prozentuale Verteilung auf die einzelnen Entlassungszeitpunkte.

Um eine Vergleichbarkeit der untersuchten Anstalten untereinander zu gewährleisten, wurde auf die gleichen Entlassungszeitpunkte wie bei der JVA Adelsheim zurückgegriffen: die vorzeitige Entlassung nach der Verbüßung von einem Drittel, nach der Hälfte, nach sieben Zwölfteln und nach zwei Dritteln des im Urteil ursprünglich festgesetzten Strafmaßes.

Im Jahr 1996 wurden aus der Gruppe der gemäß § 88 JGG vorzeitig entlassenen Gefangenen 2% nach Verbüßung von einem Drittel entlassen, 6% der Gefangenen verließen die JA Hameln nach Verbüßung der Hälfte der verhängten Strafe. Bei 24% der Gefangenen wurde die Vollstreckung des Restes der Jugendstrafe nach Verbüßung von sieben Zwölfteln der Strafe ausgesetzt. Mehr als zwei Drittel der Gefangenen, nämlich 68%, wurden jedoch erst nach Verbüßung von zwei Dritteln ihrer Strafe gemäß § 88 JGG vorzeitig entlassen.

Abb. 10: Zeitpunkt der vorzeitigen Entlassungen gemäß § 88 JGG aus der JA Hameln 1996

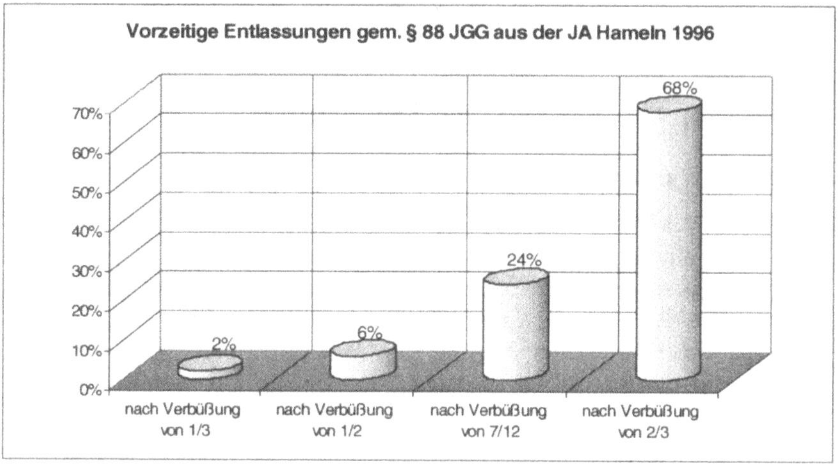

b. Untersuchungszeitraum 1999/2000

Betrachtet man die Entlassungszeitpunkte im Vergleichszeitraum, zeigen sich lediglich geringfügige Veränderungen.

Abb. 11: Zeitpunkt der vorzeitigen Entlassungen gemäß § 88 JGG aus der JA Hameln 1999/2000

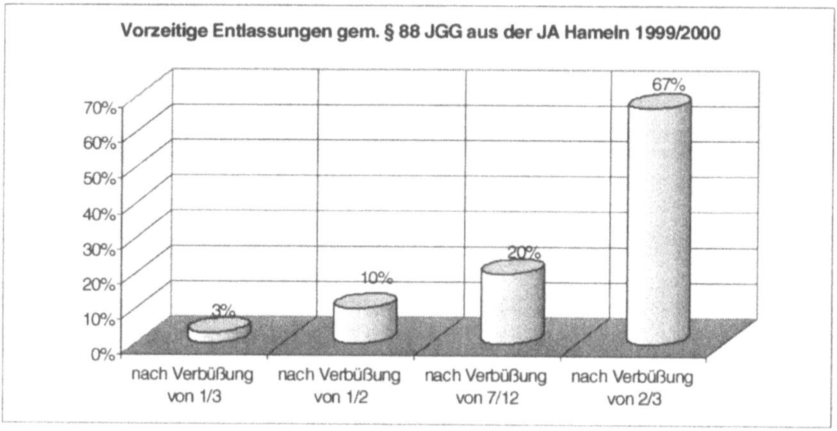

Im Jahr 1999/2000 wurden 3% der Gefangenen aus der Gruppe der vorzeitigen Entlassungen nach Verbüßung von einem Drittel der Strafe entlassen, 10% nach Verbüßung der Hälfte der ausgeurteilten Zeit. Bei 20% der Gefangenen wurde die Vollstreckung der Reststrafe nach Verbüßung von sieben Zwölfteln zur Bewährung ausgesetzt. 67% der Gefangenen konnten die JA Hameln erst nach Verbüßung von zwei Dritteln ihrer Strafe verlassen.

c. Vergleich der Untersuchungszeiträume

Anders als in der JVA Adelsheim, wo im zweiten Untersuchungszeitraum anhand des vorgefundenen Datenmaterials eine deutliche Verschiebung der Entlassungszeitpunkte nach hinten festgestellt werden konnte, ist dies in der JA Hameln nicht zu beobachten, wie Abbildung 12 noch einmal verdeutlicht.

Allerdings darf bei diesem Ergebnis nicht außer Acht gelassen werden, dass die meisten Verurteilten (39%) 1999/2000 ihre Strafe in der JA Hameln voll verbüßten, während lediglich 35% überhaupt vorzeitig entlassen wurden.

Abb. 12: Vergleich der vorzeitigen Entlassungszeitpunkte gemäß § 88 JGG aus der JA Hameln 1996 und 1999/2000

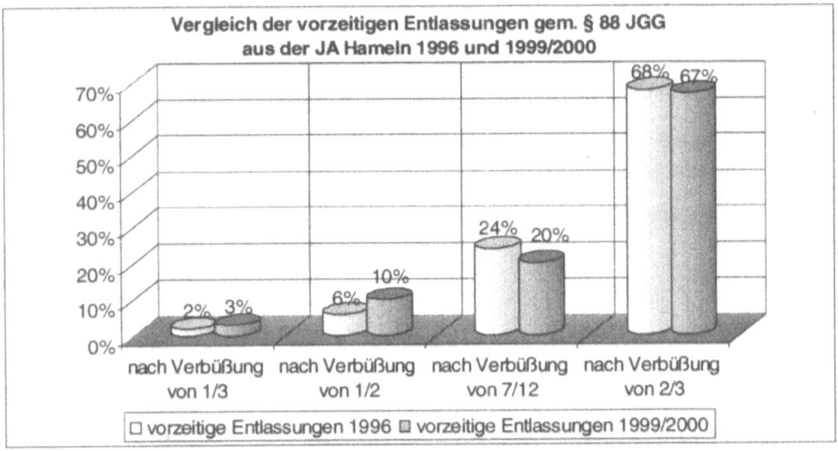

Insofern ist mit einem Rückgang der Strafrestaussetzungsentscheidungen um 24% bei einer gleichzeitigen Zunahme der Vollverbüßungen um 56% auch in der JA Hameln eine restriktivere Entlassungspraxis seit Inkrafttreten des Gesetzes zur Bekämpfung von Sexualdelikten und anderen gefährlichen Straftaten zu beobachten.

Wie in der JVA Adelsheim sind auch für die JA Hameln keine äußeren Umstände erkennbar, die dieses Ergebnis beeinflusst haben könnten. Zum einen gab es keinen Wechsel in den Personen der Vollstreckungsleiter, zum anderen war auch in der JA Hameln die Beteiligung der Staatsanwaltschaft an den Verfahren einer bedingten Entlassung zu gering,[460] als dass ein eventueller Dezernatswechsel nennenswerte Auswirkungen auf die Strafrestaussetzungsentscheidungen hätte haben können. Ministerielle Erlasse während dieses Zeitraumes sind nicht bekannt.

III. JA Hahnöfersand

1. Struktur der Entlassungen aus der JA Hahnöfersand

a. Untersuchungszeitraum 1996

Aus der JA Hahnöfersand wurden 1996 insgesamt 51 Gefangene aus dem Jugendstrafvollzug entlassen. Von diesen wurden 18 zu einer Jugendstrafe von mindestens zwei Jahren verurteilt. Fehlende Akten waren für diesen Zeitraum nicht festzustellen, so dass insgesamt 18 Gefangenenpersonalakten unter Zuhilfenahme des standardisierten Fragebogens analysiert werden konnten.

Mithin betrug der Anteil der tatsächlich überprüften Akten an allen Entlassungen des Jahres 1996 aus dem Jugendstrafvollzug 35%.
Auch wenn damit der relative Anteil der untersuchten Gefangenenpersonalakten an allen Entlassungen nicht viel geringer ist als der in der JVA Adelsheim (1996 wurden dort 37% aller Akten analysiert), ist die Aussagekraft der Untersuchung in der JA Hahnöfersand aufgrund der geringen absoluten Zahlen eingeschränkt. Jeder einzelnen Akte kommt daher im Grunde genommen eine zu große Bedeutung zu, was sich insbesondere bei dem Vergleich der Untersuchungszeiträume auswirken wird. Trotz dieser eingeschränkten Aussagekraft sollen die Ergebnisse der Aktenanalyse in der JA Hahnöfersand dennoch in der vorliegenden Arbeit aufgeführt werden, auch wenn die geringen absoluten Fallzahlen in der Interpretation berücksichtigt werden müssen.

Tabelle 5 zeigt eine Übersicht über die Entlassungsstruktur der untersuchten Gefangenenpersonalakten der JA Hahnöfersand im Jahr 1996.

Im Jahr 1996 wurden 39% der Gefangenen gemäß § 88 JGG vorzeitig entlassen, 6% der Verurteilten verließen die JA erst nach der Vollverbüßung der Strafe. 44% der Gefangenen wurden gemäß § 456a StPO abgeschoben und bei 11%

[460] Vgl. S. 150 und 153.

der Verurteilten wurde die Haft für die Aufnahme einer stationären Drogentherapie gemäß § 35 BtMG unterbrochen.

Tab. 5: Die Entlassungen des Jahres 1996 aus der JA Hahnöfersand

Entlassungen bei Verurteilungen zu mindestens zwei Jahren Jugendstrafe		
	Absolut	%
Entlassungen insgesamt	18	
Fehlende Akten	0	
Tatsächlich überprüfte Akten	18	100
Davon:		
Vollverbüßung	1	6
Vorzeitige Entlassung, § 88 JGG	7	39
Abschiebung, § 456a StPO	8	44
Drogentherapie, § 35 BtMG	2	11

b. Untersuchungszeitraum 1999/2000

Im Vergleichszeitraum der Monate Juli bis Dezember 1999 und Januar bis Juni 2000 wurden insgesamt 68 Gefangene aus dem Jugendstrafvollzug entlassen. 26 von ihnen waren zu einer Jugendstrafe von mindestens zwei Jahren verurteilt worden. Auch in diesem Zeitraum waren alle Akten auffindbar, so dass der Anteil der tatsächlich überprüften Akten an allen Entlassungen aus dem Jugendstrafvollzug 38% betrug.

Die nächste Tabelle zeigt eine Übersicht über die Entlassungsstruktur der untersuchten Gefangenenpersonalakten der JA Hahnöfersand 1999/2000.

Tab. 6: Die Entlassungen des Jahres 1999/2000 aus der JA Hahnöfersand

Entlassungen bei Verurteilungen zu mindestens zwei Jahren Jugendstrafe		
	Absolut	%
Entlassungen insgesamt	26	
Fehlende Akten	0	
Tatsächlich überprüfte Akten	26	100
Davon:		
Vollverbüßung	3	12
Vorzeitige Entlassung, § 88 JGG	20	77
Abschiebung, § 456a StPO	2	8
Drogentherapie, § 35 BtMG	1	4

1999/2000 wurden 77% der Gefangenen gemäß § 88 JGG vorzeitig entlassen, 12% der Verurteilten verbüßten ihre Strafe bis zum Festabgang. 8% der Gefangenen wurden gemäß § 456a StPO nach Teilverbüßung ihrer Strafe abgeschoben und 4% der Gefangenen begaben sich in eine stationäre Drogentherapie i.S.d. § 35 BtMG.

c. Vergleich der Untersuchungszeiträume

Der Vergleich der untersuchten Zeiträume zeigt, dass der Anteil der Strafrestaussetzungsentscheidungen von 39% auf 77%, mithin um 38%-Punkte gestiegen ist. Ebenso nahmen die Vollverbüßungen um 6%-Punkte von 6% auf 12% zu. Die Quote der Abschiebungen fiel von 44% auf 8%, ebenso die der Drogentherapie nach § 35 BtMG von 11% auf 4%.

Abb. 13: Vergleich der Entlassungen aus der JA Hahnöfersand 1996 und 1999/2000

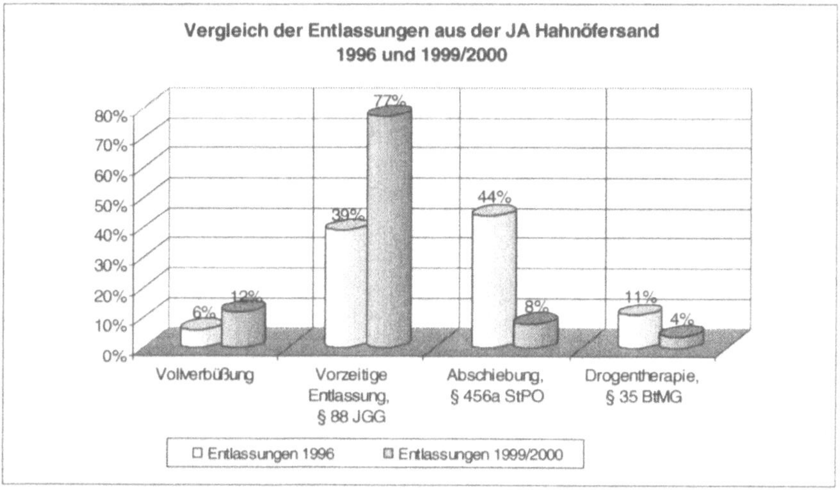

Damit zeigt sich in der JA Hahnöfersand eine etwas andere Entlassungsstruktur als in den Vergleichsanstalten Adelsheim und Hameln. Zwar stieg auch in der JA Hahnöfersand der Anteil der Vollverbüßungen – wenn auch mit einer Steigerung um 100% längst nicht so deutlich wie in der JVA Adelsheim (+ 500%), allerdings aber auch stärker als in der JA Hameln (+ 56%).

Im Gegensatz zu den beiden anderen untersuchten Anstalten ist aber im Vergleich der Untersuchungszeiträume bei der Quote der vorzeitigen Entlassungen gemäß § 88 JGG keine Abnahme, sondern sogar eine Zunahme von 39% auf 77% zu verzeichnen. Dies entspricht einer Steigerung um 97%.

Demnach lässt sich für die JA Hahnöfersand im Grundsatz keine restriktivere Entlassungspraxis seit Inkrafttreten des Gesetzes zur Bekämpfung von Sexualdelikten und anderen gefährlichen Straftaten bestätigen.

2. Zeitpunkt der vorzeitigen Entlassungen gemäß § 88 JGG

Betrachtet man allerdings auch für die JA Hahnöfersand die einzelnen Entlassungszeitpunkte, lässt sich die Aussage, dass eine restriktivere Entlassungspraxis nach Inkrafttreten des Gesetzes zur Bekämpfung von Sexualdelikten und anderen gefährlichen Straftaten nicht deutlich erkennbar ist, nicht mehr im vollen Umfang aufrecht erhalten, wobei auch für die dritte untersuchte Anstalt auf die vier Entlassungszeitpunkte – Entlassung nach einem Drittel, nach der Hälfte, nach sieben Zwölfteln und nach zwei Dritteln der Strafe – zurückgegriffen wurde.

a. Untersuchungszeitraum 1996

Die folgende Abbildung zeigt den Zeitpunkt der vorzeitigen Entlassungen gemäß § 88 JGG aus der JA Hahnöfersand 1996.

Abb. 14: Zeitpunkt der vorzeitigen Entlassungen gemäß § 88 JGG aus der JA Hahnöfersand 1996

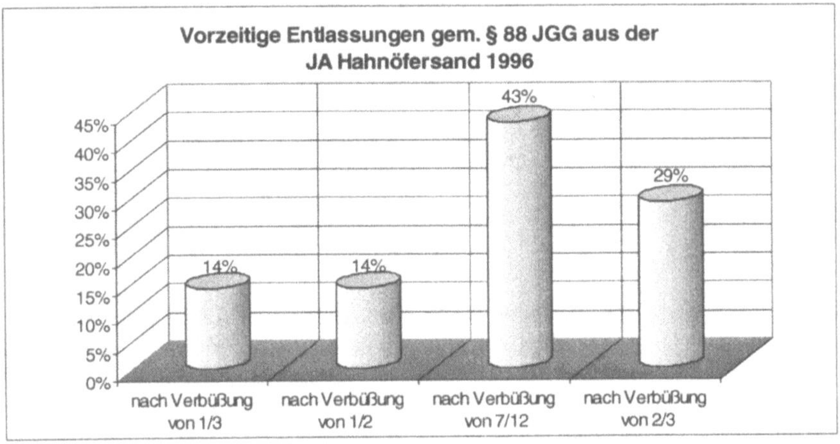

Aus dieser Abbildung wird ersichtlich, dass im Jahr 1996 14% der Gefangenen nach Verbüßung von einem Drittel der Strafe vorzeitig entlassen wurden. Ebenfalls 14% der Gefangenen verließen die JA nach Verbüßung der Halbstrafe. Bei 43% der Verurteilten wurde die Vollstreckung des Restes der Jugendstrafe nach

Verbüßung von sieben Zwölfteln zur Bewährung ausgesetzt. 29% der Gefangenen wurden erst nach der Verbüßung von zwei Dritteln ihrer Strafe gemäß § 88 JGG vorzeitig entlassen.

b. Untersuchungszeitraum 1999/2000

Im zweiten Untersuchungszeitraum zeigen sich bei der Entlassungsstruktur der JA Hahnöfersand zum Teil erhebliche Veränderungen, wie die folgende Abbildung verdeutlicht.

Abb. 15: Zeitpunkt der vorzeitigen Entlassungen gemäß § 88 JGG aus der JA Hahnöfersand 1999/2000

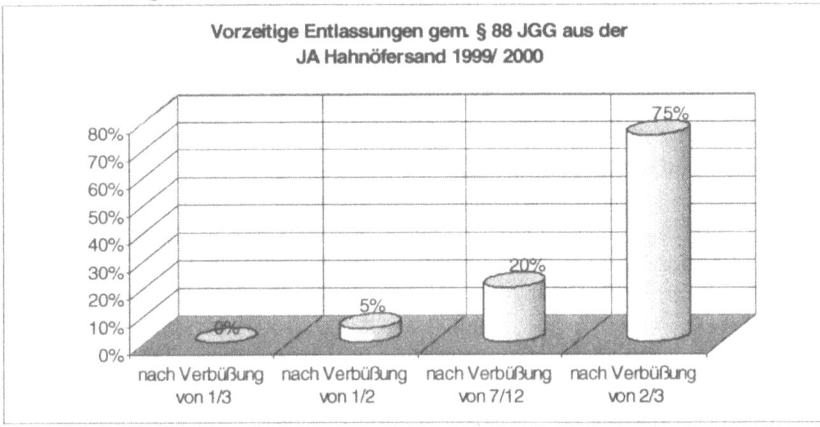

1999/2000 wurde kein Gefangener bereits nach Verbüßung von einem Drittel der Strafe vorzeitig entlassen. 5% der Verurteilten verließen die JA nach der Verbüßung der Hälfte des ursprünglich festgesetzten Strafmaßes. Bei 20% der Gefangenen wurde die Vollstreckung des Restes der Jugendstrafe nach Verbüßung von sieben Zwölfteln zur Bewährung ausgesetzt. Drei Viertel der Verurteilten (75%) wurden dagegen erst nach Verbüßung von zwei Dritteln ihrer Strafe gemäß § 88 JGG vorzeitig entlassen.

c. Vergleich der Untersuchungszeiträume

Wie bereits erwähnt, gestaltet sich ein Vergleich der untersuchten Gefangenenpersonalakten der beiden Jahrgänge angesichts der – vor allem im ersten Untersuchungszeitraum – niedrigen absoluten Fallzahlen von sieben (1996) bzw. 20 Gefangenenpersonalakten (1999/2000) unter empirischen Gesichtspunkten schwierig.

Dennoch lässt sich zumindest die Tendenz feststellen, dass 1999/2000 zwar deutlich mehr Gefangene vorzeitig entlassen wurden, allerdings hat sich der Zeitpunkt der Strafrestaussetzungen erkennbar nach hinten verschoben.

Sowohl 1996 als auch 1999/2000 waren die gleichen Vollstreckungsleiter zuständig, die über eine vorzeitige Entlassung aus der JA Hahnöfersand entschieden. Erlasse auf Ministeriumsebene, die direkt auf eine Änderung der Entlassungspraxis zielten, sind nicht bekannt.

Anders als in den beiden zuvor untersuchten Anstalten Adelsheim und Hameln konnte für die JA Hahnöfersand aber eine signifikant höhere Beteiligung der Staatsanwaltschaft an dem Strafrestaussetzungsverfahren festgestellt werden.[461] Insofern können eventuelle, durch Dezernats- Um- oder Neubesetzungen bedingte Auswirkungen auf die Entlassungspraxis nicht ganz ausgeschlossen werden. Allerdings sind auch an dieser Stelle erneut die geringen Fallzahlen in beiden Untersuchungszeiträumen zu berücksichtigen, die die Feststellung eines unmittelbaren Einflusses äußerer Umstände auf die Entlassungsentscheidungen der Vollstreckungsleiter verhindern.

Damit ist auch für die JA Hahnöfersand – wenn auch in anderen Größenordnungen – eine restriktivere Entlassungspraxis seit Inkrafttreten des Gesetzes zur Bekämpfung von Sexualdelikten und anderen gefährlichen Straftaten zu erkennen.

Auch für die letzte untersuchte Anstalt ist im zweiten Untersuchungszeitraum eine Steigerung des Anteils der Vollverbüßungen um 6%-Punkte von 6% auf 12% zu verzeichnen. Allerdings – und diese Tendenz lässt sich weder in der JVA Adelsheim noch in der JA Hameln erkennen – nahm gleichzeitig die Zahl der vorzeitigen Entlassungen von 39% auf 77% um 38%-Punkte zu.

Innerhalb der Gruppe der vorzeitigen Entlassungen gemäß § 88 JGG ist wiederum erkennbar, dass sich der Zeitpunkt der Strafrestaussetzungsentscheidungen erheblich nach hinten verschoben hat.

---

[461] Siehe unten S. 155 und 158.

Abb. 16: Vergleich der vorzeitigen Entlassungszeitpunkte gemäß § 88 JGG aus der JA Hahnöfersand 1996 und 1999/2000

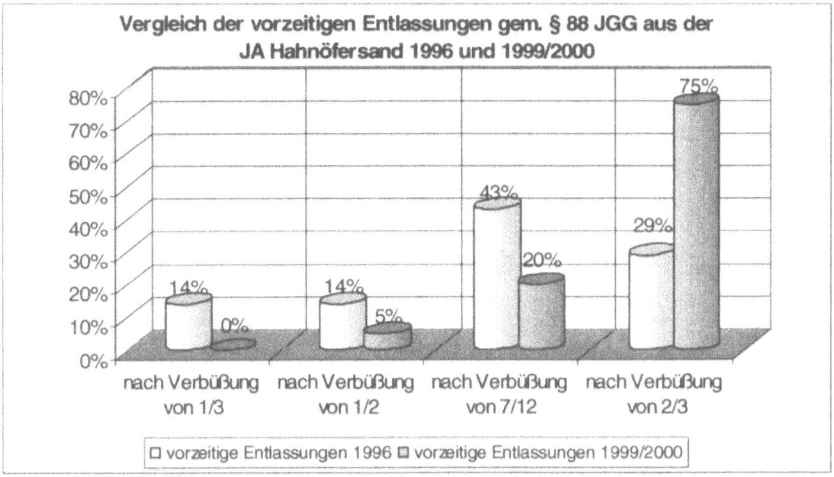

IV. Ergebnis der Analyse der Entlassungsstruktur und des Entlassungszeitpunktes

Die Analyse der Entlassungsstruktur und des vorzeitigen Entlassungszeitpunktes der Untersuchungszeiträume 1996 und 1999/2000 hat sowohl für die JVA Adelsheim als auch für die JA Hameln – und eingeschränkt auch für die JA Hahnöfersand – eine zum Teil erheblich restriktivere Entlassungspraxis seit Inkrafttreten des Gesetzes zur Bekämpfung von Sexualdelikten und anderen gefährlichen Straftaten ergeben:

In der JVA Adelsheim ist im zweiten Untersuchungszeitraum nicht nur ein Rückgang der Strafrestaussetzungen um 22%, sondern gleichzeitig eine Zunahme der Vollverbüßungen um 500% zu verzeichnen. Innerhalb der Gruppe der vorzeitigen Entlassungen ist der Entlassungszeitpunkt deutlich nach hinten gerückt.[462]

Auch in der JA Hameln wurden 1999/2000 im Vergleich zum Untersuchungsjahr 1996 24% weniger Gefangene vorzeitig entlassen, während gleichzeitig die Zahl der Vollverbüßungen um 56% anstieg. Allerdings war in der JA Hameln keine Verschiebung des Entlassungszeitpunktes nach hinten zu erkennen.[463]

---

[462] Vgl. S.119 und S. 122f.

[463] Vgl. S.125 und S. 128.

In der JA Hahnöfersand stieg der Anteil der Vollverbüßungen im zweiten Untersuchungszeitraum um 100%. Fast genauso groß, nämlich 97%, war jedoch gleichzeitig die Zunahme der Strafrestaussetzungen. Aber auch in der JA Hahnöfersand hat sich 1999/2000 im Vergleich zu 1996 der Zeitpunkt der vorzeitigen Entlassungen deutlich nach hinten verschoben.[464]

Anknüpfend an diese Ergebnisse sollen im folgenden Abschnitt mögliche Ursachen und Gründe der festgestellten veränderten Entlassungspraxis aufgezeigt und mögliche Erklärungen hierfür dargelegt werden.

V. Erklärungsversuche der geänderten Entlassungspraxis

Um eine mögliche Kausalität zwischen der Gesetzesänderung und der geänderten Entlassungspraxis festzustellen, wird zunächst isoliert die Gruppe der so genannten Vollverbüßer, also derjenigen Gefangenen, die erst nach der vollen Verbüßung ihrer Strafe zum Endstrafentermin entlassen wurden, betrachtet. Im Anschluss daran erfolgt eine Analyse der Gruppe der vorzeitig Entlassenen. Es wird versucht, die Gründe herauszufiltern, die zu einer Strafrestaussetzungsentscheidung bzw. deren Versagung geführt haben. Hierbei ist von entscheidender Bedeutung, ob sich diese Gründe im Vergleich der Untersuchungszeiträume nachweisbar verändert haben, ob also das Gesetz zur Bekämpfung von Sexualdelikten und anderen gefährlichen Straftaten sich direkt auf die Entlassungspraxis in den untersuchten Anstalten ausgewirkt hat.

1. Gruppe der Vollverbüßungen

a. JVA Adelsheim

Innerhalb der Gruppe der Vollverbüßungen kann bei der Analyse des in den Gefangenenpersonalakten vorgefundenen Datenmaterials zunächst festgestellt werden, dass in der JVA Adelsheim im ersten Untersuchungszeitraum lediglich ein Gefangener seine Strafe bis zum Ende verbüßen musste.[465] Dieser verzichtete auf die Stellung eines Antrages auf vorzeitige Entlassung.

1999/2000 stellten 55% der Verurteilten einen Antrag gemäß § 88 JGG, der vom Vollstreckungsleiter abschlägig beschieden wurde. Allen ablehnenden Fällen war eine negative Stellungnahme der JVA vorausgegangen. Von 45% der Verurteilten wurde während der Haftzeit kein Strafrestaussetzungsantrag gestellt. Weder 1996 noch 1999/2000 erfolgte eine Einleitung des Verfahrens von Amts wegen.

---

[464] Vgl. S. 131f. und S. 133f.

[465] Siehe S. 117.

aa. Untersuchungszeitraum 1996

Im ersten Untersuchungszeitraum wurde lediglich ein Gefangener erst zum Endstrafentermin aus der JVA Adelsheim entlassen. In diesem Fall lehnte der Verurteilte ausdrücklich eine vorzeitige Entlassung ab, um seine in der Haft begonnene Ausbildung zu beenden.

bb. Untersuchungszeitraum 1999/2000

Wie die folgende Abbildung verdeutlicht, führten 1999/2000 vor allem folgende, aus den Gefangenenpersonalakten ersichtliche Gründe zu einer vollen Verbüßung der ausgeurteilten Strafe.

Abb. 17: Gründe für eine Vollverbüßung in der JVA Adelsheim 1999/2000

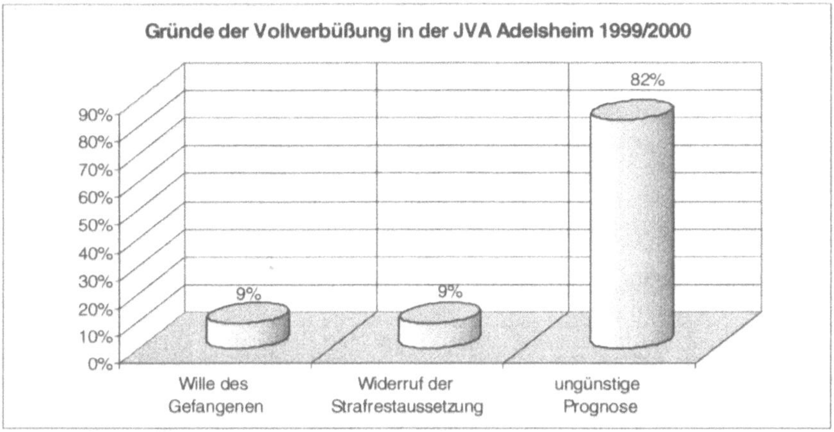

Im zweiten Untersuchungszeitraum lehnten 9% der Gefangenen, die erst zum Festabgang entlassen wurden, ausdrücklich eine vorzeitige Entlassung ab. Grund war auch in diesen Fällen zumeist die Beendigung einer in der Anstalt begonnenen Ausbildung. Bei ebenfalls 9% der Verurteilten führte ein Widerruf der Strafrestaussetzung zur Bewährung nach erneuter Straffälligkeit zu einer vollen Verbüßung der Reststrafe.

Die meisten Gefangenen (82%) mussten aufgrund einer ungünstigen Sozial- bzw. Legalprognose ihre Strafe bis zum Ende verbüßen. Innerhalb dieser Gruppe ist die schlechte Prognose bei 45% der Gefangenen auf ihr mit Disziplinarmaßnahmen geahndetes Fehlverhalten während des Vollzuges zurückzuführen.

In 33% der Fälle war die Vollverbüßung in dem Abbruch einer in der Anstalt begonnenen Sozialtherapie begründet. Bei 22% der Verurteilten wurde eine Strafrestaussetzung zur Bewährung von der JVA Adelsheim ausschließlich aufgrund einer negativen Sozial- bzw. Legalprognose nicht befürwortet, ohne dass sonst ein Fehlverhalten im Vollzug aus der Gefangenenpersonalakte ersichtlich war.

Abb. 18: Vollverbüßung aufgrund ungünstiger Sozial- bzw. Legalprognose in der JVA Adelsheim 1999/2000

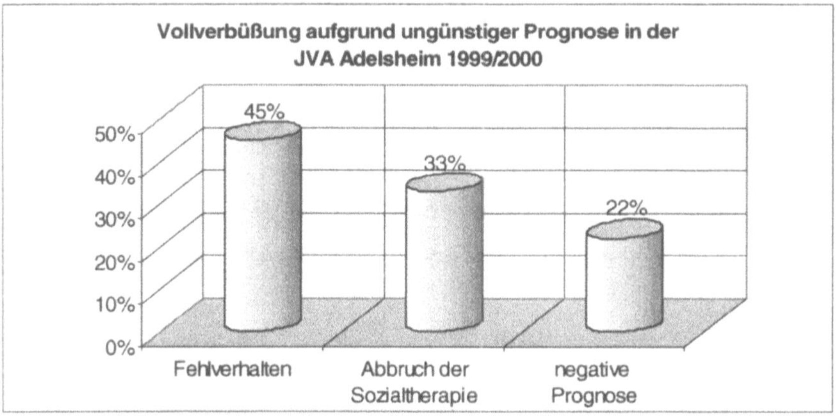

cc. Vergleich der Untersuchungszeiträume

Aufgrund der geringen absoluten Zahlen innerhalb der Gruppe der Vollverbüßungen – vor allem im Jahr 1996 – ist für die JVA Adelsheim ein aussagekräftiger Vergleich der Untersuchungszeiträume, um die Gründe für die vermehrten Endstrafenentlassungen herauszufinden, nicht möglich. Allein der Anstieg der Vollverbüßungen um 600% spricht jedoch für sich.

Aus den analysierten Unterlagen in den Gefangenenpersonalakten fand sich lediglich in einem Fall ein Hinweis auf das Gesetz zur Bekämpfung von Sexualdelikten und anderen gefährlichen Straftaten: In dem Beschluss des Gerichtes wurde eine vorzeitige Entlassung mit der Begründung abgelehnt, diese könne unter Berücksichtigung des Sicherheitsinteresses der Allgemeinheit nicht verantwortet werden. Damit wurde aber der Entscheidung des Vollstreckungsleiters zumindest der geänderte Wortlaut des § 88 JGG zugrunde gelegt.

In allen anderen Fällen konnte kein expliziter Hinweis auf die Gesetzesänderung gefunden werden, z.T. wurden die ablehnenden Beschlüsse auch noch mit der „alten Erprobungsklausel" begründet.

b. JA Hameln

Betrachtet man auch für die JA Hameln isoliert die Gruppe der Vollverbüßungen, fällt bei der Analyse des in den Gefangenenpersonalakten vorgefundenen Datenmaterials zunächst auf, dass im ersten Untersuchungszeitraum lediglich von 8% der Gefangenen ein Antrag auf Strafrestaussetzung gestellt wurde, der vom Vollstreckungsleiter abschlägig beschieden wurde, in 92% der Fälle kam es dagegen während der Haftzeit zu keinem gerichtlichen Aussetzungsverfahren.

1999/2000 wurde nur noch von 4% der Gefangenen ein Antrag auf vorzeitige Entlassung gestellt, der vom Gericht abgelehnt wurde; 96% stellten keinen dementsprechenden Antrag.

Weder 1996 noch 1999/2000 wurde ein Verfahren gemäß § 88 JGG von Amts wegen eingeleitet.

aa. Untersuchungszeitraum 1996

Wie die folgende Abbildung verdeutlicht, führten 1996 vor allem folgende, aus den Gefangenenpersonalakten ersichtliche Gründe zu einer vollen Verbüßung der ausgeurteilten Strafe.

Abb.19: Gründe für eine Vollverbüßung in der JA Hameln 1996

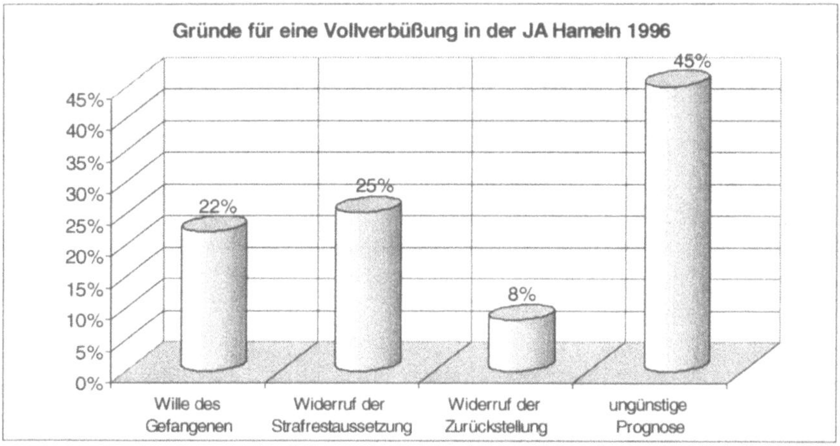

Im ersten Untersuchungszeitraum lehnten 22% der Gefangenen, die erst zum Festabgang entlassen wurden, ausdrücklich eine vorzeitige Entlassung ab, in den meisten Fällen, um eine während der Haft begonnene Ausbildung zu beenden. Bei einem Viertel der Verurteilten führte ein Widerruf der Strafrestaussetzung zur Bewährung nach einer erneuten Straffälligkeit zu einer vollen Verbüßung der noch bestehenden Reststrafe. Bei 8% der Gefangenen wurde die Entscheidung der Zurückstellung der Strafe i.S.d. § 35 BtMG nach einem Therapieabbruch widerrufen, was zu einer Vollverbüßung der Strafe führte.

Die Mehrheit der Verurteilten (45%) musste aufgrund einer ungünstigen Sozial- bzw. Legalprognose ihre Strafe bis zum Ende verbüßen. Innerhalb dieser Gruppe ist die schlechte Prognose bei 63% der Gefangenen auf ihr Fehlverhalten im Vollzug und bei 31% auf erneut begangene Straftaten im offenen Vollzug bzw. während gewährter Vollzugslockerungen (Ausgang/Urlaub) zurückzuführen. Lediglich bei 6% der Gefangenen wurde eine Strafrestaussetzung von der JA Hameln ausschließlich aufgrund einer negativen Sozial- bzw. Legalprognose nicht befürwortet, ohne dass ansonsten ein Fehlverhalten im Vollzug in der Gefangenenpersonalakte dokumentiert war.

Abb. 20: Vollverbüßung aufgrund ungünstiger Sozial- bzw. Legalprognose in der JA Hameln 1996

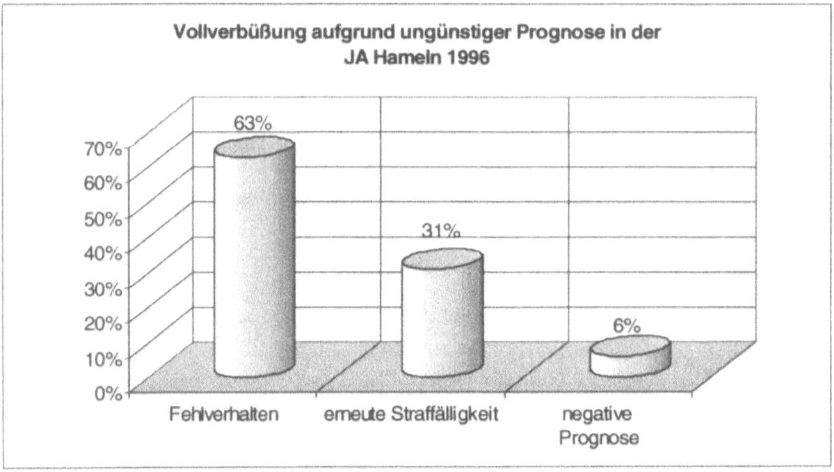

bb. Untersuchungszeitraum 1999/2000

Aus der Abbildung 21 geht hervor, dass im zweiten Untersuchungszeitraum wiederum 22% der Gefangenen explizit eine vorzeitige Entlassung aus der JA Hameln ablehnten. Bei 10% der Verurteilten führte ein Widerruf der Strafrestaussetzung zur Bewährung nach der Begehung erneuter Straftaten zu einer Entlassung erst nach Verbüßung der vollen Reststrafe. 9% der Gefangenen verließen 1999/2000 die JA Hameln erst zum Festabgang, nachdem die Entscheidung der Zurückstellung gemäß § 35 BtMG nach einem Abbruch der Therapie widerrufen worden war. Bei 4% der Verurteilten erfolgte eine Vollverbüßung aus Gründen eines ungeklärten ausländerrechtlichen Status.

Abb. 21: Gründe für eine Vollverbüßung in der JA Hameln 1999/2000

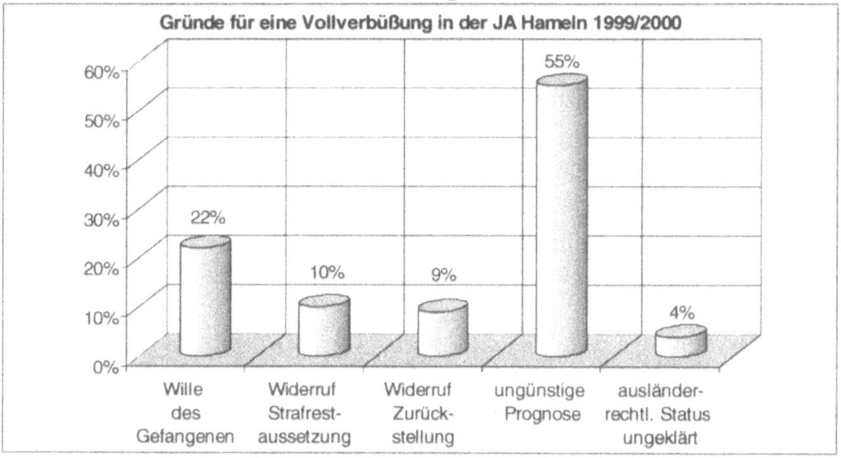

Über die Hälfte der Vollverbüßungen (55%) erfolgte aufgrund der Nichtbefürwortung einer vorzeitigen Entlassung durch die JA Hameln bzw. den zuständigen Vollstreckungsleiter im Zusammenhang mit einer ungünstigen Sozial- bzw. Legalprognose.

Abb. 22: Vollverbüßung aufgrund ungünstiger Sozial- bzw. Legalprognose in der JA Hameln 1999/2000

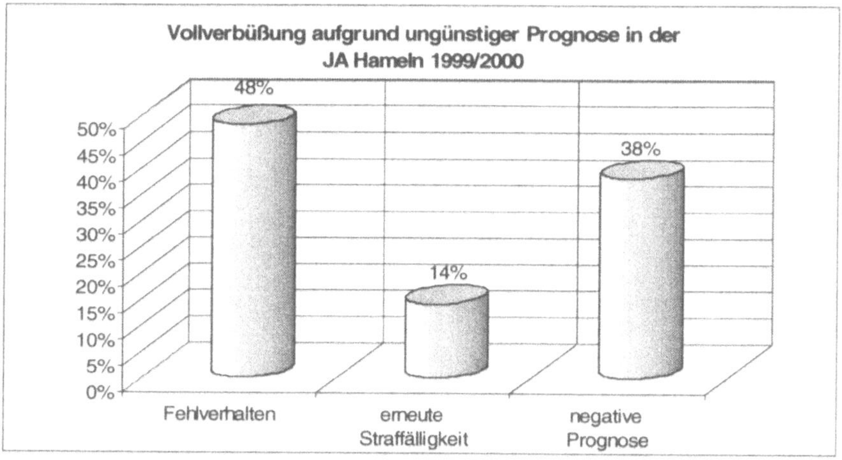

Betrachtet man nun wiederum innerhalb dieser Gruppe die Gründe für eine negative Prognose, kann festgestellt werden, dass bei 48% der Gefangenen Fehlverhalten im Vollzug zu einer Endstrafenentlassung führte, während 14% im offenen Vollzug bzw. während des gewährten Ausganges oder Urlaubes erneut straffällig wurden. Bei 38% der Gefangenen wurde eine Strafrestaussetzung ausschließlich aufgrund einer schlechten Prognose nicht befürwortet, ohne dass weiteres Fehlverhalten während des Vollzuges ersichtlich war.

cc. Vergleich der Untersuchungszeiträume

Bei einem Vergleich der beiden Untersuchungszeiträume fällt auf, dass die ausschließlich mit einer ungünstigen Prognose begründeten Vollverbüßungen von 6% auf 38%, mithin um 32%-Punkte zugenommen haben. Dies entspricht einer prozentualen Zunahme von über 500%.

Auch wenn sich aus den in den untersuchten Gefangenenpersonalakten vorgefundenen Unterlagen kein expliziter Hinweis auf die Änderung des Wortlautes von § 88 JGG findet, scheint ein Zusammenhang zwischen der Einführung des Gesetzes zur Bekämpfung von Sexualdelikten und anderen gefährlichen Straftaten und der Entlassungspraxis unverkennbar. Während vor der Gesetzesänderung bei einer vorzeitigen Entlassung erprobt werden sollte, ob der Jugendliche außerhalb des Vollzuges einen rechtschaffenen Lebenswandel führen wird, steht jetzt die Verantwortbarkeit einer Reststrafenaussetzung zur Bewährung unter Berücksichtigung des Sicherheitsinteresses der Allgemeinheit im Vordergrund. Auch wenn keine ausdrückliche Bezugnahme auf die geänderte Gesetzesfassung festgestellt werden konnte, deutet das vorgefundene Datenmaterial darauf hin, dass nach Inkrafttreten des Gesetzes zur Bekämpfung von Sexualdelikten und anderen gefährlichen Straftaten bei Zweifeln an einer günstigen Sozial- bzw.- Legalprognose eher eine Vollverbüßung als eine vorzeitige Entlassung zur Bewährung befürwortet wird.

c. JA Hahnöfersand

aa. Untersuchungszeitraum 1996

Im ersten Untersuchungszeitraum wurde lediglich ein Gefangener erst zum Endstrafentermin aus der JA Hahnöfersand entlassen. In diesem Fall führte der Widerruf der vorherigen Strafrestaussetzung zur Bewährung nach erneuter Straftatenbegehung zu einer vollen Verbüßung der Reststrafe.

bb. Untersuchungszeitraum 1999/2000

1999/2000 mussten drei Verurteilte ihre Strafe in der JA Hahnöfersand voll verbüßen. Bei einem Gefangenen war die Entlassung zum Festabgang auf den

Widerruf der Strafrestaussetzung nach erneuter Straffälligkeit, bei einem zweiten auf den Widerruf der Zurückstellung der Strafe gemäß § 35 BtMG nach einem Therapieabbruch zurückzuführen. Bei dem dritten Gefangenen schließlich lag eine ungünstige Sozial- bzw. Legalprognose aufgrund von Fehlverhaltensweisen im Vollzug vor.

cc. Vergleich der Untersuchungszeiträume

Sowohl 1996 als auch 1999/2000 sind die Fallzahlen für die JA Hahnöfersand nicht groß genug, um aussagekräftige Ergebnisse aus der Aktenanalyse zu erzielen.

2. Gruppe der vorzeitigen Entlassungen

a. JVA Adelsheim

aa. Untersuchungszeitraum 1996

Aus der JVA Adelsheim wurden im ersten Untersuchungszeitraum 82 Gefangene vorzeitig entlassen, die zu einer Jugendstrafe von mehr als zwei Jahren verurteilt worden waren.[466]

In 98% dieser vorzeitigen Entlassungen fiel die vor einer Strafrestaussetzung zur Bewährung angefertigte Stellungnahme der JVA positiv aus, in 1% der Fälle negativ und ebenfalls bei 1% konnten der Gefangenenpersonalakte diesbezüglich keine Angaben entnommen werden. Die Stellungnahme erfolgte jeweils durch die Hauskonferenz. Diese wurde anschließend dem Anstaltsleiter als Vollzugsleiter vorgelegt, der sie im Bedarfsfall ergänzte.

In den Stellungnahmen waren folgende Informationen enthalten: 86% der Stellungnahmen enthielten Angaben zur Persönlichkeit des Gefangenen, 9% zur Situation des Jugendlichen/Heranwachsenden vor der Tat. In 17% der Fälle wurde der Stellenwert der Tat von der JVA berücksichtigt. Alle Stellungnahmen enthielten Angaben zum Verhalten des Verurteilten während des Vollzuges. Bei 93% der Stellungnahmen fand die Situation des Gefangenen nach seiner Haftentlassung Beachtung und 41% der Stellungnahmen trafen Einschätzungen zu den sozialen Bindungen des Verurteilten.

Abbildung 23 zeigt noch einmal den Informationsgehalt der Stellungnahmen der JVA Adelsheim vor einer vorzeitigen Entlassung 1996.

[466] Vgl. Tab. 1, S. 117.

Abb. 23: Informationsgehalt der Stellungnahmen der JVA Adelsheim 1996 vor einer vorzeitigen Entlassung

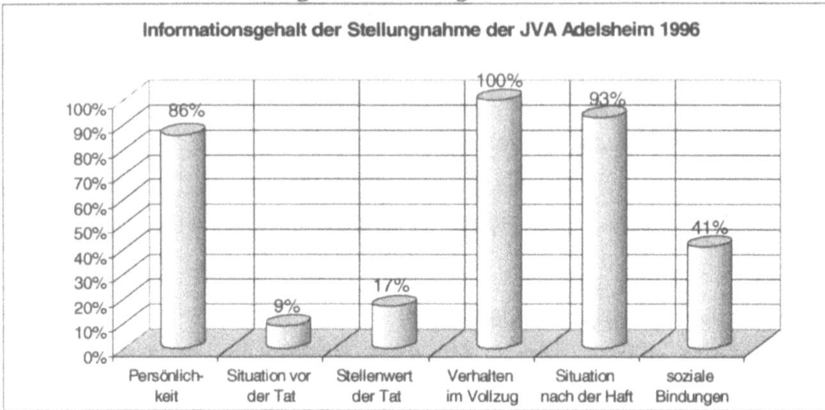

Die Entscheidung des Jugendrichters als Vollstreckungsleiter fiel – logischerweise – innerhalb der Gruppe der bedingten Entlassungen zu 100% positiv aus. Damit folgte er in 98% der Fälle der positiven Stellungnahme der JVA, in 1% aber entschied er sich – entgegen der negativen Beurteilung der JVA – für eine Strafrestaussetzung zur Bewährung.[467] In allen Fällen erfolgte vor der Entscheidung des Vollstreckungsleiters eine mündliche Anhörung des Gefangenen.

Die Entscheidung des Vollstreckungsleiters erfolgt gemäß § 88 JGG durch Beschluss. Dieser enthielt bei 94% der analysierten Gefangenenpersonalakten eine Standardbegründung, die wie folgt lautete:

> „Es kann verantwortet werden, den Verurteilten zum angegebenen Termin gemäß § 88 JGG zu entlassen. Er hat sich in letzter Zeit in der Anstalt ordentlich verhalten. Soweit ersichtlich, wird er sich im Rahmen seiner Möglichkeiten Mühe geben, einen ordentlichen Lebenswandel zu führen. Die erforderliche Resozialisierung erfolgt am besten unter der Einwirkung eines nicht unbedeutenden Strafrestes und mit der Führung und Leitung eines Bewährungshelfers."

Bei genauerer Betrachtung dieser Formulierung fällt auf, dass sie keinen Hinweis auf die Erprobung der vorzeitigen Entlassung („Es kann verantwortet

[467] Das fehlende Prozent ist auf unvollständige Angaben in den Gefangenenpersonalakten zurückzuführen.

werden zu erproben(...)") enthält, obwohl der Wortlaut des § 88 JGG diese „Erprobungsklausel" im ersten Untersuchungszeitraum noch vorsieht.

6% der Entscheidungen enthielten zusätzlich zu der o.g. Standardbegründung noch besondere Auflagen und Weisungen, die dem Verurteilten von dem Vollstreckungsleiter erteilt wurden. Diese beinhalteten vor allem die Aufnahme einer Alkohol- und Drogentherapie, das Aufsuchen einer Behandlungs- und Beratungsstelle sowie die Durchführung einer Sexualtherapie.

Abb. 24: Informationsgehalt der Entscheidung des Vollstreckungsleiters der JVA Adelsheim 1996

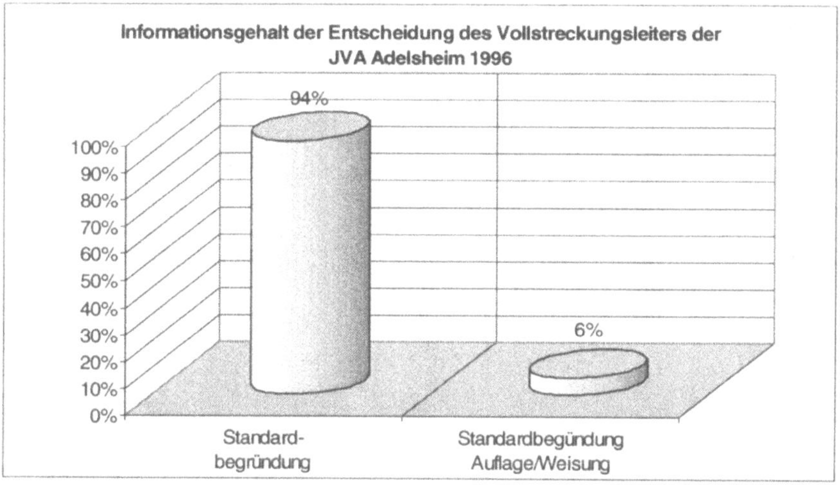

1996 konnte lediglich in 2% der Gefangenenpersonalakten festgestellt werde, dass vor der Entscheidung des Vollstreckungsleiters eine Stellungnahme der Staatsanwaltschaft erfolgte. Alle diesbezüglichen Stellungnahmen waren zwar negativ, dennoch verzichtete die Staatsanwaltschaft auf eine Anfechtung der positiven Entscheidung des Jugendrichters.

Im ersten Untersuchungszeitraum wurden zudem in 4% der Fälle von der JVA Adelsheim eine psychologische Stellungnahme vor einer Strafrestaussetzung gefertigt, die als Grundlage für die Stellungnahme der Anstalt insgesamt, aber auch für die Entscheidung des Vollstreckungsleiters genutzt wurde. Alle psychologischen Stellungnahmen befürworteten eine Entlassung gemäß § 88 JGG. In keinem Fall erfolgte vor der vorzeitigen Entlassung ein externes psychiatrisches Gutachten.

bb. Untersuchungszeitraum 1999/2000

1999/2000 wurden 107 Gefangene vorzeitig aus der JVA Adelsheim entlassen, die zu einer Jugendstrafe von mehr als zwei Jahren verurteilt worden waren.[468] Bei 99% dieser bedingten Entlassungen fiel die vor einer Aussetzungsentscheidung angefertigte Stellungnahme der JVA positiv, bei 1% hingegen negativ aus. Wiederum alle Stellungnahmen wurden 1999/2000 von der Hauskonferenz gefertigt und gegebenenfalls vom Anstaltsleiter ergänzt.

Abb. 25: Informationsgehalt der Stellungnahmen der JVA Adelsheim 1999/2000 vor einer vorzeitigen Entlassung

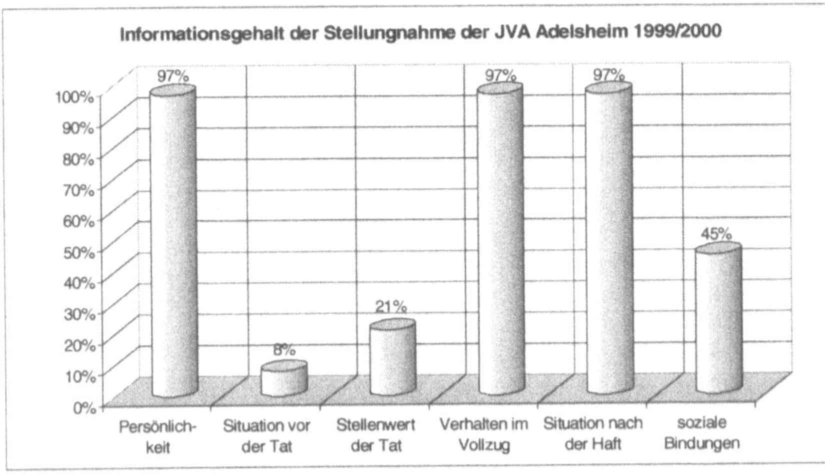

Abbildung 25 zeigt den Informationsgehalt der Stellungnahme der JVA Adelsheim vor einer bedingten Entlassung 1999/2000: 97% der Stellungnahmen enthielten Angaben zur Persönlichkeit des Gefangenen, 8% zur Lebenssituation des Jugendlichen/Heranwachsenden vor der Tat. Jeweils 97% der Stellungnahmen äußerten sich zum Vollzugsverhalten des Gefangenen sowie zu seiner Situation nach der Haftentlassung. Bei 45% der Stellungnahmen wurde seitens der JVA eine Einschätzung der sozialen Bindungen des Verurteilten getroffen. 21% der Stellungnahmen äußerten sich zum Stellenwert der begangenen Tat.

In 2% der Stellungnahmen fand sich ein Hinweis auf die Neuformulierung des § 88 JGG nach Inkrafttreten des Gesetzes zur Bekämpfung von Sexualdelikten und anderen gefährlichen Straftaten, zum einen durch den Wegfall der „Erprobungsklausel“ und die nunmehr erforderliche Verantwortbarkeit einer

---

[468] Vgl. Tab. 2, S. 118.

vorzeitigen Entlassung, zum anderen durch eine explizite Berücksichtigung des Sicherheitsinteresses der Allgemeinheit. Immerhin in 98% der Stellungnahmen konnte jedoch keine inhaltliche oder formelle Veränderung oder ein sonstiger Hinweis auf die Gesetzesänderung festgestellt werden.

Die Entscheidung des Jugendrichters als Vollstreckungsleiter fiel auch 1999/2000 zwangsläufig innerhalb der Gruppe der vorzeitigen Entlassungen immer positiv aus. Damit folgte er in 99% der Fälle der positiven Stellungnahme der JVA, in 1% entschied er sich trotz der negativen Beurteilung der JVA für eine bedingte Entlassung. Auch im zweiten Untersuchungszeitraum erfolgte vor der Entscheidung des Vollstreckungsleiters in allen Fällen eine Anhörung des Gefangenen.

Die Aussetzungsentscheidung enthielt 1999/2000 in 69% der analysierten Gefangenenpersonalakten eine Standardbegründung, die den bereits zitierten Wortlaut besaß[469] oder aber, obwohl sich der Wortlaut des § 88 JGG geändert hat, die sog. „Erprobungsklausel" beinhaltete.[470] Erst als der Vollstreckungsleiter auf diesen Anachronismus angesprochen wurde, bemerkte er diesen und begründete ihn mit dem Erfordernis, die alten Formblätter aufzubrauchen. Diese Aussage belegt für sich genommen eigentlich, dass die Änderung des Wortlautes von § 88 JGG von den Entscheidungsträgern nicht richtig wahrgenommen wurde. Dennoch ist eine Tendenz erkennbar, die allen bisher aufgezeigten Ergebnissen immanent ist: Aufgrund der Diskussionen in der Öffentlichkeit über rückfällige (Sexual-) Straftäter oder die Zunahme der Jugendkriminalität wird 1999/2000 vorsichtiger mit einer vorzeitigen Entlassung umgegangen als noch 1996, auch wenn sich dies nicht messbar durch konkrete Aussagen und Hinweise auf das Gesetz zur Bekämpfung von Sexualdelikten und anderen gefährlichen Straftaten in den Gefangenenpersonalakten niederschlägt.

In diese Richtung weist auch das Ergebnis, dass 1999/2000 26% der Beschlüsse des Vollstreckungsleiters zusätzlich zu der Standardbegründung noch besondere Auflagen und Weisungen an die Verurteilten enthielten. Immerhin in 5% der Fälle erfolgte keine vorformulierte Begründung, sondern eine „echte" Einzelfallentscheidung, die sich mit dem Verhalten des Gefangenen im Vollzug, dem Stellenwert der von diesem begangenen Tat sowie der Legal- bzw. Sozialprognose auseinandersetzt.

---

[469] Vgl. S. 144.

[470] Statt: „Es kann verantwortet werden (...)" lautete der erste Satz: „Es kann erprobt werden (...)".

Abb. 26: Informationsgehalt der Entscheidung des Vollstreckungsleiters der JVA Adelsheim 1999/2000

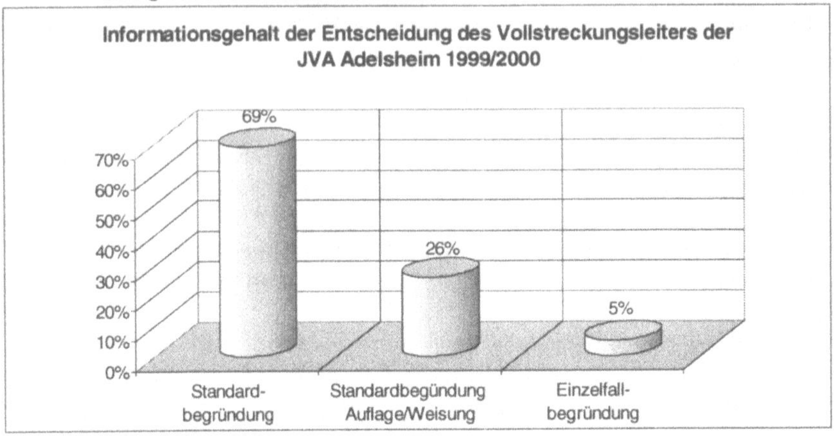

1999/2000 konnte in 5% der Gefangenenpersonalakten festgestellt werden, dass vor der Entscheidung des Vollstreckungsleiters eine Stellungnahme der Staatsanwaltschaft erfolgte. 80% dieser Stellungnahmen waren negativ, dennoch verzichtete die Staatsanwaltschaft auch in diesen Fällen auf eine Anfechtung der Strafrestaussetzungsentscheidung des Vollstreckungsleiters.

Im zweiten Untersuchungszeitraum erfolgten in 6% der Fälle eine psychologische Stellungnahme der JVA, bei 3% wurde ein externes psychiatrisches Gutachten vor der bedingten Entlassung in Auftrag gegeben, das sich vor allem mit der Entlassungsprognose des Verurteilten auseinandersetzte.

b. JA Hameln

aa. Untersuchungszeitraum 1996

Aus der JA Hameln wurden im ersten Untersuchungszeitraum 66 Gefangene vorzeitig entlassen, die zu einer Jugendstrafe von mehr als zwei Jahren verurteilt worden waren.[471]

In 98% dieser vorzeitigen Entlassungen fiel die vor einer Strafrestaussetzung zur Bewährung angefertigte Stellungnahme der JA positiv aus, in 1% der Fälle negativ und ebenfalls bei 1% konnten der Gefangenenpersonalakte diesbezüglich keine Angaben entnommen werden. Die Stellungnahmen erfolgten jeweils

[471] Vgl. Tab. 3, S. 124.

durch die Behandlungskonferenz der zuständigen Abteilung im Rahmen (der Fortschreibung) eines Erziehungs- und Behandlungsplanes.

Die Stellungnahmen der JA enthielten folgende Informationen: 97% trafen Aussagen zur Persönlichkeit des Gefangenen. Ebenfalls 97% enthielten Angaben über das Verhalten des Gefangenen im Vollzug. 95% der Stellungnahmen berücksichtigten die Entlassungssituation des Verurteilten. In 23% der Fälle fand der Stellenwert der Tat Beachtung und bei 15% der Stellungnahmen wurde eine Einschätzung der sozialen Bindungen getroffen.

Die folgende Abbildung verdeutlicht den Informationsgehalt der Stellungnahmen der JA Hameln vor einer vorzeitigen Entlassung 1996.

Abb. 27: Informationsgehalt der Stellungnahmen der JA Hameln 1996 vor einer vorzeitigen Entlassung

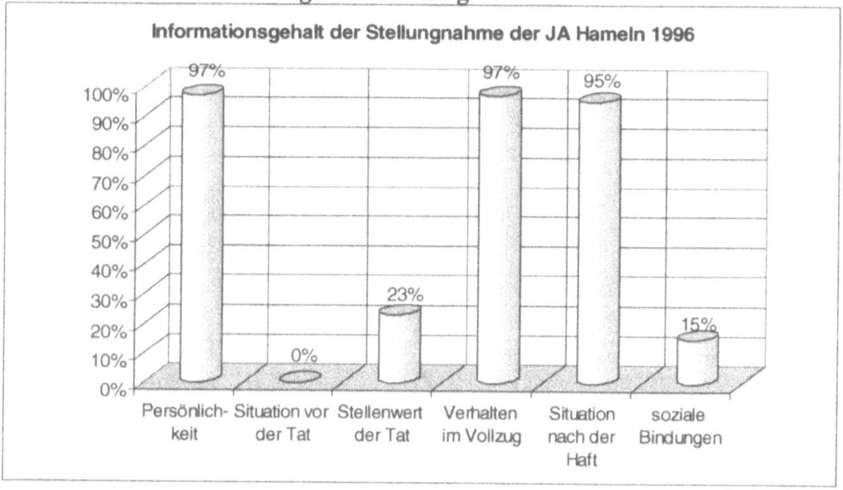

Der Jugendrichter als Vollstreckungsleiter folgte in 98% seiner Aussetzungsentscheidungen der positiven Stellungnahme der JA, in 1% entschied er gegen die negative Einschätzung der Anstalt.[472] In allen Fällen erfolgte vor der Entscheidung des Vollstreckungsleiters eine Anhörung des Gefangenen.

Der Aussetzungsbeschluss enthielt bei 83% der analysierten Gefangenenpersonalakten eine Standardbegründung, die neben der Nennung des Urteils den Satz „Die Vollstreckung des nach teilweiser Verbüßung verbliebenen Restes

[472] Das fehlende Prozent ist auf unvollständige Angaben in den Gefangenenpersonalakten zurückzuführen.

der gegen den Verurteilten verhängten Jugendstrafe wird nach § 88 JGG zur Bewährung ausgesetzt." beinhaltete. 17% der Entscheidungen enthielten zusätzlich besondere Auflagen und Weisungen, die dem Verurteilten für die Zeit der Bewährung erteilt wurden, so z.B. die Auflage, eine Alkohol- und Drogentherapie durchzuführen oder die Weisung, die begonnene Ausbildung zu Ende zu führen. In keinem Fall erfolgte 1996 eine individuelle Begründung der Aussetzungsentscheidung durch den Vollstreckungsleiter.

Abb. 28: Informationsgehalt der Entscheidung des Vollstreckungsleiters der JA Hameln 1996

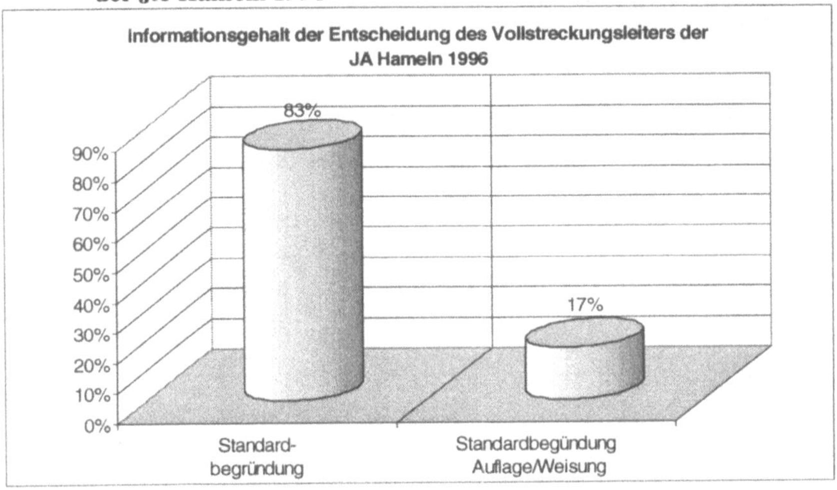

1996 konnten in 3% der Gefangenenpersonalakten festgestellt werden, dass vor der Entscheidung des Jugendrichters eine Stellungnahme der Staatsanwaltschaft erfolgte, die zu 50% positiv bzw. negativ war. In keinem Fall erfolgte eine Anfechtung der Aussetzungsentscheidung des Vollstreckungsleiters durch die Staatsanwaltschaft.

Im ersten Untersuchungszeitraum wurde in jeweils 3% der Gefangenenpersonalakten eine psychologische Stellungnahme der JA Hameln oder ein externes psychiatrisches Gutachten zur Frage der Legal- bzw. Sozialprognose gefertigt. Alle diesbezüglichen Stellungnahmen und Gutachten fielen positiv aus.

bb. Untersuchungszeitraum 1999/2000

1999/2000 wurden 69 Gefangene vorzeitig aus der JA Hameln entlassen, die zu einer Jugendstrafe von mehr als zwei Jahren verurteilt worden waren.[473]

Nur noch in 86% dieser vorzeitigen Entlassungen fiel die vor einer Strafrestaussetzung zur Bewährung angefertigte Stellungnahme der JA positiv aus, in 14% der Fälle dagegen negativ. Auch im zweiten Untersuchungszeitraum erfolgten die Stellungnahmen jeweils durch die Behandlungskonferenz der zuständigen Abteilung im Rahmen eines Erziehungs- und Behandlungsplanes.

Die folgende Abbildung zeigt den Informationsgehalt der Stellungnahmen der JA Hameln vor einer bedingten Entlassung 1999/2000.

Abb. 29: Informationsgehalt der Stellungnahmen der JA Hameln 1999/2000 vor einer vorzeitigen Entlassung

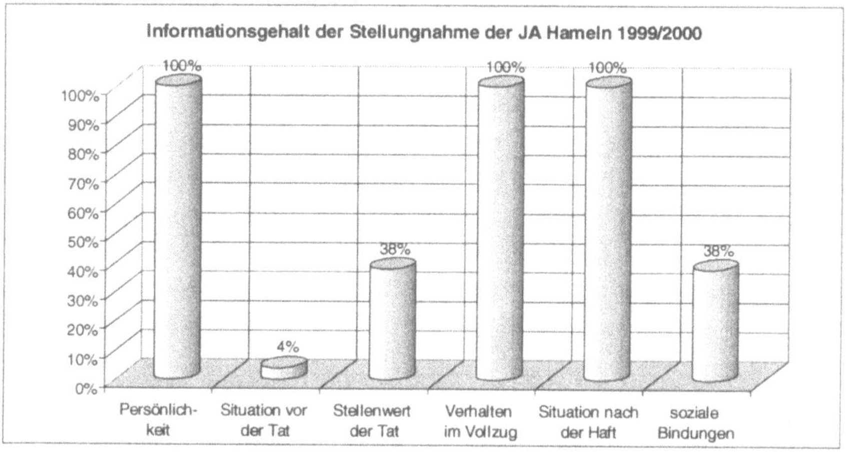

Alle Stellungnahmen trafen Aussagen zu der Persönlichkeit des Gefangenen, zu seinem Vollzugsverhalten und zu seiner Situation nach der Haftentlassung. Jeweils 38% der Stellungnahmen berücksichtigten sowohl den Stellenwert der Tat als auch die sozialen Bindungen des Gefangenen und damit das soziale Umfeld, in das er entlassen wird. 4% der Stellungnahmen enthielten Angaben zu der Lebenssituation des Verurteilten vor der Tat.

In 9% der Stellungnahmen fand sich im zweiten Untersuchungszeitraum ein Hinweis auf das Gesetz zur Bekämpfung von Sexualdelikten und anderen ge-

---

[473] Vgl. Tab. 4, S. 125.

fährlichen Straftaten und die damit einhergehende Neuformulierung des § 88 JGG, zum einen, indem eine vorzeitige Entlassung aus Sicht der JA verantwortet werden konnte, zum anderen, indem das Sicherheitsinteresse der Allgemeinheit berücksichtigt wurde.

Auch 1999/2000 fielen alle Entscheidungen des Jugendrichters als Vollstreckungsleiter innerhalb der Gruppe der vorzeitigen Entlassungen positiv aus. Damit entschied er sich in 14% der Fälle entgegen der negativen Stellungnahme der JA für eine bedingte Entlassung. Alle Gefangenen wurden auch in diesem Zeitraum vor einer Entscheidung des Vollstreckungsleiters gehört.

Abb. 30: Informationsgehalt der Entscheidung des Vollstreckungsleiters der JA Hameln 1999/2000

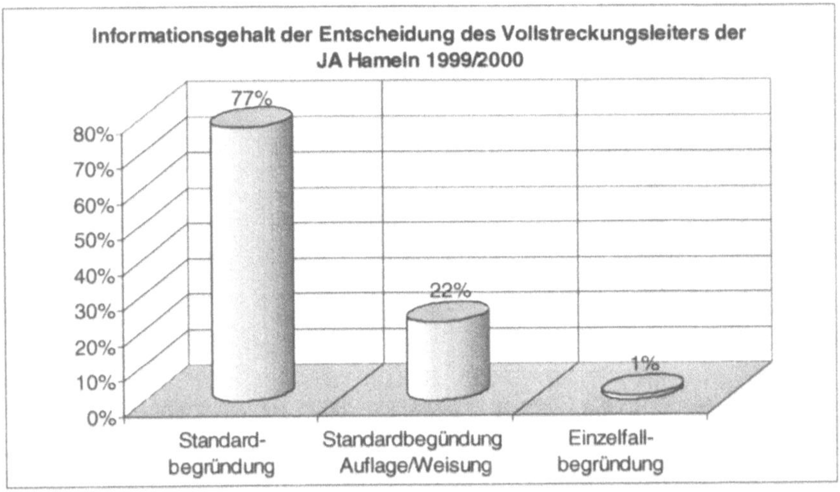

Die Aussetzungsentscheidung enthielt im zweiten Untersuchungszeitraum in 77% der analysierten Gefangenenpersonalakten die gleiche Standardbegründung wie 1996. 22% der Entscheidungen enthielten darüber hinaus besondere Auflagen und Weisungen, die dem Verurteilten von dem Vollstreckungsleiter erteilt wurde, etwa die Auflage, eine Therapie durchzuführen oder die Weisung, eine Arbeit aufzunehmen oder eine Ausbildung fortzuführen. In 1% der Fälle erfolgte 1999/2000 eine detaillierte einzelfallbezogene Begründung der Aussetzungsentscheidung. Diese setzte sich mit der Persönlichkeit des Gefangenen, dem Stellenwert der Tat und dem Vollzugsverhalten auseinander. Ferner beinhaltete sie eine Einschätzung der sozialen Beziehungen des Gefangenen. Im Rahmen dieser Einzelfallbegründung verwies der Vollstreckungsleiter zudem durch einen ausdrücklichen Hinweis auf die Verantwortbarkeit einer vorzeitigen Entlassung unter Berücksichtigung des Sicherheitsinteresses der Allgemeinheit auf die Neuformulierung des § 88 JGG.

Im zweiten Untersuchungszeitraum konnte in keiner Gefangenenpersonalakte eine Stellungnahme der Staatsanwaltschaft vor der Entscheidung des Vollstreckungsleiters gefunden werden.

1999/2000 wurde in 10% der Fälle eine psychologische Stellungnahme der Anstalt gefertigt, in 1% der Fälle erfolgte ein externes psychiatrisches Gutachten. Alle Stellungnahmen und Gutachten zur Frage der Sozial- bzw. Legalprognose des Verurteilten fielen positiv aus.

Für die JA Hameln fällt auf, dass vor allem die Anstalt 1999/2000 im Rahmen der von ihr gefertigten Stellungnahmen einer Strafrestaussetzung zumindest vorsichtiger gegenübersteht als 1996. In 14% der Fälle sprach sie sich ausdrücklich gegen eine bedingte Entlassung des Gefangenen aus. Darüber hinaus wurde von ihr bei 10% der Fälle eine psychologische Stellungnahme zur Frage der zukünftigen Straffälligkeit bzw. Straffreiheit des Gefangenen gefertigt und ihrer Erklärung zur vorzeitigen Entlassung zugrunde gelegt. In 9% ihrer Stellungnahmen erfolgte ein Hinweis auf die geänderte Gesetzesfassung.

Im Gegensatz dazu wurde von dem Vollstreckungsleiter lediglich in 1% seiner Aussetzungsentscheidungen die geänderte Fassung des § 88 JGG beachtet, auch wenn die Entscheidungen insgesamt mehr Auflagen und Weisungen enthielten als 1996. Die Verwendung eines neuen Formulars, das den geänderten Wortlaut des § 88 JGG beinhaltete, konnte jedoch nicht festgestellt werden. Obwohl anhand der Zahlen für die JA Hameln eine restriktivere Entlassungspraxis festgestellt werden konnte,[474] lassen sich den in den Gefangenenpersonalakten vorgefundenen Unterlagen gerade in Bezug auf das Aussetzungsverhalten des Vollstreckungsleiters keine eindeutigen Gründe entnehmen.

c. JA Hahnöfersand

aa. Untersuchungszeitraum 1996

Aus der JA Hahnöfersand wurden im ersten Untersuchungszeitraum sieben Gefangene vorzeitig entlassen, die zu einer Jugendstrafe von mehr als zwei Jahren verurteilt worden waren.[475] Aufgrund dieser geringen Fallzahlen ist eine

---

[474] Vgl. S. 125 und S. 128.

[475] Vgl. Tab. 5, S. 130.

Analyse der Gefangenenpersonalakten nur eingeschränkt möglich, was bei der Interpretation der Ergebnisse zu berücksichtigen ist.

In 86% der vorzeitigen Entlassungen fiel die vor einer Strafrestaussetzung zur Bewährung angefertigte Stellungnahme der JA positiv aus, in 14% der Fälle konnten den Gefangenenpersonalakten diesbezüglich keine Angaben entnommen werden. Die Stellungnahme erfolgte jeweils durch den Leiter der Abteilung, in der sich der Gefangene während des Aussetzungsverfahrens befand.

In den Stellungnahmen waren folgende Informationen enthalten: 86% trafen Aussagen zur Persönlichkeit des Gefangenen, zu dem Verhalten des Gefangenen im Vollzug sowie zur Situation des Verurteilten nach der Haftentlassung. 57% der Stellungnahmen berücksichtigen die sozialen Bindungen des Jugendlichen/Heranwachsenden. In keinem Fall enthielten die Stellungnahmen Angaben zum Stellenwert der Tat oder zur Situation des Gefangenen vor der Tat.

Die folgende Abbildung zeigt den Informationsgehalt der Stellungnahmen der JA Hahnöfersand vor einer vorzeitigen Entlassung 1996.

Abb. 31: Informationsgehalt der Stellungnahmen der JA Hahnöfersand 1996 vor einer vorzeitigen Entlassung

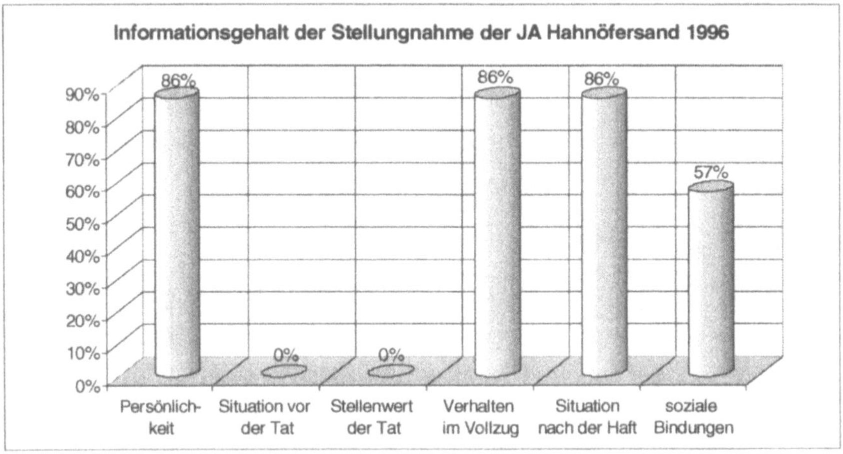

Auch in der JA Hahnöfersand fiel 1996 die Entscheidung des Jugendrichters als Vollstreckungsleiter innerhalb der Gruppe der vorzeitigen Entlassungen zu 100% positiv aus. Damit folgte er in 86% der Fälle der positiven Stellungnahme der JA. In allen Fällen erfolgte vor der Entscheidung des Vollstreckungsleiters eine mündliche Anhörung des Gefangenen.

Alle Beschlüsse gemäß § 88 JGG enthielten eine vorformulierte Standardbegründung, die jedoch jeweils individuell ergänzt wurde. Diese Ergänzungen enthielten zu 86% Angaben zur Persönlichkeit des Gefangenen und zu seiner Situation nach der Haftentlassung. Bei 71% wurde das Verhalten des Verurteilten im Vollzug berücksichtigt und jeweils 14% der Entscheidungen trafen Aussagen zum Stellenwert der Tat sowie zur Einschätzung der sozialen Bindungen des Gefangenen.

Anders als in der JVA Adelsheim und der JA Hameln konnte in 86% der Gefangenenpersonalakten der JA Hahnöfersand des Jahres 1996 festgestellt werden, dass vor der Entscheidung des Vollstreckungsleiters eine Stellungnahme der Staatsanwaltschaft erfolgte. 83% dieser Stellungnahmen waren positiv, 17% hingegen negativ, aber auch hier verzichtete die Staatsanwaltschaft auf eine Anfechtung der Entscheidung des Jugendrichters.

Abb. 32: Informationsgehalt der Entscheidung des Vollstreckungsleiters der JA Hahnöfersand 1996

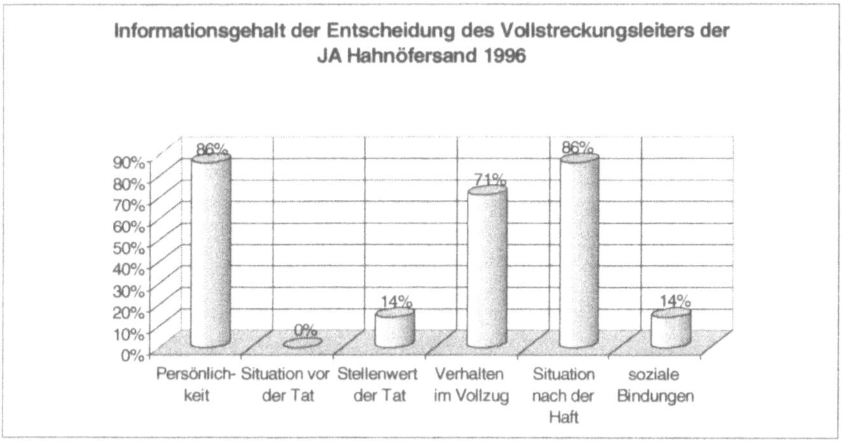

Im ersten Untersuchungszeitraum erfolgte weder eine psychologische Stellungnahme der Anstalt, noch wurde ein psychiatrisches Gutachten vor der Aussetzungsentscheidung eingeholt.

bb. Untersuchungszeitraum 1999/2000

1999/2000 wurden 20 Gefangene vorzeitig aus der JA Hahnöfersand entlassen, die zu einer Jugendstrafe von mehr als zwei Jahren verurteilt worden waren.[476] Bei allen bedingten Entlassungen fiel die vor einer Aussetzungsentscheidung angefertigte Stellungnahme der JA positiv aus.

Abbildung 33 zeigt den Informationsgehalt der Stellungnahmen der JA Hahnöfersand vor einer bedingten Entlassung 1999/2000. Alle Stellungnahmen enthielten Angaben zur Persönlichkeit des Gefangenen, jeweils 90% zum Vollzugsverhalten sowie zur Situation des Verurteilten nach der Haftentlassung. Bei 35% der Stellungnahmen wurde der Stellenwert der Tat berücksichtigt und ebenfalls bei 35% wurde seitens der JA eine Einschätzung der sozialen Bindungen des Verurteilten getroffen.

Abb. 33: Informationsgehalt der Stellungnahmen der JA Hahnöfersand 1999/2000 vor einer vorzeitigen Entlassung

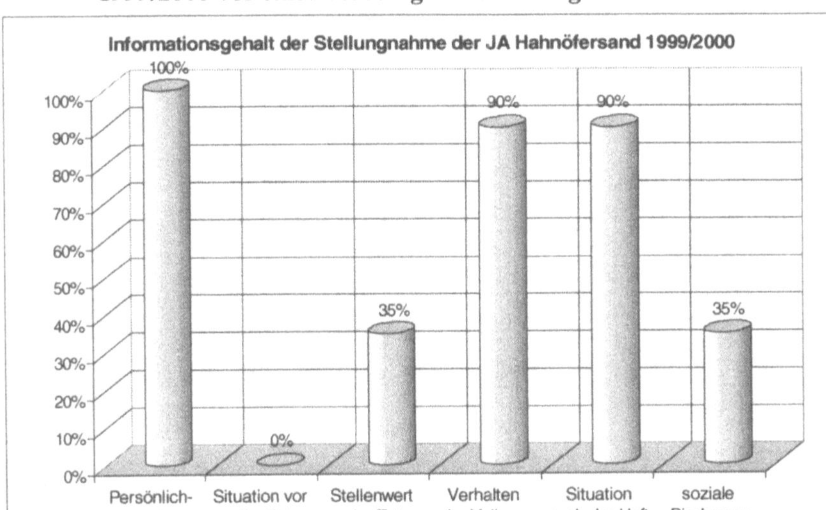

Lediglich in 5% der Stellungnahmen der JA Hahnöfersand des Jahres 1999/2000 fand sich ein Hinweis auf die Neuformulierung des § 88 JGG seit 1998, und zwar auf die Verantwortbarkeit einer vorzeitigen Entlassung. In 95% der Stellungnahmen konnte hingegen keine Veränderung aufgrund des Geset-

[476] Vgl. Tab. 6, S. 130.

zes zur Bekämpfung von Sexualdelikten und anderen gefährlichen Straftaten festgestellt werden.

Auch 1999/2000 fielen alle Entscheidungen des Vollstreckungsleiters innerhalb der Gruppe der vorzeitigen Entlassungen positiv aus. Vor der Entscheidung erfolgte in allen Fällen eine Anhörung des Gefangenen.

Abb. 34: Informationsgehalt der Entscheidung des Vollstreckungsleiters der JA Hahnöfersand 1999/2000

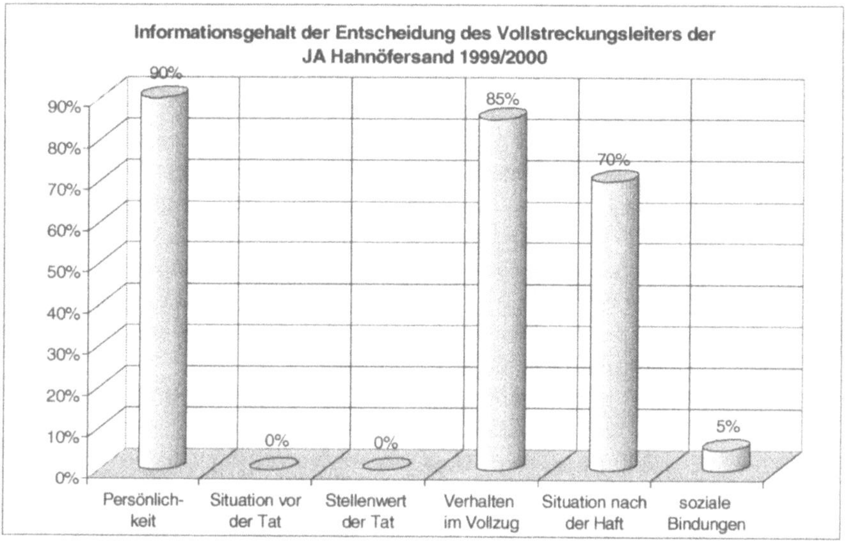

Alle Aussetzungsentscheidungen enthielten im zweiten Untersuchungszeitraum eine Standardbegründung, die jedoch individuelle Ergänzungen erfuhr. 90% dieser Begründungen setzten sich mit der Persönlichkeit des Gefangenen auseinander, 85% mit seinem Vollzugsverhalten. 70% der Entscheidungen enthielten Angaben zur Situation des Gefangenen nach seiner Haftentlassung. Bei 5% wurde von dem Vollstreckungsleiter eine Einschätzung der sozialen Bindungen des Täters getroffen.

Ein Viertel der Aussetzungsentscheidungen des Jahres 1999/2000 berücksichtigten die Änderung des Wortlautes einer vorzeitigen Entlassung durch das Gesetz zur Bekämpfung von Sexualdelikten und anderen gefährlichen Straftaten, indem sie ausdrücklich das Sicherheitsinteresse der Allgemeinheit und die Verantwortbarkeit der bedingten Entlassung in die Strafrestaussetzungsentscheidung mit einbezogen. Die Verwendung eines neuen Formulars, das den geänderten Wortlaut des § 88 JGG beinhaltete, konnte jedoch nicht festgestellt werden.

1999/2000 war in 90% der Gefangenenpersonalakten zu konstatieren, dass vor der Entscheidung des Vollstreckungsleiters eine Stellungnahme der Staatsanwaltschaft erfolgte. 89% dieser Stellungnahmen waren positiv, lediglich in 11% der Fälle versagte die Staatsanwaltschaft damit ihre Zustimmung zu einer vorzeitigen Entlassung, verzichtete aber auf eine Anfechtung der Strafrestaussetzungsentscheidung des Vollstreckungsleiters.

Für die JA Hahnöfersand lässt sich damit zwar eher eine Berücksichtigung der Neuformulierung des § 88 JGG belegen als für die JVA Adelsheim und die JA Hameln. Allerdings hat sie hier – gerade wenn man sich in Erinnerung ruft, dass die Zahl der vorzeitigen Entlassungen im Vergleich der beiden Untersuchungszeiträume in der JA Hahnöfersand um 97% zugenommen hat[477] – nicht in dem Umfang wie in den beiden anderen untersuchten Anstalten negative Auswirkungen auf die Entlassungspraxis gehabt. Es hat vielmehr den Anschein, als würden die Entscheidungsträger, vor allem der Vollstreckungsleiter und die Staatsanwaltschaft, 1999/2000 das Vorliegen der Voraussetzungen einer bedingten Entlassung genauer überprüfen, was sich jedoch nicht negativ auf die Anzahl der Aussetzungsentscheidungen auswirkt.

Allerdings darf an dieser Stelle nicht außer Acht gelassen werden, dass im Jahr 1996 in der JA Hahnöfersand lediglich sieben, im Jahr 1999/2000 nur 22 Gefangenenpersonalakten für eine Analyse zur Verfügung standen. Aussagekräftige Ergebnisse lassen sich mit diesen geringen Fallzahlen nicht erzielen. Dennoch ist zumindest die oben erwähnte Tendenz einer veränderten Entlassungspraxis zu erkennen.

---

[477] Vgl. S. 131.

5. Teil: Schlussbetrachtung

Die bedingte Entlassung von Strafgefangenen hat sich in den letzten Jahrzehnten zu einem wichtigen Instrument des Sanktionenrechts entwickelt, insbesondere, weil sie einen begleiteten und überwachten Übergang vom Gefängnis in die Freiheit ermöglicht. Insofern kommt dem Institut der Strafrestaussetzung eine kriminalpolitische Schlüsselstellung zu. Darüber hinaus stellt die vorzeitige Entlassung zur Bewährung ein wichtiges Mittel dar, um der zunehmenden Gefangenenzahl und den mit der Überbelegung der Justizvollzugsanstalten einhergehenden Problemen entgegenzuwirken. Die Strafrestaussetzung zur Bewährung ist ein wichtiger Teil der auf Resozialisierung ausgerichteten Gesamtbehandlung des Verurteilten. Sie dient nicht nur der Entlastung der Strafvollzugsanstalten, sondern trägt der kriminalpolitischen Erwägung Rechnung, die Chancen einer Resozialisierung des Verurteilten verstärkt zu nutzen.

Diese Erwägungen gelten umso mehr im Jugendstrafrecht, das von der Dominanz des Erziehungsprinzips gekennzeichnet ist und insgesamt unter dem Primat der Erziehung steht.

Die Anforderungen an eine vorzeitige Entlassung aus dem Jugendstrafvollzug sind seit der Einführung des § 88 JGG durch das JGG 1953 immer weiter herabgesetzt worden. Den Wendepunkt dieser Entwicklung stellt das Gesetz zur Bekämpfung von Sexualdelikten und anderen gefährlichen Straftaten vom 30. Januar 1998 dar, das die für eine bedingte Entlassung zentralen Vorschriften der §§ 88 JGG und 57 Abs. 1 StGB grundlegend geändert hat. Die Entstehungsgeschichte dieses Gesetzes ist vor dem Hintergrund einer Reihe von Straftaten zu sehen, in denen Kinder Opfer einschlägig vorbestrafter Sexualstraftäter wurden. Diese Verbrechen standen im Fokus der Öffentlichkeit und sorgten – angeheizt durch die wiederholte Berichterstattung über diese Einzelfälle in den Medien – für große Empörung und zwangen so den Gesetzgeber, in kürzester Zeit seine Handlungsfähigkeit zu demonstrieren.

Auch wenn der Gesetzgeber in seiner Beschlussempfehlung des Rechtsausschusses des Deutschen Bundestages lediglich von einer Klarstellung der Voraussetzungen für die Strafrestaussetzung zur Bewährung spricht, konnte die vorliegende Arbeit für das Jugendstrafrecht eine restriktivere Entlassungspraxis in der JVA Adelsheim und der JA Hameln, eingeschränkt aber auch in der JA Hahnöfersand feststellen:

Es war nicht nur ein genereller Rückgang der vorzeitigen Entlassungen bei gleichzeitiger Zunahme der Vollverbüßungen zu erkennen, das untersuchte Datenmaterial belegte auch, dass der Zeitpunkt einer bedingten Entlassung zur Bewährung deutlich hin zum Endstrafentermin gerückt ist.

Es sprechen viele Anzeichen dafür, dass diese festgestellte geänderte Entlassungspraxis zwar nicht unmittelbar auf den geänderten Wortlaut des § 88 JGG zurückzuführen ist. So fanden sich vor allem in den Anstalten Adelsheim und Hameln im zweiten Untersuchungszeitraum nur wenige Fälle, in denen die Stellungnahme der Strafvollzugsanstalt oder die Entscheidung des Vollstreckungsleiters die neue „Verantwortbarkeitsklausel“ und/oder das Sicherheitsinteresse der Allgemeinheit im Rahmen der Prüfung der Voraussetzungen einer vorzeitigen Entlassung berücksichtigten. Überwiegend waren den in den Gefangenenpersonalakten vorgefundenen Unterlagen keine direkten Hinweise auf das Gesetz zur Bekämpfung von Sexualdelikten und anderen gefährlichen Straftaten zu entnehmen. Die meisten Entscheidungen begründete der zuständige Vollstreckungsleiter ohnehin mit Hilfe eines Formularblattes, das gegebenenfalls durch die Erteilung von Auflagen oder Weisungen im Einzelfall im Rahmen der Bewährung ergänzt wurde. Nur in der JA Hahnöfersand erfolgte in allen Fällen eine einzelfallbezogene Begründung.

Dennoch liegt der in allen Anstalten festgestellten restriktiveren Entlassungspraxis des zweiten Untersuchungszeitraumes eine allgemeine Tendenz zugrunde, wonach generell vorsichtiger mit einer Strafrestaussetzung umgegangen wird. In mehreren Gesprächen mit den Entscheidungsträgern der Anstalten und den Vollstreckungsleitern konnte festgestellt werden, dass – seitdem rückfällige Sexualstraftäter vermehrt im Fokus der Öffentlichkeit standen und damit auch seit Einführung des Gesetzes zur Bekämpfung von Sexualdelikten und anderen gefährlichen Straftaten – in Zweifelsfällen im Untersuchungsjahr 1999/2000 eher eine vorzeitige Entlassung abgelehnt wurde als im Untersuchungsjahr 1996.

Folglich ist das Gesetz zur Bekämpfung von Sexualdelikten und anderen gefährlichen Straftaten als normative Reaktion auf die gesellschaftspolitischen Forderungen der letzten Jahre anzusehen, generell härter mit Straftätern umzugehen. Die im Rahmen der vorliegenden Arbeit getroffene Feststellung, dass die Umformulierung des Wortlautes des § 88 JGG, aber auch des § 57 Abs. 1 StGB, eine Verschärfung der Voraussetzungen einer Strafrestaussetzung zur Bewährung darstellt und nicht lediglich klarstellenden Charakter hatte, wurde von der empirischen Untersuchung in drei zufällig ausgewählten Jugendstrafanstalten in ganz Deutschland damit vollumfänglich bestätigt.

Literaturverzeichnis

Albrecht, Peter-Alexis	Erosionen des rechtsstaatlichen Strafrechts KritV 76 (1993), S. 163-182 zitiert: Albrecht, KritV 76 (1993)
Albrecht, Hans-Jörg Dünkel, Frieder Spieß, Gerhard	Empirische Sanktionsforschung und die Begründbarkeit von Kriminalpolitik MschrKr 64. Jhrg., 1981, S. 310-326 zitiert: Albrecht/Dünkel/Spieß, MschrKr 1981
Arloth, Frank Lückemann, Clemens	Strafvollzugsgesetz München 2004 zitiert: Arloth/Lückemann
Aschaffenburg, Gustav	Das Verbrechen und seine Bekämpfung: Einleitung in die Kriminalpsychologie für Mediziner, Juristen und Soziologen 3. Auflage, Heidelberg 1923 zitiert: Aschaffenburg
Baumann, Jürgen Weber, Ulrich Mitsch, Wolfgang	Strafrecht, Allgemeiner Teil 11. Auflage, Bielefeld 2003 zitiert: Baumann/Weber/Mitsch
Baumann, Karl-Heinz Maetze, Winfried May, Hans-Georg	Zur Rückfälligkeit nach Strafvollzug MschrKr 66. Jhrg., 1983, S. 133-148 zitiert: Baumann/Maetze/May, MschrKr 1983
Bemmann, Günter	Anmerkung zum Urteil des BVerfG vom 01.07.1998 StV 1998, S. 604-605 zitiert: Bemmann, StV 1998
Beulke, Werner	Der Verteidiger im Strafverfahren: Funktionen und Rechtsstellung Frankfurt a.M. 1980, zugl. Habil-Schr., Göttingen 1980 zitiert: Beulke

Boetticher, Axel	Der neue Umgang mit Sexualstraftätern – eine Zwischenbilanz MschrKr 81. Jhrg., 1998, S. 354-367 zitiert: Boetticher, MschrKr 1998
Böhm, Alexander	Einführung in das Jugendstrafrecht 3. Auflage, München 1996 4. Auflage, München 2004 zitiert: Böhm (Auflage)
ders.	Grenzen der Ermessensentscheidung des Vollstreckungsleiters NJW 1977, S. 2198-2200 zitiert: Böhm, NJW 1977
Böhm, Alexander Erhard, Christopher	Die Praxis der bedingten Strafrestaussetzung, Eine Untersuchung zur Anwendung des § 57 StGB in Hessen MschrKr 67. Jhrg., 1984, S. 365-378 zitiert: Böhm/Erhard, MschrKr 1984
dies.	Strafrestaussetzung und Legalbewährung, Ergebnisse einer Rückfalluntersuchung in zwei hessischen Justizvollzugsanstalten mit unterschiedlicher Strafrestaussetzungspraxis Darmstadt 1988 zitiert: Böhm/Erhard
Bundesrat Drucksachen	Jahrgang 1996, Drucksache 876/96 vom 19.11.1996, Gesetzentwurf des Freistaates Bayern, Gesetz zur Verbesserung des Schutzes der Gesellschaft vor gefährlichen Straftätern Jahrgang 1997, Drucksache 163/97 vom 14.03.1997, Gesetzentwurf der Bundesregierung, Gesetz zur Bekämpfung von Sexualdelikten und anderen gefährlichen Straftaten zitiert: BR-Dr.

Bundestag Drucksachen

Jahrgang 1969, Band 123, Drucksache V/4094, Erster schriftlicher Bericht des Sonderausschusses für die Strafrechtsreform

Jahrgang 1969, Band 123, Drucksache V/4095, Zweiter schriftlicher Bericht des Sonderausschusses für die Strafrechtsreform

Jahrgang 1973, Band 178, Drucksache 7/918 vom 23.07.1973, Gesetzentwurf der Bundesregierung (Strafvollzugsgesetz)

Jahrgang 1975, Band 209, Drucksache 7/3998 vom 20.08.1975, Bericht und Antrag des Sonderausschusses für die Strafrechtsreform

Jahrgang 1989, Band 393, Drucksache 11/5829 vom 27.11.1989, Gesetzentwurf der Bundesregierung (Änderung des Jugendgerichtsgesetzes)

Jahrgang 1997, Band 575, Drucksache 13/7078 vom 26.02.1997, Den Schutz von Kindern vor sexualisierter Gewalt verbessern

Jahrgang 1997, Band 575, Drucksache 13/7092 vom 26.02.1997, 30-Punkte-Programm zum Schutze unserer Kinder vor sexueller Gewalt

Jahrgang 1997, Band 576, Drucksache 13/7163 vom 11.03.1997, Gesetzentwurf der Fraktionen der CDU/CSU und F.D.P., Gesetz zur Bekämpfung von Sexualdelikten und anderen gefährlichen Straftaten

Jahrgang 1997, Band 579, Drucksache 13/7559 vom 28.04.1997, Gesetzentwurf der Bundesregierung, Gesetz zur Bekämpfung von Sexualdelikten und anderen gefährlichen Straftaten

Jahrgang 1997, Band 789, Drucksache 13/8586 vom 25.09.1997, Jhrg. 1997, Drucksache 13/9062

	vom 12.11.1997, Gesetzentwurf der Bundesregierung, Gesetz zur Bekämpfung von Sexualdelikten und anderen gefährlichen Straftaten
	Jahrgang 1997, Band 593, Drucksache 13/8989 vom 12.11.1997, Beschlussempfehlung des Rechtsausschusses
	Jahrgang 1997, Band 593, Drucksache 13/9062 vom 13.11.1997, Bericht des Rechtsausschusses
	Jahrgang 1997, Protokoll der 98. Sitzung des Rechtsausschusses am 29.10.1997
	Jahrgang 1997, Protokoll der 100. Sitzung des Rechtsausschusses am 12.11.1997
	Jahrgang 2003, Band 720, Drucksache 15/778 vom 03.04.2003, Gesetzentwurf des Bundesrates, Änderung des Strafvollzugsgesetzes zitiert: BT-Dr.
Brunner, Rudolf Dölling, Dieter	Jugendgerichtsgesetz 10. Auflage, Berlin, New York 1996 11. Auflage, Berlin, New York 2002 zitiert: Brunner/Dölling (Auflage)
Buchala, Kazimierz	Freiheitsentziehende Maßregeln der Sicherung im polnischen Strafrecht ZStW 102 (1990), S. 394-414 zitiert: Buchala, ZStW 102 (1990)
Calliess, Rolf-Peter Müller-Dietz, Heinz	Strafvollzugsgesetz 10. Auflage, München 2005 zitiert: Calliess/Müller-Dietz
Claasen, Karl-Peter	Möglichkeiten der vorzeitigen Entlassung im Jugendstrafrecht. Die Bremer Praxis der Aussetzung des Restes einer Jugendstrafe zur Bewährung

in: Gerken, Jutta/Schumann, Karl F. (Hrsg.), Ein trojanisches Pferd im Rechtsstaat, Der Erziehungsgedanke in der Jugendgerichtspraxis, S. 126-136
Pfaffenweiler 1988
zitiert: Claasen in: Gerken/Schumann

Cornel, Heinz — Klarstellung oder Verschärfung der Bedingungen zur Strafrestaussetzung zur Bewährung – Eine Untersuchung zu den Konsequenzen der Gesetzesänderung von 1998 in der Praxis
MschrKr 85. Jhrg., 2002, S. 424-438
zitiert: Cornel, MschrKr 2002

Cramer, Steffen — Anmerkung zum Beschluss des OLG Frankfurt a.M. vom 10.07.1998
NStZ 1998, S. 640
zitiert: Cramer, NStZ 1998

Creifelds, Carl — Rechtswörterbuch
18. Auflage, München 2004
zitiert: Creifelds

Damian, Hanspeter — Die (anfängliche) Strafaussetzung und die (nachträgliche) Aussetzung des Strafrestes. Grundzüge ihrer Entwicklung bis zum Dritten Strafrechtsänderungsgesetz
in: Kerner, Hans-Jürgen (Hrsg.), Straffälligenhilfe in Geschichte und Gegenwart, S. 55-90
Bonn 1990
zitiert: Damian in: Kerner

Dessecker, Axel — Kriminalitätsbekämpfung durch Jugendstrafrecht? Auswirkungen des Gesetzes zur Bekämpfung von Sexualdelikten und anderen gefährlichen Straftaten
StV 1999, S. 678-684
zitiert: Dessecker, StV 1999

ders. — Veränderungen im Sexualstrafrecht, Eine vorläufige Bewertung aktueller Reformbemühungen

	NStZ 1998, S. 1-7 zitiert: Dessecker, NStZ 1998
ders.	Rechtsgrundlagen der Sanktionierung „gefährlicher“ Straftäter in: Rehn, Gerhard/Wischka, Bernd/Lösel, Friedrich/Walter, Michael (Hrsg.), Behandlung gefährlicher Straftäter, Grundlagen, Konzepte, Ergebnisse, S. 11-25 Herbolzheim 2001 zitiert: Dessecker in: Rehn/Wischka/Lösel/Walter
Deutscher Anwaltverein	Stellungnahme des Strafrechtsausschusses des DeutschenAnwaltVereins zum Entwurf eines Gesetzes zur Bekämpfung von Sexualdelikten und anderen gefährlichen Straftaten und Entwurf eines Gesetzes zur Reform des strafrechtlichen Sanktionensystems, öffentliche Anhörung des Rechtsausschusses des Deutschen Bundestages in der 93. Sitzung zitiert: DAV
Deutsche Gesellschaft für Sexualforschung	Stellungnahme zum „Gesetz zur Bekämpfung von Sexualdelikten“ MschrKr 81. Jhrg., 1998, S. 368-371 zitiert: Deutsche Gesellschaft für Sexualforschung, MschrKr 1998
Diemer, Herbert Schoreit, Armin Sonnen, Bernd-Rüdeger	Jugendgerichtsgesetz 2. Auflage, Heidelberg 1995 4. Auflage, Heidelberg 2002 zitiert: Diemer/Schoreit/Sonnen (Auflage)
Dölling, Dieter	Probleme der Aktenanalyse in der Kriminologie In: Kury, Helmut (Hrsg.), Methodologische Probleme in der kriminologischen Forschungspraxis (Interdisziplinäre Beiträge zur Kriminologischen Forschung; Band 5), S. 265-286 Köln, Berlin, Bonn, München 1984 zitiert: Dölling in: Kury

Duden	Deutsches Universalwörterbuch, herausgegeben von der Dudenredaktion, bearbeitet von Anette Auberle 5. Auflage, Mannheim u.a. 2003 zitiert: Duden
DVJJ-Arbeitsgruppe	„Kölner Richtlinien“ zur notwendigen Verteidigung in Jugendstrafverfahren – Erläuterungen des geltenden Rechts NJW 1989, S. 1024-1027 zitiert: DVJJ, NJW 1989
Eisenberg, Ulrich	Jugendgerichtsgesetz 8. Auflage, München 2000 10. Auflage, München 2004 zitiert: Eisenberg (Auflage)
ders.	Anmerkung zum Beschluss des OLG Hamm vom 07.07.1989 NStZ 1989, S. 366-367 zitiert: Eisenberg, NStZ 1989
ders.	Aufgaben (ergänzender) gesetzlicher Regelungen des Jugendstrafvollzuges ZRP 1985, S. 41-50 zitiert: Eisenberg, ZRP 1985
Eisenberg, Ulrich Hackethal, Achim	„Das Gesetz zur Bekämpfung von Sexualdelikten und anderen gefährlichen Straftaten vom 26.01.1998“ ZfStrVo 1998, S. 196-202 zitiert: Eisenberg/Hackethal, ZfStrVo 1998
Erdmann-Degenhardt, Antje	Ermessenseinschränkung und Begutachtungspflicht bei Aussetzung des Strafrestes zur Bewährung nach § 88 III n.F. JGG? SchlHA 1999, S. 293-298 zitiert: Erdmann-Degenhardt, SchlHA 1999

Exner, Franz	Das System der sichernden und bessernden Maßregeln nach dem Gesetz vom 24. November 1933 ZStW 53 (1934), S. 629-655 zitiert: Exner, ZStW 53 (1934)
Feest, Johannes Bammann, Kai	Strafvollzugsgesetz, Alternativ-Kommentar 4. Auflage, Neuwied, Kriftel, Berlin 2000 zitiert: Feest/Bammann-Bearbeiter
Feuerhelm, Wolfgang	Pauschaler Sicherheits-Check statt individueller Prognose? Die Neuregelung der Strafrestaussetzung zur Bewährung in: Feuerhlem, Wolfgang/Schwind, Hans-Dieter/ Book, Michael (Hrsg.), Festschrift für Alexander Böhm zum 70. Geburtstag am 14. Juni 1999, S. 463-481 Berlin, New York 1999 zitiert: Feuerhelm in: Böhm-FS
ders.	Anmerkung zum Beschluss des OLG Koblenz vom 28.05.1998 NStZ 1999, S. 270-271 zitiert: Feuerhelm, NStZ 1999
Frisch, Wolfgang	Dogmatische Grundfragen der bedingten Entlassung und der Lockerung des Vollzuges von Strafen und Maßregeln ZStW 102 (1990), S. 707-792 zitiert: Frisch, ZStW 102 (1990)
Geiter, Helmut	Die vorzeitige Entlassung aus der Haft: Strafrestaussetzung zur Bewährung, Einleitung in: Walter, Michael (Hrsg.), Bruchstücke: Strafvollzugsprobleme aus der Sicht der Beteiligten, S. 105-108 Pfaffenweiler 1992 zitiert: Geiter in: Walter

Göppinger, Hans | Kriminologie
5. Auflage, München 1997
zitiert: Göppinger

Götz, Volkmar | Allgemeines Polizei- und Ordnungsrecht
13. Auflage, Göttingen 2001
zitiert: Götz

Grimm, Jacob
Grimm, Wilhelm | Deutsches Wörterbuch
Fotomechanischer Nachdruck der Erstausgabe (Leipzig 1854-1971)
München 1984
zitiert: Grimm/Grimm

Gusy, Christoph | Polizeirecht
5. Auflage, Tübingen 2003
zitiert: Gusy

Hammerschlag, Helmut
Schwarz, Oliver | Das Gesetz zur Bekämpfung von Sexualdelikten und anderen gefährlichen Straftaten
NStZ 1998, S. 321-326
zitiert: Hammerschlag/Schwarz, NStZ 1998

Hartman-Hilter, Jost | Notwendige Verteidigung im jugendgerichtlichen Vollstreckungsverfahren, § 83 III 2 JGG – eine vergessene Vorschrift?
StV 1988, S. 312-318
zitiert: Hartman-Hilter, StV 1988

Hassemer, Winfried | Symbolisches Strafrecht und Rechtsgüterschutz
NStZ 1989, S. 553-559
zitiert: Hassemer, NStZ 1989

von Heintschel-Heinegg, Bernd (Bandredaktuer) | Strafgesetzbuch, Münchener Kommentar, Band 2/1, §§ 52-79b
München 2005
zitiert: MüKo-StGB/Bearbeiter

Herchen, André | Der „Erstverbüßer“ (§ 57 II Nr. 1 StGB)
Aachen 2000, zugl. Dissertation, Kiel, 2000
zitiert: Herchen

Hettinger, Michael | Entwicklungen im Strafrecht und Strafverfahrensrecht der Gegenwart
Heidelberg 1997
zitiert: Hettinger

Jähnke, Burkhard
Laufhütte, Heinrich W.
Odersky, Walter | Strafgesetzbuch, Leipziger Kommentar
Zweiter Band, §§ 32-60
11. Auflage, Berlin 2003
zitiert: LK-Bearbeiter (Auflage)

Jach, Michael | Ohne Rücksicht auf die Opfer
in: Focus: Das moderne Nachrichtenmagazin, Nr. 8 vom 16.02.1998
Focus-Magazin-Verlag, München 1998
zitiert: Jach

Jakobs, Günther | Strafrecht, Allgemeiner Teil
2. Auflage, Berlin, New York 1993
zitiert: Jakobs

ders. | Kriminalisierung im Vorfeld einer Rechtsgutsverletzung
ZStW 97 (1985), S. 751-785
zitiert: Jakobs, ZStW 97 (1985)

Jehle, Jörg-Martin
Heinz, Wolfgang
Sutterer, Peter | Legalbewährung nach strafrechtlichen Sanktionen, Eine kommentierte Rückfallstatistik
Bundesministerium der Justiz, Berlin 2003
zitiert: Jehle/Heinz/Sutterer

Jescheck, Hans-Heinrich
Ruß, Wolfgang
Willms, Günther | Strafgesetzbuch, Leipziger Kommentar
Zweiter Band, §§ 32-60
Dritter Band, §§ 61-79b
Sechster Band, §§ 263-302a
10. Auflage, Berlin, New York 1985, 1988
zitiert: LK-Bearbeiter (Auflage)

Jescheck, Hans-Heinrich — Lehrbuch des Strafrechts, Allgemeiner Teil
4. Auflage, Berlin 1988
zitiert: Jescheck

Jescheck, Hans-Heinrich
Weigend, Thomas — Lehrbuch des Strafrechts, Allgemeiner Teil
5. Auflage, Berlin 1996
zitiert: Jescheck/Weigend

Kaiser, Günther — Kriminologie: Ein Lehrbuch
3. Auflage, Heidelberg 1996
zitiert: Kaiser, Kriminologie

Kaiser, Günther (Hrsg.) — Kleines kriminologisches Wörterbuch
3. Auflage, Heidelberg 1993
zitiert: Kaiser, Wörterbuch

Kaiser, Günther
Kerner, Hans-Jürgen
Schöch, Heinz — Strafvollzug: Ein Lehrbuch
4. Auflage, Heidelberg 1992
zitiert: Kaiser/Kerner/Schöch

Kindhäuser, Urs
Neumann, Ulfried
Paeffgen, Hans-Ulrich — Strafgesetzbuch, Nomoskommentar
Band 1, §§ 1-145d
2. Auflage, Baden-Baden 2005
zitiert: NK-StGB/Bearbeiter

Kinzig, Jörg — Die Praxis der Sicherungsverwahrung, Ergebnisse eines empirischen Forschungsvorhabens
ZStW 109 (1997), S. 122-164
zitiert: Kinzig, ZStW 109 (1997)

Knemeyer, Franz-Ludwig — Polizei- und Ordnungsrecht
10. Auflage, München 2004
zitiert: Knemeyer

Köbler, Gerhard — Juristisches Wörterbuch
10. Auflage, München 2001
zitiert: Köbler

Köbler, Gerhard Pohl, Heidrun	Deutsch-deutsches Wörterbuch München 1991 zitiert: Köbler/Pohl
Körner, Harald Hans	Betäubungsmittelgesetz, Arzneimittelgesetz 5. Auflage, München 2001 zitiert: Körner
Konrad, Norbert	Sexualstraftäter und Sozialtherapeutische Anstalt: Nach der Gesetzesänderung, Eine Stellungnahme aus der Perspektive der Forensischen Psychiatrie und Psychotherapie ZfStrVo 1998, S. 265-270 zitiert: Konrad, ZfStrVo 1998
Krehl, Christoph	Anmerkung zum Beschluss des OLG Düsseldorf vom 10.02.1999 NStZ 2000, S. 333-335 zitiert: Krehl, NStZ 2000
Kröber, Hans-Ludwig	Gang und Gesichtspunkte der kriminalprognostischen psychiatrischen Begutachtung NStZ 1999, S. 593-599 zitiert: Kröber, NStZ 1999
Kromrey, Helmut	Empirische Sozialforschung: Modelle und Methoden der standardisierten Datenerhebung und Datenauswertung 10. Auflage, Opladen 2002 zitiert: Kromrey
Kudlich, Hans	Gesetzgebungsübersicht zum Strafrecht (Dezember 1997 bis Februar 1998) JuS 1998, S. 667-669 zitiert: Kudlich, JuS 1998
Küpper, Georg	Diskussionsbericht über die Arbeitssitzung der Fachgruppe Strafrechtsvergleichung bei der Tagung der Gesellschaft für Rechtsvergleichung am 14.09.1989 in Würzburg

	ZStW 102 (1990), S. 448-456 zitiert: Küpper, ZStW 102 (1990)
Lackner, Karl	Strafgesetzbuch 22. Auflage, München 1997 zitiert: Lackner
Lackner, Karl Kühl, Kristian	Strafgesetzbuch 24. Auflage, München 2001 25. Auflage, München 2004 zitiert: Lackner/Kühl (Auflage)
Larenz, Karl	Methodenlehre der Rechtswissenschaft 4. Auflage, Berlin (u.a.) 2003 zitiert: Larenz
Laubenthal, Klaus	Strafvollzug 3. Auflage, Berlin (u.a.) 2003 zitiert: Laubenthal
von Liszt, Franz	Der Zweckgedanke im Strafrecht (1882/83) ZStW 3 (1883), S. 1-46 zitiert: von Liszt, ZStW 3 (1883)
Leonhard, Walther	Die modernen Strafrechtsideen und der Strafvollzug, Kritische Beiträge zur Strafrechtsreform Leipzig 1910 zitiert: Leonhard
Maatz, Kurt	Die „Erstverbüßer-Regelung" im Regierungsentwurf eines neuen § 57 II StGB MDR 1985, S.797-803 zitiert: Maatz, MDR 1985
Maurach, Reinhart Gössel, Karl Heinz Zipf, Heinz	Grundlehren des Strafrechts und Aufbau der Straftat Strafrecht, Allgemeiner Teil, Teilband 1 8. Auflage, Heidelberg (u.a.) 1992 zitiert: Maurach/Gössel/Zipf, Strafrecht AT

Mauthe, Jürgen — Zur psychiatrischen Begutachtung von Sexualstraftätern
DRiZ 77 (1999), S. 262-275
zitiert: Mauthe, DRiZ 77 (1999)

Meyer-Goßner, Lutz — Strafprozessordnung
46. Auflage, München 2003
zitiert: Meyer-Goßner

von Moers, Wilhelm — Die vorzeitige Entlassung aus dem Jugendstrafvollzug
Aachen 1995, zugl. Dissertation, Bonn, 1992
zitiert: von Moers

Mrozynski, Peter — Aussetzung des Strafrestes und Resozialisierung
JR 1983, S. 133-140
zitiert: Mrozynski, JR 1983

Musco, Enzo — Maßregeln der Besserung und Sicherung im strafrechtlichen Rechtsfolgensystem Italiens
ZStW 102 (1990), S. 415-434
zitiert: Musco, ZStW 102 (1990)

Nedopil, Norbert — Folgen der Änderung des § 67 d II StGB für den Maßregelvollzug und die Begutachtung
MschrKr 81. Jhrg., 1998, S. 44-49
zitiert: Nedopli, MschrKr 1998

Ohle, Karlheinz — Die vorzeitige Entlassung aus der Haft: Strafrestaussetzung zur Bewährung, Die Aussetzung von Reststrafen im Jugendstrafvollzug – einige Aspekte aus der Praxis
in: Walter, Michael (Hrsg.), Bruchstücke: Strafvollzugsprobleme aus der Sicht der Beteiligten, S. 120-127
Pfaffenweiler 1992
zitiert: Ohle in: Walter

Ostendorf, Heribert — Jugendgerichtsgesetz
4. Auflage, Köln (u.a.) 1997

	6. Auflage, Köln (u.a.) 2003 zitiert: Ostendorf, JGG (Auflage)
ders.	Von der Rache zur Zweckstrafe: 100 Jahre Marburger Programm Frankfurt a.M. 1982 zitiert: Ostendorf
ders.	Der Umgang des Gesetzgebers mit Extremismus DRiZ 79 (2001), S. 364-370 zitiert: Ostendorf, DRiZ 2001
ders.	Neue Rechtsprobleme bei der Entlassung auf Bewährung aus dem Jugendstrafvollzug NJW 2000, S. 1090-1092 zitiert: Ostendorf, NJW 2000
Pauly, Albert	Die bedingte Entlassung gemäß § 26 StGB Dissertation, Kiel, 1970 zitiert: Pauly
Piller, Richard Hermann, Georg	Justizverwaltungsvorschriften mit Anmerkungen, Verweisungen und Sachregister München 1993 zitiert: Piller/Hermann
Rotthaus, Karl-Peter	Neue Aufgaben für den Strafvollzug bei der Bekämpfung von Sexualdelikten und anderen gefährlichen Straftaten NStZ 1998, S. 597-600 zitiert: Rotthaus, NStZ 1998
Roxin, Claus	Strafrecht, Allgemeiner Teil Band I, Grundlagen, Der Aufbau der Verbrechenslehre 3. Auflage, München 1997 zitiert: Roxin
Rudolphi, Hans-Joachim Horn, Eckhard	Systematischer Kommentar zum Strafgesetzbuch 7. Auflage, Neuwied, Kriftel, Berlin 1997

Samson, Erich | 8. Auflage, Neuwied, Kriftel, Berlin 2001
Günther, Hans-Ludwig | zitiert: SK-Bearbeiter

Sagel-Grande, Irene | Die Maßregeln der Besserung und Sicherung im strafrechtlichen Rechtsfolgensystem der Niederlande
ZStW 103 (1991), S. 732-760
zitiert: Sagel-Grande, ZStW 103 (1991)

Schaffstein, Friedrich; Beulke, Werner | Jugendstrafrecht: eine systematische Darstellung
14. Auflage, Stuttgart 2002
zitiert: Schaffstein/Beulke

Schall, Hero; Schreibauer, Marcus | Prognose und Rückfall bei Sexualstraftätern
NJW 1997, S. 2412-2420
zitiert: Schall/Schreibauer, NJW 1997

Schlothauer, Reinhold | Anmerkung zum Beschluss des BGH vom 03.11.1981
StV 1982, S. 61-61
zitiert: Schlothauer, StV 1982

Schneider, Hans Joachim | Die Verbesserung des Schutzes der Gesellschaft vor gefährlichen Sexualstraftätern
JZ 1998, S. 436-445
zitiert: Schneider, JZ 1998

Schöch, Heinz | Das Gesetz zur Bekämpfung von Sexualdelikten und anderen gefährlichen Straftaten vom 26.1.1998
NJW 1998, S. 1257-1262
zitiert: Schöch, NJW 1998

ders. | Empirische Grundlagen der Generalprävention
in: Vogler, Theo (Hrsg.), Festschrift für Hans-Heinrich Jescheck zum 70. Geburtstag, 2. Hbbd., S. 1081-1105
Berlin 1985
zitiert: Schöch in: Jescheck-FS

Schönberger, Gritt	Anmerkung zum Beschluss des LG Berlin vom 20.04.1998 NStZ 1999, S. 103-104 zitiert: Schönberger, NStZ 1999
Schönke, Adolf Schröder, Horst	Strafgesetzbuch 25. Auflage, München 1997 zitiert: Schönke/Schröder-Bearbeiter (Auflage)
Schönke, Adolf Schröder, Horst Lenckner, Horst	Strafgesetzbuch 26. Auflage, München 2001 zitiert: Schönke/Schröder-Bearbeiter (Auflage)
Schmidt-Jortzig, Edzard	Bekämpfung von Sexualdelikten in Deutschland und auf internationaler Ebene NStZ 1998, S. 441-443 zitiert: Schmidt-Jortzig, NStZ 1998
Schüler-Springorum, Horst	Anmerkung zum Beschluss des OLG Stuttgart vom 16.03.1998 StV 1998, S. 669-670 zitiert: Schüler-Springorum, StV 1998
ders.	Anmerkung zum Beschluss des OLG Düsseldorf vom 08.12.1999 StV 2003, S. 679-682 zitiert: Schüler-Springorum, StV 2003
Sessar, Klaus	Öffentliches Straf- und Sicherheitsbedürfnis MschrKr 76. Jhrg., 1993, S. 376-389 zitiert: Sessar, MschrKr 1993
Smaus, Gerlinda	Das Strafrecht und die Kriminalität in der Alltagssprache der deutschen Bevölkerung Opladen 1985 zitiert: Smaus
Sonnen, Bernd-Rüdeger	Schwere der Schuld und Aussetzung des Strafrestes zur Bewährung

	in: Ostendorf, Heribert (Hrsg.), Integration von Strafrechts- und Sozialwissenschaften, Festschrift für Lieselotte Pongratz, S. 289-305 München 1986 zitiert: Sonnen in: Pongratz-FS
Statistisches Bundesamt	Fachserie 10, Reihe 3, Strafverfolgung, 2003
Statistisches Bundesamt	Fachserie 10, Reihe 4.1, Strafvollzug, 2004
Stolle, Peer Brandt, Karsten	Verwahrung als Zukunft des Strafvollzuges? Anmerkung zu einer Gesetzesinitiative des Bundesrates ZfStrVo 2004, S. 67-69 zitiert: Stolle/Brandt, ZfStrVo 2004
Terhorst, Bruno	Bewährungsprognosen und der Grundsatz „in dubio pro reo“ MDR 1978, S. 973-977 zitiert: Terhorst, MDR 1978
Tondorf, Günter	Anmerkung zum Beschluss des LG Bonn vom 27.12.1983 StV 1984, S. 255-257 zitiert: Tondorf, StV 1984
Tröndle, Herbert	Strafgesetzbuch 48. Auflage, München 1997 zitiert: Tröndle (Auflage)
Tröndle, Herbert Fischer, Thomas	Strafgesetzbuch 50. Auflage, München 2001 52. Auflage, München 2004 zitiert: Tröndle/Fischer (Auflage)
Victor, Dag	Maßregeln der Besserung und Sicherung im strafrechtlichen Rechtsfolgensystem, Eine schwedische Perspektive ZStW 102 (1990), S. 435-447 zitiert: Victor, ZStW 102 (1990)

Volckart, Bernd | Die Aussetzungsprognosen nach neuem Recht
R&P 1998, S. 3-11
zitiert: Volckart, R&P 1998

Walter, Michael | Strafvollzug
2. Auflage, Stuttgart, München, Hannover, Berlin, Weimar, Dresden 1999
zitiert: Walter

ders. | „New York“ und „broken windows“: Zeit zum Umdenken im Jugendstrafrecht?
DRiZ 76 (1998), S. 354-360
zitiert: Walter, DRiZ 1998

ders. | Kriminologische und kriminalpolitische Probleme mit „gefährlichen Straftätern“
in: Rehn, Gerhard/Wischka, Bernd/Lösel, Friedrich/Walter, Michael (Hrsg.), Behandlung gefährlicher Straftäter, Grundlagen, Konzepte, Ergebnisse, S. 3-10
Herbolzheim 2001
zitiert: Walter in: Rehn/Wischka/Lösel/Walter

Walter, Michael
Geiter, Helmut
Fischer, Wolfgang | Halbstrafenaussetzung – ein ungenutztes Institut zur Verringerung des Freiheitsentzuges
NStZ 1989, S. 405-417
zitiert: Walter/Geiter/Fischer, NStZ 1989

dies. | Halbstrafenaussetzung – Einsatzmöglichkeiten dieses Institutes zur Verringerung des Freiheitsentzuges
NStZ 1990, S. 16-24
zitiert: Walter/Geiter/Fischer, NStZ 1990

Weber, Max | Wirtschaft und Gesellschaft, Grundriss der verstehenden Soziologie
Studienausgabe, herausgegeben von Johannes Winckelmann
5. Auflage, Tübingen 1972
zitiert: Weber

Weber, Hartmut-Michael Narr, Wolf-Dieter	Der Ruf nach der Verschärfung des Sexualstrafrechts, Politische Implikationen eines Bedrohungsszenarios BldiP 42 (1997), S. 313-322 zitiert: Weber/Narr, BldiP 1997
Wolf, Thomas	Anmerkung zum Beschluss des BVerfG vom 22.03.1998 NStZ 1998, S. 590-591 zitiert: Wolf, NStZ 1998
Wolters, Gereon	Anmerkung zum Beschluss des OLG München vom 30.07.1999 StV 2000, S. 683-684 zitiert: Wolters, StV 2000

FSC
www.fsc.org
MIX
Papier | Fördert
gute Waldnutzung
FSC® C083411

Kolibri 360 GmbH
Ferdinand-Jühlke-Straße 7
99095 Erfurt, Deutschland
produktsicherheit@kolibri360.de

Druck:
CPI Druckdienstleistungen GmbH
im Auftrag der
Kolibri 360 GmbH
Ferdinand-Jühlke-Str. 7
99095 Erfurt